［翻 訳］
スウェーデン訴訟手続法
―― 民事訴訟法・刑事訴訟法 ――

萩原金美 訳

中央大学出版部

序　文

　本書は，拙稿「新訳・スウェーデン訴訟手続法（民事訴訟法・刑事訴訟法）－（1），（2・完）」神奈川法学40巻2号（2007）・3号（同）を基礎として，これに解説および訳注を付したものである．

　法文のテキストとしてはSveriges Rikes Lagの2008年版を用いた．ただし，同書は重要な法改正である2005:853などを未施行のため登載していないが（FÖRORD），これらの改正法は原則として2008年11月1日から施行されるので，これも現行法として訳出した．また，同年版未登載の法改正もできる限りフォローしてある．（凡例1参照）

　一本にまとめるにあたって，多少は訳文を練磨するよう試みてみたものの，結局ほとんど原訳文のままである．つくづく己が菲才とくにスウェーデン語・スウェーデン法に関する知識の浅薄さと日本語の文章能力の拙さを慨嘆せざるを得ない．ただ，図らずも元編集者で語学の達人の知己である横井忠夫氏が，上記拙訳および本書の草稿について誤記・誤植に加えて語学的見地からも詳細なご教示を恵与された．同氏はこの大変な作業を「善きサマリア人」として提供してくださったのである．ひたすら感謝のほかない．本書にみられる改善の大半は氏の賜物といってよい．もっとも，凡例に記したような方針から折角のご教示にあえて従わなかった箇所も少なくない――その正当性を承認しながらも．この点氏のご海容を乞わなければならない．（氏は法学部出身で，しかも若いころ民訴研究者への道を考慮されたことがあると聞く．本書にとって理想的な協力者・助言者を得たわけで，まさに天佑神助とでもいうべきであろうか．）

　私は，十数年前にスウェーデン訴訟手続法の全訳を発表したが（附録その1㋐の「まえがき」参照），それはすこぶる不完全なものであり，しかもその後

に累次にわたる法改正が行われている．それゆえ，新訳を行うことは訴訟法・スウェーデン法の研究者である自分に課せられた義務と思い続けてきた．今ようやくその義務を履行しえたわけである．それなのに，正直のところあまり達成感が湧いてこず，上記のような慨嘆の念を覚えるのみである．しかし，このようなものでも現時点の日本ではおそらく私だけにできる（時間的余裕を含めてだが）訳業ではないかというひそかな自負と一種の諦念をもって本書を世に送り出す次第である．

（たまたま本書の執筆中に読んだ『ニッポンを解剖する　養老孟司対談集』（2006，講談社）に，岩手県大船渡市の開業医でケセン語研究家の山浦玄嗣氏との対談が収められている．山浦氏は，医業のかたわら長年にわたって岩手県気仙地方の言葉「ケセン語」を研究，その文法理論を完成させ，体系化して2800頁におよぶ大著『ケセン語大辞典』を刊行した．さらにそのうえで，ギリシア語原典から新約聖書（四福音書）をケセン語に翻訳・上梓し，ローマ教皇ヨハネ・パウロⅡ世に献呈したとある（47頁以下）．こういう偉業に比べれば，この拙訳などあえて言挙げするほどのものではないかも知れないが．）

序文の補完と作業日誌を兼ねる意味で，跋のほか，附録として上掲訳稿の「まえがき」および「後記」を収めた．なお，読者のご参考に資するため，附録には拙編著『スウェーデン法律用語辞典』（2007，中央大学出版部）の誤記・誤植の正誤表も付けた．

ちなみに，本書は私が73歳で大学の職を最終的に退いてからまとめた同辞典に次ぐ二つ目の本である．上述したように出来栄えに不満は残るにせよ，老いても元気で学問に精進できることの幸せを痛感する．まことに有り難いことである．

2008年11月3日

萩原　金美

目　次

序　文 ……………………………………………………………………… i
訴訟手続法　細目次 ……………………………………………………… iii
凡　例 ……………………………………………………………………… vii
解　説 ……………………………………………………………………… xi
翻訳および訳注 …………………………………………………………… 1
附　録 ……………………………………………………………………… 343
跋 …………………………………………………………………………… 351

訴訟手続法　細目次

第 1 編
裁判所制度について …………………………………………………… 3

第 1 章　通常下級裁判所について ………………………………… 3
第 2 章　高等裁判所について ……………………………………… 9
第 3 章　最高裁判所について ……………………………………… 12
第 4 章　裁判官について …………………………………………… 17
第 5 章　裁判所における公開および秩序等について …………… 26
第 6 章　情報および訴訟書類の登録について …………………… 32
第 7 章　検察官について，および警察制度等内の職員に対する除斥・忌避について ……………………………………………… 35
第 8 章　弁護士について …………………………………………… 39
第 9 章　刑罰，過料および勾引について ………………………… 45

第2編
訴訟手続一般について ……………………………………49

Ⅰ．民事事件における訴訟手続について……………………………49
第10章　管轄裁判所について ………………………………………49
第11章　当事者および法定代理人について …………………………57
第12章　訴訟代理人について …………………………………………60
第13章　訴えの対象および訴えの提起について ……………………68
第14章　事件の併合および訴訟手続に対する第三者の参加について ……72
第15章　仮差押え等について …………………………………………76
第16章　票決について …………………………………………………80
第17章　判決および決定について ……………………………………82
第18章　訴訟費用について ……………………………………………90

Ⅱ．刑事事件における訴訟手続について……………………………97
第19章　管轄裁判所について …………………………………………97
第20章　訴追の権利について，および被害者について……………101
第21章　被疑者およびその弁護について……………………………109
第22章　犯罪を理由とする私的請求について………………………114
第23章　捜査について…………………………………………………117
第24章　勾留および逮捕について……………………………………127
第25章　旅行禁止および届出義務について…………………………138
第26章　仮差押えについて……………………………………………142
第27章　押収，秘密の電信電話聴取等について……………………146
第28章　家宅捜索ならびに着衣の捜索および身体検査について……161
第29章　票決について…………………………………………………167
第30章　判決および決定について……………………………………170
第31章　訴訟費用について……………………………………………176

Ⅲ．共通規定 ……………………………………………………………181

目　次　v

　　第 32 章　〔期日・〕期間および懈怠の正当な理由について ……………181
　　第 33 章　訴訟手続における書面について，および送達について……184
　　第 34 章　訴訟手続障害について……………………………………………189

第 3 編
証拠調べについて …………………………………………………………191

　　第 35 章　証拠調べ一般について……………………………………………191
　　第 36 章　証人について………………………………………………………196
　　第 37 章　当事者および事件を追行しない被害者の尋問について………208
　　第 38 章　文書証拠について…………………………………………………209
　　第 39 章　検証について………………………………………………………212
　　第 40 章　鑑定人について……………………………………………………214
　　第 41 章　証拠保全について…………………………………………………222

第 4 編
下級裁判所における訴訟手続について ………………………………225

Ⅰ．民事事件における訴訟手続について ………………………………………225
　　第 42 章　召喚状および準備について，ならびに本口頭弁論なしの
　　　　　　事件の判断について……………………………………………………225
　　第 43 章　本口頭弁論について………………………………………………236
　　第 44 章　当事者の不出頭等について………………………………………241

Ⅱ．刑事事件における訴訟手続について ………………………………………246
　　第 45 章　公訴の提起について，準備についておよび本口頭弁論なしの
　　　　　　事件の判断について……………………………………………………246
　　第 46 章　公訴が追行される事件における本口頭弁論について…………254
　　第 47 章　私的訴追の提起，およびこのような訴追が追行される事件に
　　　　　　おける本口頭弁論について　 …………………………………………260
　　第 48 章　刑罰命令および秩序罰金命令について…………………………267

第 5 編
高等裁判所における訴訟手続について ……………277

第 49 章 　地方裁判所の判決および決定に対する上訴の権利について，
　　　　　ならびに審査許可について……………………………………277
第 50 章 　民事事件における判決に対する上訴について………………284
第 51 章 　刑事事件における判決に対する上訴について………………295
第 52 章 　決定に対する上訴について……………………………………308
第 53 章 　直接に取り上げられる事件について…………………………312

第 6 編
最高裁判所における訴訟手続について ……………315

第 54 章 　高等裁判所の判決および決定に対する上訴の権利について，
　　　　　ならびに審査許可について……………………………………315
第 55 章 　判決に対する上訴について……………………………………320
第 56 章 　決定に対する上訴について，および先例問題の回付について…326
第 57 章 　直接に取り上げられる事件について…………………………330

第 7 編
特別上訴について ……………………………………331

第 58 章 　再審および喪失した期間の回復について……………………331
第 59 章 　重大な訴訟手続違反等に基づく不服申立てについて………337

凡　　例

1　原則として Sveriges Rikes Lag の 2008 年版の記載を基準とした（ただし，未施行の法文も含む）．その後における法改正は，同書の Tillägg，フィットゲル（Fitger）の注釈書（12 参照）の Supplement 59, april 2008 などによった．この場合には法令番号の後に＊印を付して，その旨を注記した．「追補」は上記 Tillägg のこと．なお，Supplement 60, september 2008 は脱稿後に届いたので，参看できなかった．

2　日本語として理解可能な限り，多少不自然でも原文になるべく忠実な訳を心掛けた（わが国における法令用語の使い方の重要原則はほぼ遵守するようにしたつもりだが）．したがって，一文は一文とし，句読点や引用符も原文のそれを用いた．

　　主要な例外は柱書きで，「以下各号」という言葉は原文にないが，理解の便宜上補った．柱書きの文末および各号の文末の句読点は不統一であるが，原文のままである（句読点のない場合も含めて）．ただし柱書きの文末にはダッシュを付けた．他の句読点との併用は違和感を与えるであろうが，柱書きにダッシュを付けることの統一性を優先した．

　　（このような私見の根底には，翻訳はその性質上不可避的に原文の一種の解釈であるけれど，法文については翻訳者自身の解釈はできる限り禁欲すべきだという思いがある．）

3　「調査（utredning）」，「審査（prövning）」，「取扱い（handläggning）」は，日本語ではほぼ「審理」（utredning の場合は捜査にも）に相当するが，あえてそう訳さなかった．スウェーデン法においては訴訟法と行政手続法とが基本的類似性を有し，同一の用語が両者で用いられていることにかんがみ，訳語の統一を図ったためである（ハンス・ラーグネマルム，拙訳『スウェーデン行政手続・訴訟法概説』（1995，信山社）参照）．

4　「事件」は mål, talan を文脈に応じて訳し分けた．本来の意味は mål＝訴

訟，talan＝訴え（もっとも talan は法文上多義的）である．

5 その他，訳語については，拙編著『スウェーデン法律用語辞典』（2007, 中央大学出版部）のそれと基本的に同一である．

6 原文では三人称に「彼（han）」と「彼または彼女（han eller hon）」（およびその格変化形）が混在しているが，後者は最近の改正法文の用語である．スウェーデンの法文は改正の際に立法当初の用語・表現との統一を図ることをしていない．（これらの人称代名詞は「自己（分）」とするのが日本語としては適訳の場合も多いが，上記のような改正の有様を表現したいことなどからほぼ直訳主義を貫いた．）

7 法文中の（　）は原文のもの，〔　〕は訳者による加入である．

8 編名および章名に続く（　）内の文章は Sveriges Riekes Lag における説明またはその一部であり（ただし，45, 49–52, 54–56 の各章については私の加筆・補正を含む），各条文の末尾に付した（　）内の数字は同書における Svensk författnings samling（SFS）の法令番号で，当該条文の最終改正の根拠法を示す．後者だけからは，改正が1回のみか，複数回におよぶかまでは分からない．しかし，とくに旧訳後の改正状況を窺うための一助になると思う．また，2008年版を基準としたので，それ以前の版には存在したが同年版にみられない記載は，原則として取り上げなかった．

9 日本語の表現が難しいと思われる場合には，原則として初出時に（　）内に原語を記した．

10 読点は，私の文章感覚もあろうが，なるべく減らすことに努めた．したがって，「ただし」の後には必ず読点を付する（日本の法令はそうである）というような統一的な用法はあえて採用していない．

11 印刷上の形式も条文についてはおおむね Sveriges Rikes Lag の原文に従った．同書を参照される読者にとって少しでもそれを親しみやすくするための老婆心からである．

12 訳文の理解を助けるために，＊印で注記を付した．私自身の問題関心に基づくかなり恣意的基準によっているが（記憶力の悪い自分の学習メモという

意味もある），渉外法律実務や研究上の便宜にも多少は配慮したつもりである．紙幅などにかんがみ原則として訴訟手続法の全 4 巻の大コンメンタールである Peter Fitger, Rättegångsbalken, Del 1–4, Stockholm: Norstedts Juridik のみを掲げるようにした．単に Fitger として引用するが，同書は加除式なので，頁数の表示がやや複雑である．例えば，Fitger, s. 1:3 は，同書の 1:3 と表示されてある頁を意味する（s. は頁）．頁数は全巻の通し番号である．

＊印は，条文全体に関する場合は条数の表示の直後（複数の文，項を有するもの）または条文の末尾に，そうでない場合は関係する語または表現の後に付した（句読点がある場合はその後に）．

13　本書における「（立法）理由書」という表現は，förarbetena（立法準備資料）と同義であるが，Fitger, s. RB:1 掲記の 7 点よりもやや広い範囲のものを含む．

他の文献（拙著等を含む）の引用の際の略語は以下のとおり．
Per Olof Ekelöf, Rättegång, Norstedts Juridik= Ekelöf
　例えば EkelöfⅠ, 6 uppl. (1992) は第 1 巻第 6 版を示す．全 5 巻．当初は全て彼の単著であることにかんがみ，共著者の表示は省略．
Lars Welamson, RättegångⅥ, 3 uppl .(1994), Norstedts Juridik=Welamson
N. Gärde et al., Nya Rättegångsbalken jämte lagen om dess införande med kommentar, 1949 och 1994 = Gärde ― 1994 版は Norstedts Juridik の刊行．
拙編著『スウェーデン法律用語辞典』（2007，中央大学出版部）＝『スウェーデン法律用語辞典』
拙著『訴訟における主張・証明の法理』（2002 年，信山社）＝『主張・証明の法理』
拙著『スウェーデンの司法』（1986，弘文堂）＝『スウェーデンの司法』
拙訳，P. O. ボールディング『民事・刑事訴訟実務と弁護士』（1985，ぎょうせい）＝ボールディング『民事・刑事訴訟実務と弁護士』
拙訳，ハンス・ラーグネマルム『スウェーデン行政手続・訴訟法概説』

（1995，信山社）＝ラーグネマルム『スウェーデン行政手続・訴訟法概説』

また,「公的英訳」とは Justitiedepartementet, The Swedish code of judicial procedure, Ds 1998:65 をさす.

解　　　説

　読者のご理解に資するため，訴訟手続法の簡単な解説を試みることにする．

1　スウェーデンの法伝統からみた訴訟手続法の特色

　中世におけるスウェーデンの訴訟手続はおおむね以下の五つの手続原則すなわち，公開主義（offentlighetsprincipen），口頭主義（muntlighet），形式主義（formalism），二重訴訟の禁止（förbudet mot tvetalan）（その内容は後述するように現在のそれとは異なる）および弁論（対論）主義（förhandlingsmaxim）によって特徴付けられていたといわれる．

　第1の公開主義については，ほとんど全ての裁判所において12人ないし24人の成人男子の出頭が要求されていた（民会＝裁判集会（ting），現在の地方裁判所（tingsrätt）の名称はこれに由来する）．現在の参審員制度の濫觴である．

　第2の口頭主義については，判決の基礎を成す事実は，訴訟書類によってではなく，語られた言葉によって供給された．このことは書くことがまだ一般に普及していなかったことの当然の結果であった．

　第3の形式主義は，当事者の主張も立証も法の定める厳格な形式的手続を遵守しなければならないことを意味した．（その残滓というべき法定証拠主義は，次第に空洞化しつつも現行訴訟手続法による訴訟改革まで存在し続けた．）

　第4の二重訴訟の禁止は，当事者が一度裁判所の前で陳述した事項の内容を事後に変更または付加することを禁止するものであった．もっともこの原則は，当時においても徐々に緩和された．

　第5の弁論（対論）主義は，訴訟手続の重点は当事者の弁論に置かれることを意味した．

　しかし，職権（探知）主義（undersökningsmaxim）を通常の手続形態とするカノン法の影響ですでに14世紀前半にとくに刑事事件の審理については職権

主義が採用されるようになり，以後民事事件と刑事事件とでは審理原則が異なるようになった．

　以上の手続原則のうち，今日的関心からみて重要なのは，第1,第2および第5の原則であるが，それらは現行訴訟手続法による訴訟改革までに次のような変遷を示している．
　第1の公開原則は，第一審では原則として維持されたが，高等裁判所および最高審の裁判所における訴訟関係者以外の在席は認められなくなった．
　第2の口頭主義については，17世紀にドイツ―ローマ法の影響で高等裁判所など上級の裁判所において始まった書面主義が下級の裁判所の手続にも普及するに至った．上級の裁判所はやがて完全な書面主義になったし，下級の裁判所も都市裁判所はおおむね書面主義を採用した．しかし地方部の下級の裁判所＝地区裁判所などでは口頭主義が維持された．後述する1734年の訴訟手続法制定作業の中で有名なアブラハムソン（Petter Abrahamson，当時の最も偉大な法学者といわれる．裁判官でもあった）などは口頭主義の復活を要求したが，反対派の強い抵抗にあい，訴訟書面交換の範囲をやや限定するという程度の僅かな成果で満足しなければならなかったのである．
　現行訴訟手続法前の下級の裁判所の実務は「口頭―書面訴訟（muntligt-protokollariskt system）とよばれている．それは口頭で弁論および証拠調べがなされうるが，調書に記載された裁判資料のみが少なくとも原則的には判決の基礎とされなければならない，という原則すなわち口頭―書面主義に基づく訴訟を意味した（わが国における民事・刑事訴訟の最近までの支配的な実務は同様のものだったから，この訴訟の在りようは容易に理解できるであろう）．
　第5の弁論（対論）主義は，すでに上述したように，民事事件では維持されたけれども，刑事事件では職権主義に大きく譲歩を迫られた．

　現行訴訟手続法は，二つの新しい名称の手続原則，すなわち直接主義（omedelbarhetsgrundsatsen）と集中主義（koncentrationsprincipen）によって特徴

付けられている．しかしこのことは，おおむね 17 世紀にドイツ−ローマ法の影響を受ける前の古いスウェーデン訴訟法の手続形態への回帰を意味するに過ぎない，という法史家アルムクヴィスト（Jan Eric Almquist）の指摘は傾聴に値しよう．

しかし，制定・施行当初の現行法のラジカルなまでの直接主義および集中主義の徹底化は，かえって訴訟の合理的・効率的運営を阻害する面がありうることが次第に認識され出し，その後の法改正は直接主義および集中主義を若干調整する修正路線を採用している．現代スウェーデンを代表する訴訟法学者の 1 人リンドブローム（Per Henrik Lindblom）は，1734 年法，制定・施行当初の現行法そしてその後の法改正という三者の関係を弁証法的にテーゼ，アンチテーゼ，ジンテーゼとして捉えている．

以上に素描した手続原則の変遷，そしてそれに伴う訴訟手続法の発展をより良く理解するために，やや重複の嫌いもあるが，今度は手続法制定の歴史に焦点を当てて瞥見してみよう．

13 世紀の前半から裁判集会を主宰するラーグマン（lagman，直訳すれば法の人．現在の地方裁判所所長判事（lagman）や高等裁判所部長判事（hovrättslagman）の称号はこれに由来する）によって私的に記録された慣習法のテキスト＝法・権利の書（rättsböcker）が現れ始め，やがてその後 1 世紀ほどの間に，主としてこれらから地方ごとに公式の法書（lagböcker）が編纂されるに至った．これが中世地方固有法（landskapslagar）で，大別してイヨータ（Göta）法とスヴェア（Svea）法とに分かれる．その手続法の部分は rättegångsbalk などとよばれた．そしてこの名称が現行訴訟手続法まで引き継がれることになるのである．

これらの地方法を踏まえて国王マグヌス・エーリックソン（Magnus Eriksson, 1316–74）の治世に最初の国家的法典である一般地方法（allmänna landslagen）と一般都市法（allmänna stadslagen）が制定された．

1668 年に両法典の改革作業が発足し，ついに 1734 年，その最終草案が国会

に提出されて可決された．これが1734年法とよばれる，全法分野を包括する統一法典である．その訴訟手続の部（balk）すなわち訴訟手続法は民事・刑事の両訴訟手続を規整するものであった．強制執行の部は別個のものとされた．1734年法は1736年から施行された．

　1734年法の改革作業は1810年に始められた．それに基づき多くの部分的改正が実現されたが，新たな訴訟手続法の制定は長期にわたる立法準備作業の末，ようやく1942年に結実し，6年間の準備期間を経て1948年から施行されたのである．（施行については，全28条の新訴訟手続法の導入に関する法律（1946:804）がある．）したがって，本法の制定・施行は実に130年余にわたる仕事の成果ということができる．

　上記のような手続法典の変遷・発展を通じて注目すべきは，スウェーデンの土着的法伝統が連綿として維持されてきたことである．そして，後述するように法文が民衆に分かりやすい言葉で表現されていることはその重要な一つに属する．（官庁用語（kanslispråk）という言葉もあり，ある面ではわが国などとの相対的比較の問題といえようが．）　訴訟手続法について「固有の裁判制度の土着性…はスウェーデン民族の法への忠実さ，および法規に対するその尊敬を大きなものにしており，この点，他のヨーロッパ諸国のそれと比較して疑いもなく優れている」（Gerhard Simson, S. 7, 訳文は中村訳168頁による）と賞賛されるゆえんである．

　ところで，民事・刑事両訴訟手続を一つの法典において規定するのはスウェーデン法の伝統的特色である．スウェーデンのこのような独特の法典編纂の有り様について圧倒的大多数のこの国の法律家は誇りをもってその長所を賛美しているようであるが，反対論者も全く存在しないわけではない．例えばヤコブソンは，両訴訟手続の基本的相違などからこれに批判的な見解を示している（Ulla Jacobsson, Tvistemål, Malmö:Liber, 1990, s. 8）．なお，比較法的にみて先進諸国の法制で民事・刑事両訴訟手続を同一法典において規定するのは，管

見の限り他にデンマークとフィンランドのみである．

2 現行訴訟手続法について

　訴訟手続法は7編59章から成る．章は通し番号であるが，条は各章ごとに第1条から始まる．立法当初は全765条であったが，その後の度重なる法改正により条文数はかなり増加している．法改正はすでに1994年当時で約200回に達するといわれた（Nytt juridiskt arkiv II 1994, s. 659）．その後の法改正も含めると，私の試算では2007年末現在で実に約270回におよぶ．しかし，編および章の数は異ならない．

　第1編は裁判所の組織・構成，裁判官，検察官，弁護士等に関する．除斥・忌避，公開，法廷秩序，訴訟記録（日本的にいえば）についてもここで規定されている．

　第2編は全ての審級の裁判所を通ずる訴訟手続に関する一般的規定で，民事および刑事に関する規定ならびに共通規定に分かれている．

　第3編は民事・刑事に共通の証拠法に関する．

　第4編は下級裁判所（第一審）の訴訟手続に関するもので，民事と刑事とに分かれている．

　第5編は高等裁判所，第6編は最高裁判所の訴訟手続に関する．第7編は再審等の特別上訴に関する．ここでは高等裁判所における判決に対する上訴（控訴等の言葉は1994年の法改正で消滅した）についてのみ民事（50章）と刑事（51章）とで異なる規定をおいている．

　訴訟手続法の法文は，上述したスウェーデンの法伝統にならってなるべく国民一般に理解しやすいよう平易・明快な言葉で表現されており，この点において1734年法を忠実に踏襲しているといわれる．訴訟手続法の編纂者はオーストリアの民事訴訟法やその父といわれるクライン（F. Klein）の学説，さらにドイツおよび英米の立法，学説を十分に調査，研究しながらも，それらをスウェーデンの法伝統に合致する限りで採用し，また自らの学識を法文に露出さ

せないよう慎重な配慮を払ったのである．

　以上に関連した訳者としての感想を一言すれば，第4編では刑事手続について民事手続に関する規定が，第5，6編では最高裁の手続について高裁の手続に関する規定が，多くの場合に同一あるいは近似する文言で再現されており，法典の利用者にとって理解しやすく，かつ便宜だと思われる（とくに興味を惹く若干の法文についてはその旨を注記しておいた）．本書においては上記の法伝統をなるべく訳文の表現に取り入れようとしたのだが，わが国の法文との差異を際立たせようとして，かえって日本語として迂遠・晦渋な表現に堕している面があることを恐れる．

　訴訟手続法はその制定・施行からすでに半世紀をはるかに超える歳月を閲し，激動する時代の変化に対応すべく累次の法改正を経験し，今もそのための作業は不断に行われつつある．各種の法分野における最近の立法作業の多くは，EU法という新たなjus communeに対応するためのものであるが，ことは訴訟手続法の分野においても異ならない．しかし，上述したようなスウェーデン訴訟手続法の伝統的特色は程度の差は別として今後とも生き続けることであろう．スウェーデンの人びと，とくに法律家はそのことを自からの誇るべき任務とみなしているように思われる．*

　なお，民事執行に関する制度・手続について念のため一言しておく．執行に関する基本的法律は強制執行法（utsökningsbalk）である（わが国の民事執行法に相当する）．執行機関は執行官局（kronofogdemyndighet）であり，執行官（kronofogde）は裁判官，検察官，弁護士と同様の法律家である（その補助者としては執行補佐官（kronoassistentが存在する）．比較法的に注目を惹くのは，執行官局は私債権のみならず租税債権等公債権の執行も所管し，組織的には国税庁に属する点である．

　　*この解説の記述にあたっては，主として以下の文献を参照した．とりわけ1の記

述については Almquist によるところが大きい.

Jan Eric Almquist, Svensk rättshistoria Ⅰ. Processrättens historia, 3 uppl., Stockholm : Juridiska Föreningens Förlag, 1971.

Anders Bruzelius and Ruth Bader Ginsburg, Civil Procedure in Sweden, The Hague / The Netherlands : Martinus Nijhoff, 1965.（THE HISTORY OF SWEDEN'S PROCEDURAL SYSTEM の部分）

---The Swedish Code of Judicial Procedure (trans.), London : Sweet & Maxwell, 1968.（Introduction の部分）

Göran Inger, Svensk rättshistoria, 3 uppl., Malmö: Liber Ekonomi, 1997

Per Henrik Lindblom, Sena uppsatser, Stockholm: Norsteds Juridik, 2006.（6 Rättgångssalens Väggar－om domstolsprocessen i tid och rum および 7 Är RB Social eller liberal? の各論文）

Gerhard Simson, Das Zivil- und Srtafprozeβgesetz Schwedens, Berlin: Walter de Gruyter, 1953.（Einleitung の部分）（中村英郎訳「スウェーデン訴訟法序説」国士舘法学 7 号（1975），同著『民事訴訟論集　第 1 巻』（1977，成文堂）所収がある.）

裁判所制度（裁判官，参審員を含めて）の歴史的発展については説明を割愛したが，拙著『スウェーデンの司法』（1986，弘文堂）の関係箇所を参照されたい．執行官（制度）についても同書の関係箇所を参照.

ちなみに，ドイツ語による訴訟手続法の比較法的・法史学的研究として Marius Kohler, Die Entwicklung des Schwedischen Zivilprozessrechts. Eine rezeptionshistorische Strukturanalyse der Grundlagen des modernen schwedischen Verfahrensrechts/, Mohr-Siebecks, 2002 という優れた大著がある.（同書については脱稿間際に，小田司教授のご高配により日本大学法学部所蔵のものを借覧することができた．記して謝意を表する.）リンドブロームは上掲書（7 の論文）に

おいて，この若き俊秀のドクター論文（コーラーの同書はドクター論文を刊行したもの）を「スウェーデン訴訟法学のために大きな価値を有する輝かしい業績」として激賞している．もっとも，彼はスウェーデン訴訟手続法が社会的訴訟に属するとするコーラーの結論には賛成しない．また，同論文は題名からも分かるように民事訴訟のみを対象とするものである．

訴訟手続法(Rättegångsbalk)

スウェーデン法令集(SFS)1942年第740号

第1編
裁判所制度について*

* 第1編の内容は，わが国でいえば裁判所法のみならず，検察庁法および弁護士法の各一部までも包含するものである．

第1章　通常下級裁判所について*, **

* 通常下級裁判所とは地方裁判所のことである（1条1項）．わが国と異なり，高等裁判所は下級裁判所（underrätt）ではない．本章において下級裁判所という表現がとられているのは，本法制定当時はまだ第一審裁判所が国の地区裁判所（häradsrätt）と各都市が設営する都市裁判所（rådhusrätt）とに分かれていたことによる．両者が国の裁判所としての地方裁判所（tingsrätt）に一本化されるのは，1969年の裁判所改革が実現された1971年に至ってである．最近の改正立法では下級裁判所という表現が地方裁判所に変えられつつある．Fitger, s.1:3. 念のために付言すると，スウェーデンには通常裁判所に対応する三審級の行政裁判所制度が存在する（8条の＊を参照）．もっとも両者とも法務省（justitiedepartement）の所管に属する．
** 地方裁判所における司法行政等については，地方裁判所規則（förordning (1979: 572) med tingsrättsinstruktion）——政令——が詳細に定めている．裁判所を含む公的機関の規則（instruktion）については，ラーグネマルム『スウェーデン行政手続・訴訟法概説』2・1・1の訳注（1）（31頁）を参照．また，各地方裁判所はその執務細則（arbetsordning）を有する．Fitger, s.1:6.

第1条　地方裁判所は通常下級裁判所であり，かつ異なる定めがないときは第一審の裁判所である．

　地方裁判区は地方裁判所の管轄区域である．地方裁判区の配分については政

府が定める.＊（法律 1974:573）

> ＊王国の地方裁判区への配分に関する政令（1982:996）がある．Fitger, s.1:6.

第2条 地方裁判所には地方裁判所所長判事が存在しなければならない．行政的協働の一環として，同一の所在場所の地方裁判所および行政地方裁判所は共通の所長判事を有することができる．

政府が異なる定めをしないときは，地方裁判所には1人または複数の地方裁判所判事も存在しなければならない．政府が定める地方裁判所には1人または複数の地方裁判所部長判事も存在しなければならない．＊

地方裁判所所長判事，地方裁判所部長判事および地方裁判所判事は法律専門家でなければならない．

地方裁判所は部に分けることができる．部の長は地方裁判所所長判事または地方裁判所部長判事である．

地方裁判所には公衆のために一定の時間開かれている事務局が存在しなければならない．（法律 2002:996）

> ＊地方裁判所には法律専門家の裁判官（3条の＊を参照）として地方裁判所判事補（tingsfiskal）も存在する．また，合議体による本口頭弁論の際には，検察官，法学教授（助教授を含む），弁護士などが構成員として任命されうる．地方裁判所規則1，23条参照．

第3条 地方裁判所は異なる定めがないときは，1人の法律専門家の裁判官＊によって構成されなければならない．（法律 1989:656）

> ＊法律専門家の裁判官（lagfaren domare）という表現は，参審員も法律上裁判官とされているので，これと区別する意味で必要になる．法文上たんに裁判官（domare）というときは法律専門家の裁判官と参審員の両者を含む（4章参照）．

第3条a　民事事件の本口頭弁論の際は，地方裁判所は異なる定めがないときは，3人の法律専門家の裁判官によって構成されなければならない．

　簡易形式による本口頭弁論がなされる時は，裁判所は1人の法律専門家の裁判官によって構成されなければならない．

　第2項に係る場合以外においても，裁判所が1人の裁判官で足りると認め，かつ当事者がこれに同意するとき，または事件が簡易な性質のものであるときは，裁判所は本口頭弁論の際1人の法律専門家の裁判官で裁判することができる．

　裁判所が3人の法律専門家の裁判官によって構成され，かつそのうちのある者について本口頭弁論が開始された後に支障（förfall）が生ずるときは，裁判所は2人の法律専門家の裁判官で裁判することができる．＊（法律 1989:656）

　　＊　2人制合議体における意見の不一致の場合の解決は，裁判長の意見が優越することによって図られる（16章3条，29章3条）．他の裁判官の独立性の問題は，少数意見を表示する権利（6章2条2項，17章7条6項，30章9条5項等）によって確保される，と考えられているのであろう．なお，6章2条の＊を参照．

第3条b　刑事事件の本口頭弁論の際は，地方裁判所は1人の法律専門家の裁判官および3人の参審員によって構成されなければならない．本口頭弁論が開始された後に参審員の1人について支障（förhinder）が生ずるときは，裁判所は1人の法律専門家の裁判官および2人の参審員で裁判することができる．

　罰金または最長6月よりも重い刑罰が定められていない犯罪に関する事件の本口頭弁論の際，罰金以外の制裁を科する理由が存せず，かつ事件において企業罰金の問題がないときは，地方裁判所は参審員なしに裁判することができる．

　そのための理由が存するときは，法律専門家の裁判官の数は第1項に定めるところを超えて1人増加することができる．参審員の数についても同様である．本口頭弁論が開始された後に1人または複数の構成員について支障が生ず

るときは，裁判機関の構成について第1項第2文が適用される．(法律1997:391)

第3条c　本口頭弁論なしの事件の判断の際および訴訟手続に属する問題の審査の際，事件または問題の性質にかんがみ特段の理由が存するときは，地方裁判所は本口頭弁論について定められる構成を有することができる．(法律 1989: 656)

第3条d　本案について和解が許容される民事事件において，訴えの申立ての価額が明らかに一般保険に関する法律（1962:381）による基礎額の半分を超えないときは，地方裁判所は常に1人の法律専門家の裁判官によって構成されなければならない．

　当事者が事件を追行すべき最初の時に通常の規定が適用されるべき旨申し立て，かつその際事件の背後に存する紛争がより高額なものに関するか，またはそうでなくともその結果が他に存する法律関係の判断にとって顕著な（synnerlig）意義を有することを相当な蓋然性をもって証するときは，第1項は適用されない．訴えが支払命令の申請によって提起されたものであるときは，事件が地方裁判所に移送されることを求める当事者は，遅くともこれとともに上述の申立てをしなければならない．

　第1項による価額は訴え提起の時に妥当すると認められる価額である．訴えが支払命令もしくは簡易訴訟の申請または刑事事件における私的請求＊によって提起されたものであるときは，紛争が民事訴訟事件として取り扱われる旨を裁判所が決定した時の価額である．この判断にあたっては訴訟費用に対する考慮をしてはならない．(法律 1991:847)

＊　私的請求（enskilt anspråk）はわが国の旧刑事訴訟法における附帯私訴と同様の制度．なお，『スウェーデン法律用語辞典』55頁にenskilt ansprakとあるのは誤植，これは正誤表（神奈川法学40巻2号（2007））でも訂正漏れのまま．お詫びして訂正する．

第3条 e　事件の準備のみに関する措置および法律専門家の裁判官に留保されるべき種類のものでない措置は，十分な知識と経験を有する地方裁判所またはこれと同一の所在場所の行政地方裁判所もしくは賃貸借紛争処理委員会に勤務するその他の職員によって行うことができる．これに関する細則は政府が定める．
　第4章第13条の規定は，裁判官以外の職員が第1項による措置を行う時彼らにも適用される．（法律 2005:1059）

第4条　政府または政府が定める公的機関は，それぞれの地方裁判区に存在すべき参審員の数を確定しなければならない．＊
　地方裁判所は参審員と協議のうえ，参審員の間の執務の分配を行う．（法律 1983:370）

> ＊ 通常裁判所および一般行政裁判所における参審員の数に関する政令（1983:382）によれば，ストックホルムなど三大地方裁判所は自ら参審員の数を決定し，その他の地方裁判所の場合はその提案に従い高等裁判所が決定する．Fitger, s.1:25.

第5条　地方裁判所は政府が定める一つまたは複数の場所に事務局を有しなければならない．政府が異なる定めをしないときは，地方裁判所はその場所に地方裁判所所在地（tingsställe）〔裁判集会の場所〕を置かなければならない．地方裁判所はまた政府が定める他の場所にも地方裁判所所在地を置くことができる．（法律 2000:1455）

第6条　地方裁判所は仕事の必要に応じて裁判集会を行わなければならない．本口頭弁論のための集会（ティング）＊は，他の場所で集会を行うべき特段の理由がないときは，地方裁判所所在地で行わなければならない．（法律 1975:502）

*　ティング（ting）という語は古法の民会（ドイツ語のThing, Ding）に由来するものであるが，本法制定当時の旧規定によれば，地区裁判所が参審とともに行う，あらかじめ定められた長期にわたる本口頭弁論のための集会として理解されていた．Fitger, s.1:27, Gärde, s.19.

第7条　削除　（法律 1990:443）

第8条　第3条bによるもののほか，経済的または税法的関係の判断が重要な意義を有する，複雑またはそうでなくとも特に困難な公訴に係る事件の審査の際は，以下各号の者が各自または共同して特別の構成員に含まれうる，――
　1．経済的関係の問題について裁判所内に特別の専門的知識の必要が存するときは，第4章第10条aにより経済的専門家として任命されている者，
　2．税法的関係の問題について裁判所内に特別の専門的知識の必要が存するときは，一般行政裁判所*の法律専門家の裁判官である者またはあった者．
　本口頭弁論が開始された後に裁判所構成員の1人または複数に支障が生ずるときは，裁判機関の構成について第3条b第1項第2文が適用される．ただし，裁判所は参審員の数よりも多数の法律専門家の裁判官によって構成してはならない．（法律 1997:391）

　*　一般行政裁判所とは行政地方裁判所，行政高等裁判所および行政最高裁判所をいう（一般行政裁判所に関する法律（1971:289）1条）．

第9条　削除　（法律 2000:172）

第10条　削除　（法律 1975:502）

第11条ないし第17条　削除（法律 1969:244）

第2章　高等裁判所について*

* 高等裁判所についても地方裁判所の場合と同様に，高等裁判所規則（1996:379）および各裁判所における執務細則が定められている．

第1条　高等裁判所は，通常下級裁判所から上訴される事件についての上級裁判所である．同裁判所はその下に属する裁判所に対する監督権を有する．*

* 地方裁判所規則によれば，高等裁判所は，地方裁判所で執務する地方裁判所判事補の任命などの権限を有する．Fitger, s.2:5.

第2条　高等裁判所は，通常下級裁判所の裁判官が職務または受任事務の行使において犯した犯罪に基づく刑事責任または私的請求に関する事件を，第一審として取り上げなければならない．

高等裁判所は，その他に法律において定める事件に関する第一審裁判所である．（法律 2008:156）*

* Fitger, s. 2:5, https://lagen. nu.

第3条　各高等裁判所には，高等裁判所長官，1人または複数の高等裁判所部長判事および高等裁判所判事――その1人または複数は副部長（vice ordförande）――が存在しなければならない．彼らは法律専門家でなければならない．*

高等裁判所は部に分かれなければならない．部の長は長官または部長判事である．

高等裁判所には公衆のために一定の時間開かれている事務局が存在しなければならない．（法律 1998:1800）

*　高等裁判所には員外構成員（adjungerade ledamöter）として高等裁判所代理判事または判事補が執務することができる．また，検察官，法学教授（助教授を含む），弁護士なども員外構成員に任命されうる．高等裁判所規則44条．Fitger, s. 2:10.

第4条　高等裁判所は，3人の法律専門家の裁判官で裁判する．ただし，地方裁判所から上訴された事件については，地方裁判所が3人の法律専門家の裁判官で構成されていた場合これを裁判するときは，最少数4人の法律専門家の裁判官が関与しなければならない．*本口頭弁論が開始された後に法律専門家の裁判官の1人に支障が生ずるときは，裁判所はそのまま裁判することができる．5人よりも多くの法律専門家の裁判官が関与することはできない．

　刑事事件については第1項の規定の代わりに，高等裁判所は3人の法律専門家の裁判官および2人の参審員で裁判する．本口頭弁論が開始された後に法律専門家の裁判官または参審員の1人に支障が生ずるときは，裁判所はそのまま裁判することができる．4人の法律専門家の裁判官および3人の参審員よりも多くが関与することはできない．ただし，罰金よりも重い刑罰を科する理由が存せず，かつ事件において企業罰金の問題がないときは，高等裁判所は第1項に述べる構成でも裁判することができる．本口頭弁論が行われない取扱いの際も同様である．

　審査許可の問題の審査の処理の際は，高等裁判所は3人の法律専門家の裁判官によって構成されなければならない．ただし，第49章第14条a第1項による制限のない審査許可は，問題が簡易なものであるときは1人の法律専門家の裁判官が与えることができる．

　取下げの後または上訴が第50章第10条もしくは第51章第10条に係る集会の際に消滅した後に除去（avskrivning）の決定をするにあたっては，高等裁判所は1人の裁判官で裁判することができる．訴えの取下げの後における地方裁判所の裁判の破棄（undanröjande）についても同様である．

　事件の準備のみに関する措置は，高等裁判所の1人の法律専門家の裁判官，またはそれが法律専門家の裁判官に留保されるべき種類のものでないときは十

第 2 章　高等裁判所について

分な知識と経験を有するその他の職員が行うことができる．これに関する細則は政府が定める．

　第4章第13条の規定は，裁判官以外の職員が第5項による措置を行う時彼らにも適用される．（法律 2005:683）

　　＊裁判官の意見が同数に分かれた場合は，裁判長が与する意見が優越する（1章3条aの＊を参照）．

第4条a　第4条によるもののほか，高等裁判所においては以下各号の者が各自または共同して特別の構成員に含まれうる，—

　1．経済的関係の問題について高等裁判所内に特別の専門的知識の必要が存するときは，第4章第10条aにより経済的専門家として任命されている者，

　2．税法的関係の問題について高等裁判所内に特別の専門的知識の必要が存するときは，一般行政裁判所の法律専門家の裁判官である者またはあった者．（法律 1985:415）

第4条b　政府または政府が定める公的機関は，高等裁判所における執務のために高等裁判所の管轄区域に存在すべき参審員の数を確定しなければならない．＊

　高等裁判所は参審員と協議のうえ，参審員の間の執務の分配を行う．（法律 1985:415）

　　＊通常裁判所および一般行政裁判所における参審員の数に関する政令（1983:382）によれば，高等裁判所は自らその参審員の数を定める（1章4条の＊を参照）．Fitger, s.2:15.

第5条　高等裁判所はその所在する場所で裁判集会を行わなければならな

い．

　裁判集会はまた他の場所でもそのための理由が存するときは行うことができる．

　裁判集会は仕事の必要に応じて行わなければならない．（法律 1993:514）

第６条　王国の高等裁判所はスヴェア（Svea）高等裁判所,＊イョータ（Göta）高等裁判所，スコーネおよびブレーキンゲ（Skåne och Blekinge）高等裁判所，ヴェストラ・スヴェーリェ（Västra Sverige）高等裁判所，ネードレ・ノルランド（Nedre Norrland）高等裁判所およびユーブレ・ノルランド（Övre Norrland）高等裁判所である．

　高等裁判所の管轄区域は政府が定める．＊＊（法律 1974:573）

　　＊　ストックホルムの高等裁判所の正式名称．
　　＊＊　高等裁判所の管轄区域に関する政令（1976:181）がある．

第７条　削除（法律 1975:502）

第３章　最高裁判所について＊

　＊　最高裁判所についても規則（1996:377）および執務細則が定められている．

第１条　最高裁判所は，高等裁判所から上訴される事件についての上級裁判所である．（法律 1974:573）

第２条　弁護士会の理事会またはその他の機関の決定に対する上訴が，若干の場合において最高裁判所になされることは，第８章第８条において規定される．（法律 1974:573）

第3条　最高裁判所は国務大臣，最高裁判所判事，行政最高裁判所判事，国会オンブズマン，法務監察長官，検事総長，ヨーロッパ共同体司法裁判所の裁判官もしくは法務官（generaladvokat），同裁判所の第一審裁判所の裁判官もしくはこれらの職務を行う者または高等裁判所の裁判官もしくは上告調査官が，その職務または受任事務の行使において犯した罪に基づく刑事責任または私的請求に関する事件を第一審裁判所として取り上げなければならない．

　最高裁判所はさらに，最高裁判所判事または行政最高裁判所判事が免職もしくは休職させられるべきか，または医師の検査を受ける義務があるか否かの問題について第一審裁判所として審査しなければならない．その他に最高裁判所は法律において定める事件についての第一審裁判所である．（法律 1995:315）

第4条　最高裁判所は14人またはこれを超える必要な数の最高裁判所判事によって構成される．最高裁判所判事は法律専門家でなければならない．彼らは他の職務を保有しまたは行使することができない．*

　政府は最高裁判所判事の1人を裁判所の長に任命する．**

　最高裁判所は二つまたはより多くの部に分かれなければならない．部は最高裁判所が取り扱う事件を取り上げることについて同等の権限を有する．

　最高裁判所の長は部の長でもある．他の部の長は政府が任命する最高裁判所判事である．

　最高裁判所判事は，最高裁判所が決定するところに従い，所定の期間いずれかの部の執務を割り当てられる．

　最高裁判所判事が病気またはこれと同視される事情に基づき最高裁判所において執務することができない時は，最高裁判所判事の職を定年で退いた者が一時的に代行者として任命されうる．***最高裁判所判事について法律または命令において定めるところは，代行者にも適用されなければならない．（法律 2003:1149）

　　* 若干の最高裁判所判事は，統治組織法8章18条の定める立法顧問院（Lagrådet）の構

成員として執務する．Fitger, s. 3:8 a. 同院の構成員は最高裁判事，行政最高裁判事（regeringsråd）およびその定年退官者等であるが，同時に6人を超える現職者を含んではならない．同院は最高4部から成る．各部は3人で構成され，少なくとも1人の現職の最高裁判事または行政最高裁判事を含まなければならない．立法顧問院に関する法律（2003:333）2–4条．

** この長（ordförande）は最高裁判所の行政の長でもあるが，高等裁判所長官（hovrättspresident）などと異なり，特別の官職名を有さず，他の判事と同様に最高裁判所判事（justitieråd）とよばれる．なお，最高裁判所の司法行政事務（わが国と異なり，最高裁判所のみに関する）は，全体会議（plenum），代表会議（kollegium），最高裁判所の長または事務局長（kanslichef）が行うものに分かれる（最高裁判所規則（1996:377）15条以下）．Fitger, s.3:8 a.

わが国の最高裁判所事務総局にほぼ相当するのは司法行政庁（Domstolsverket）であり，ここでは一般行政裁判所の司法行政事務も行う．司法行政庁規則（1988:317）参照．

*** 法務大臣は，例外的場合を除き代行者の任命期間は14日を超えるべきでないであろうと述べている．Fitger, s.3:8 a.

第5条 最高裁判所のある部において判決または決定の評議の際，部の多数意見が最高裁判所の従前とっていた法原則または法解釈と異なると認めるときは，その部は事件または適切であるならば事件中のある問題が最高裁判所の全体部または9人で判断されるべき旨決定することができる．*このような決定は，事件またはある問題が最高裁判所の全体部または9人で判断されることが法適用のために特別の意義を有するその他の場合にも行うことができる．9人の構成員による審査の際は，9人中の少なくとも3人が求めるときは事件または問題を裁判所の全体部による判断に回付しなければならない．

部に知られている判決または決定において，最高裁判所内で法原則または法解釈について時を異にして互いに異なる見解が主張されている場合は，部がその多数意見が最後になされた判決または決定と異なると認めるときにのみ第1項第1文を適用する．

勾留されている者に関する事件またはそうでなくとも特別の定めにより迅速

第 3 章　最高裁判所について　*15*

な判断を要する事件については，事件が有害な遅延なしに最高裁判所の全体部または 9 人の構成員で判断することができないときは第 1 項を適用しない．

　事件または問題が最高裁判所の全体部で判断される時は，法的に正当な支障（laga hinder）が存しない限り，全ての最高裁判所判事が判断に関与しなければならない．**（法律 1996:157）

> 　*　この回付に関する規定は任意規定の性格を与えられているが，強行規定に近いと解されている．Fitger, s.3:10, Welamson, s.186.
> 　**　立法顧問院で執務する最高裁判事も包含される．なお，9 人による判断の場合の裁判官の選択については最高裁判所裁執務細則の定めるところによる．Fitger, s.3:11.

第 6 条　最高裁判所の部は 5 人の構成員で裁判する．7 人よりも多くが裁判所の構成員となることはできない．

　審査が簡易であるときは，部は以下各号の審査の際 3 人の構成員で裁判することができる*——

　1．第 55 章第 8 条第 2 項第 3 文に係る勾留または旅行禁止の問題，
　2．再審または喪失した期間の回復の申請，
　3．重大な訴訟手続違反に基づく不服申立て，
　4．高等裁判所への事件の差戻しの問題，
　5．高等裁判所における審査許可の認可の問題，または
　6．最高裁判所に直接に提起されたが，同裁判所が第一審として審査すべきでない申請または不服申立て（klagan）の却下の問題．

　最高裁判所が直接に取り上げるべき事件における主張（framställning）が，事件のための法的な理由を包含しないかまたはそうでなくとも明らかに理由がないものである場合，判決が召喚状の発令なしに告知しうる時は，部は 3 人の構成員で裁判することができる．

　部は再審もしくは喪失した期間の回復の申請または重大な訴訟手続違反に基

づく不服申立てを棄却（avslag）または却下する場合，以下各号にあたるときは 1 人の構成員で裁判することができる―

　1．最高裁判所が従前同一の問題の判断に関して同一の申立人または不服申立人からの申請または不服申立てを拒否し（avslagit），**かつ

　2．申立人または不服申立人が申立てまたは不服申立ての審査のために有意義な新たなことを主張しない（inte anföra）とき．

　最高裁判所における審査許可の問題は，1 人の構成員によって判断しうる．3 人の構成員よりも多くが関与してはならない．ただし，第 54 章第 11 条第 2 項により停止が宣言されている審査許可の問題は，事件を審査する構成員らによって判断される．

　部は以下各号の問題については 1 人の構成員で裁判することができる***―

　1．取下げまたは上訴が消滅した後の事件の除去決定の問題，

　2．最高裁判所における上訴の却下の問題，

　3．第 14 章第 7 条 a による事件の併合の問題，

　4．第 54 章第 17 条に係る高等裁判所の却下決定に対する上訴，

　5．第 55 章第 8 条第 2 項第 1 文および第 2 文に係る問題，または

　6．再審もしくは喪失した期間回復の申請または重大な訴訟手続違反に基づく不服申立てで，申請または不服申立てが申し立てられた措置のための法的な理由を包含しないか，またはそうでなくとも明らかに理由がない時．（法律 2005:195）

　　＊　すなわち，最少数 3 人，最多数 7 人という構成になる．Fitger, s.3:13.
　　＊＊　その名詞は avslag で（理由なしの）棄却を意味する．したがって却下（avvisning）と区別する意味で使われている場合（例えば 4 項）は棄却と訳したが，そうでない場合は一般に「拒否」と訳した．なお，この訳語の決定については『法律学小事典〔第 4 版〕』（2004, 有斐閣）165 頁の「棄却・却下」の項を参考にした．
　　＊＊＊　すなわち，最少数 1 人，最多数 7 人という構成になる．Fitger, s. 3:17.

第7条　部が，最高裁判所が判断した事件に対する再審の申請または重大な訴訟手続違反による不服申立てを処理する場合，従前の判断に関与した構成員は，同裁判所内で裁判をするのに十分な数の構成員を得られるときは部で執務することができない．（1994:1034）

第8条　最高裁判所における事件の準備および報告のために，同裁判所に特別の職員が存在する．＊（法律 1985:934）

　　＊ この特別の職員とは上告調査官（revisionssekreterare）のことである．Fitger, s. 3:19. 上告調査官については，拙稿「最高裁判所調査官制度の比較法的検討―スウェーデンにおける上告調査官（revisionssekreterare）の紹介を中心として―」民商法雑誌 84 巻 1 号（1981）1 頁以下参照．ちなみに，1994 年の上訴制度の大改革（1994:1034 による法改正）で上告（revision）という語は法文から消滅したが，300 年を超える伝統を有する revisionssekreterare という官職名はそのまま残されている．この経緯にかんがみ，『スウェーデン法律用語辞典』では「最高裁判所調査官，上告調査官」という順序で訳語を併記した（183 頁）．

第4章　裁判官について

第1条　法律専門家の裁判官＊はスウェーデン国民＊＊であって，かつ裁判官職への資格のために定められた学識試験＊＊＊に合格した者でなければならない．
　破産状態にある者または親子法第 11 章第 7 条による成年後見人を付されている者は，裁判官職を保有しその職務を行使することができない．
　学識に関する試験およびその他の裁判官職を保有・行使するための条件については政府が定める．＊＊＊＊（法律 1988:1260）

　　＊ 正規の裁判官（ordinarie domare）だけでなく，その代行者である非正規の裁判官を含む．Fitger, s. 4:6–7.　前者は地方裁判所判事・高等裁判所判事以上の裁判官

で，後者は高等裁判所代理判事（hovrättsassessor）や判事補（fiskal）をいう．『スウェーデンの司法』とくに132–133頁参照．
＊＊ すでに統治組織法11章9条3項が，裁判官職を保有・行使できる者はスウェーデン国民のみであることを定めている．
＊＊＊ 裁判官等としての資格のための学識試験に関する政令（1964:29）によれば，この試験とは法学士試験（juris kandidatexamen または juristexamen）のことであるが，一定の条件のもとに他の北欧諸国における法学教育の終了も法学士試験と同視されている．Fitger, s. 4:7.
＊＊＊＊ 上記の政令のほか，最高裁判所規則，高等裁判所規則および地方裁判所規則などが定めている．Fitger, s. 4:8.

第2条　第1章第2条，第2章第3条または第3章第4条第1項に係る裁判官は政府によって任命される（utnämns）．（法律1991:1819）

第3条　削除（法律1964:646）

第4条　高等裁判所または下級裁判所における法律専門家の裁判官の休職および代行者の任命（förordnande）の承認については政府の定め＊がなされる．（法律1974:573）

　＊ 高等裁判所規則および地方裁判所規則が定めている．Fitger, s. 4:9.

第5条　参審員は選挙＊によって任命される（utses）．
　地方裁判区に一つよりも多くの地方自治体または一つもしくは複数の地方自治体を超えて他の地方自治体の一部を含むときは，地方裁判所は各地方自治体ないし地方自治体の部分の間の参審員の数をその人口に応じて配分する．
　政府または政府が定める公的機関は，高等裁判所の管轄区域内の各県について，または高等裁判所の管轄区域内に県の一部を含むときはその部分について，高等裁判所において任命されるべき参審員の数を確定しなければならない．（法律2007:74）

＊　参審員の選挙は，一般選挙が行われる年の秋になされる．Fitger, s. 4:10.

第6条　参審員の被選挙資格を有するのは，未成年者でないかまたは親子法第11章第7条による成年後見人が付されていない全てのスウェーデン国民である．＊参審員の被選挙資格を有するためにはさらに，地方裁判所においては彼または彼女がその地方裁判所に属する地方自治体またはその部分に住民登録をしていること，および高等裁判所においては彼または彼女がその高等裁判所に属する県またはその部分に住民登録をしていることが要求される．法律専門家の裁判官，裁判所の職員（anställd vid domstol）＊＊，検察官，警察官または弁護士もしくは職業上裁判所の前で他人の事件を追行するその他の者＊＊＊は参審員になることができない．

　何人も同時に高等裁判所および地方裁判所の参審員を兼ねることはできない．

　参審員には判断能力，独立性，遵法性およびその他の事情にかんがみその職務に適切な者のみが任命されるべきである（bör）．

　60歳に達した者または正当な支障（giltigt hinder）があることを開示した者は，参審員の職務を引き受ける義務を負わない．参審員の職務を辞した者は，その後4年間は新たにその職務を引き受ける義務を負わない．

　裁判所は職権で選挙された者の資格要件を審査する．（法律2007:74）

＊　1971年までは破産者でないことも被選挙資格要件とされていたが，同年この要件は廃止された．しかし実際には，参事会は参審員の職務に適切な者以外は選出しない保障が存在する，と理由書はいう．なお理由書によれば，破産者になった参審員がその職務を保持するのは通常不適切とみられる．Fitger, s. 4:12.
＊＊　裁判所の職員はその職務内容いかんにかかわらず，参審員になることができない（守衛なども）．また，通常裁判所の職員のほか，その他の裁判所の職員も含むと解されている．Fitger, s. 4:12, 17 a.
＊＊＊　スウェーデンでは弁護士（advokat）でなくとも，訴訟代理その他の法律事務を取り扱うことができる反面，弁護士会の入会資格は厳しく，会員でなければ弁

護士と称することができない（詳しくは 8 章をみよ）．そのため，このような文言が必要になる．

第 7 条　地方裁判所における参審員の選挙は，地方自治体参事会〔議会〕が行う．

高等裁判所における参審員の選挙は県参事会〔議会〕が行う．ゴットランド県についてはゴットランド地方自治体の地方自治体参事会が行う．*

全選挙人の数を被選挙人の数で除した商に 1 を加えた数に少なくとも相当する数の選挙人が求めるときは，比例代表制による選挙をしなければならない．このような比例代表制による選挙については比例代表制選挙方式に関する法律（1992:339）に定めがある．

参審員の選挙にあたっては，参審員団が年齢，性別，民族的背景および職業を考慮した全面的な構成を得るよう努めなければならない．全面的な構成に達するために複数の選択肢が存するときは，従前執務したことがない者または執務が最も短期間であった者が参審員に選挙されるべきである（bör）．（法律 2006:850）

　　* ゴットランド県（län）には地方自治体（kommun）が一つしかなく，県参事会が存在しないことによる．Fitger, s. 4:15.

第 7 条 a　参審員は彼または彼女がその職務を遂行するのに必要な限度において雇用関係から解放される権利を有する．*（法律 2006:850）

　　* 本条は訴訟手続に関するものではないが，2006 年に導入された．場合によっては事件の記録を読む時間も含まれうる．Fitger, s. 4:17 a. わが国でも裁判員制度の実施に関連して，このような立法措置は一考に値しよう．

第 8 条　参審員は任期 4 年として選挙される．60 歳に達した者は参審員の職

を辞することができる．裁判所は正当な支障を証する参審員についてその職を免除することができる．

　裁判所は罪を犯すかまたはその他の仕方によってその職務に明らかに不適切なことが証された参審員を罷免しなければならない．

　参審員が被選挙資格を喪失したときは参審員の職務は終了する．ただし参事会は，住民登録の変更の結果もはや被選挙資格を有しない参審員がその任期の残存期間中職務に留まりうる旨決定することができる．

　参審員の職務がその任期中に終了したときは，残存期間のために新たな参審員が任命される．地方裁判区または県における参審員の数が変更されるときは，新たに増員される参審員が第1項によるよりも短い期間について任命されうる．（法律 2006:850）

第8条a　裁判所は以下各号の場合には参審員を職務の執行から排除することができる．彼または彼女が—

1．罷免に関する案件の対象であるとき，

2．有罪判決の場合には罷免に導くとみうる犯罪の捜査の対象であるか，もしくは訴追を受けているとき，または

3．その他，司法に対する公衆の信頼を害すると判断される行動もしくは状態が証されるとき．

　第1項第3号による排除の決定は最長6月を超えない期間について妥当する．（法律 2006:850）

第8条b　参審員の罷免および排除に関する決定に対しては，特別の国の委員会に上訴をすることができる．＊この委員会の決定に対しては上訴をすることができない．

　政府はこの委員会に関する規定を定める．＊＊（法律 2006:850）

　　＊上訴に関する細則は行政〔手続〕法（1986:223）に定められている．Fitger, s. 17 f.

** 参審員の職務の上訴委員会に関する規則（2006:853）がある．

第9条　罷免されたまたは辞任した参審員が依然として被選挙資格を有するときは，他の者が参審員に選挙されたという通知が裁判所に到達するまで職務を遂行し，かつその後も彼または彼女が従前関与していた事件の継続処理の際に執務する義務を負う．ただし，第8条第2項により罷免された者またはこのような罷免もしくは〔職務執行からの〕排除の案件が開始された後に辞任した者を除く．（法律 2006:850）

第10条　参審員が除斥・忌避により執務を妨げられ，または裁判所の集会に欠席し，かつ他の参審員が遅延なしに出頭できないときは，裁判長は管轄区域における参審員の被選挙資格を有する者を参審員の職務を行わせるために呼び出すことができる．*

　　* この権限は地方裁判所，高等裁判所とも裁判長に属する．Fitger, s. 4:18.

第10条a　政府は第1章第8条および第2章第4条aによる経済専門家として執務すべき者を個別に任期3年として任命する．3年の任期中に必要があるときは，それ以上の数の者を残存期間のために任命することができる．経済専門家が事件の処理に関与している間に任命の終了を伴う事情が生ずるときは，それにもかかわらず任命は進行中の事件に関する限り有効に存続するものとみられなければならない．

　経済専門家として執務する者はスウェーデン国民であり，かつ未成年でない者または破産状態にない者もしくは親子法第11章第7条による成年後見人を付されていない者でなければならない．（法律 1988:1260）

第11条　裁判官は職務を開始する前に，以下の宣誓をしなければならない：
"私，何某は，私の最上の理性と良心に従い，全ての裁判において正義を行

い，富める者と貧しき者とを差別せず，スウェーデンの法と規則により裁判すること；血族，姻族，友人関係，妬み，悪意または怯懦，さらに賄賂および贈り物その他の理由により，決して口実を設けて法を歪曲したりまたは不正を助長したりしないこと；無実の者を有罪にし，または罪ある者を無罪にしないことを，名誉と良心に賭けて約束しかつ保証する．私は裁判の宣告の前後を問わず当事者またはその他の者に対し裁判所の評議の秘密を漏洩しない．これらの全てを私は正直で正しい裁判官として忠実に遵守する（vill och skall）."*

宣誓は裁判所または裁判長の前でなされなければならない．（法律 1975: 1288）

> * このいわゆる裁判官宣誓（domareed）とよばれる宣誓の文言は，旧訴訟手続法から若干の形式的修正だけで現行訴訟手続法に引き継がれたものである．現行法になってからも，"神の法"，という言葉の削除（1959），"全能の神の御前に，かつその神聖な言葉のもとに" に代えて "名誉と良心に賭けて" と改められた（1976）ほかは変更がない．裁判官宣誓の文言は古風な表現であるが，とくに難解なのは最後から2番目の文だけといわれる．この宣誓は法律専門家の裁判官だけでなく，参審員および経済専門家などその他の裁判機関の特別の構成員も行う．Fitger, s. 4:18 b–19.

第12条 互いに婚姻関係にあるかもしくはあった者，直系の尊属および卑属の血族もしくは姻族の関係にある者，兄弟姉妹，一方が他方の兄弟姉妹と婚姻関係にあるかもしくはあったことにより姻族関係にある者または同様の近親者（närstående）*は，同時に裁判官として裁判に関与することができない．（法律 1973:240）

> * 法務大臣は本条の近親者は13条のそれよりも著しく制限的に解釈適用すべきだという見解である．その理由として，本条の趣旨は13条と異なり裁判所の公正さを保障することにあるのではなく，個々の裁判官がその職務を行うにあたって近親者から受けうる影響を避けるためだから，と述べている．本条も法律専門家の裁判官だけでなく，参審員などにも適用される．Fitger, s. 4:21.

第13条　裁判官は，以下各号の場合には職務の執行から除斥・忌避*される：—

　1．彼自身が当事者であるか，またはそうでなくとも本案に関わる（har deli saken）か，**もしくはその結果により著しい利益もしくは損害が予期されうるとき；

　2．彼が当事者と婚姻関係にあるかもしくはあったか，直系の尊属もしくは卑属の血族もしくは姻族の関係にあるか，兄弟姉妹であるか，一方が他方の兄弟姉妹と婚姻関係にあるかもしくはあったことにより姻族関係にあるか，または当事者に対し同様の近親者***であるとき；

　3．彼が本案に関わるかまたはその結果により著しい利益もしくは損害が予期されうる者と第2号に係る関係にあるとき；

　4．彼または第2号に係る彼の近親者が当事者の後見人，財産管理人（god man）もしくは成年後見人であるか，またはそうでなくとも当事者の法定代理人，当事者である会社，社団（förening）その他の団体（samfund），財団もしくはこのような施設（inrättning）の理事会の構成員であるとき，または地方自治体その他の住民共同体（menighet）が当事者である場合に，事件に関する事項の管理を行う執行委員会（nämnd）もしくは理事会の構成員であるとき；

　5．彼または第2号に述べる彼の近親者が，本案に関わるかまたはその結果により著しい利益もしくは損害が予期されうる者と第4号に係る関係にあるとき；

　6．彼が当事者の相手方（vederdeloman）****であるとき，ただし，当事者が彼を除斥・忌避するために彼に対する請求を求めているときを除く；

　7．彼が他の裁判所において裁判官または職務担当者（befattningshavare）として事案に関する決定を行ったか，または裁判所以外の公的機関のもとで，もしくは仲裁人として事案に関する職務を行ったとき；

　8．刑事事件における本口頭弁論の際，彼がこの本口頭弁論前に被告人が罪となるべき行為を犯したか否かの問題について審査したとき；

　9．彼が事案について訴訟代理人として当事者の事件を追行もしくは〔補佐

人として〕当事者を補佐し，または証人もしくは鑑定人になったとき；または

10. そうでなくとも，事件における彼の中立性に対する信頼を損うのに寄与するような特段の事情が存在するとき．＊＊＊＊＊（法律 1993:348）

 ＊ 除斥・忌避と訳したが，原語は一語（名詞 jäv, ここでは形容詞 jävig）であって，除斥と忌避を区別しない．公的英訳は disqualification．独訳として Ablehnung のみを掲げている辞書もあるが，これはミスリーディングである．
 ＊＊ この点は解釈上困難な問題で，さまざまな概念規定が提案されているが，簡単にいえば，実質的に当該事件の当事者でありうるような場合と解される．例えば，裁判官が刑事事件の被害者である場合など．ただし，9章5条による訴訟上の軽罪について審判する場合はこの例外である．Fitger, s. 4:23–24.
 ＊＊＊ 同棲者，婚約者などが含まれる．Fitger, s. 4:25, 36:14.
 ＊＊＊＊ 裁判官と当事者との間に，他の民事・刑事の訴訟手続や仲裁手続，非訟事件などにおいて相手方の関係があることをいう．しかし，既判力ある判決が存在する場合は含まれない．また，裁判官と国との間で係争案件が存在すること，例えば裁判官が軽微な交通犯罪で公的訴追を受けていること，年間所得の課税について国と争っていることは，公訴事件一般および国を一方当事者とする事件一般について，除斥・忌避原因にならないと解される．Fitger, s. 4:26–27.
 ＊＊＊＊＊ 本号は一般条項とよばれる．Fitger, s. 4:30–31. わが国の忌避原因（民訴24条）に相当する．

第14条　裁判官に対する除斥・忌避を構成するとみられうる事情が存在することを知るときは，彼はそれを自発的に開示する義務を負う．

 当事者が裁判官を除斥・忌避しようとするときは，その裁判官が裁判所の構成に加わっているか，もしくはそうでなくとも事件に関する職務を有することを知った後，または除斥・忌避の原因となる事情が当事者に知られていないときはこれを知った後の事件における訴訟活動（talan）の最初に，これに関する異議（invändning）を提出しなければならない．当事者がこれを怠るときは，この異議を提出する彼の権利は消滅する．＊

下級の裁判所における裁判官に対する除斥・忌避の問題は，第2項に定めるところにより除斥・忌避の権利を有する当事者から上級の裁判所において提起されるとき，または上訴が除斥・忌避を棄却する決定に対してなされるときを除いては，上級の裁判所において取り上げることができない．（法律1983:370）

> * 除斥・忌避に関する13条は強行的規定であるから，当事者がこの権利を失った後も，裁判所は職権で除斥・忌避の存否を審査する義務がある．Fitger, s. 4:37.

第15条 裁判官に対する除斥・忌避の問題が生じた後，彼は著しい不利益なしに延期できず，かつ事件の判断を包含しないような事件における措置のみをとることができる．上述の措置は彼が除斥・忌避原因があると宣言されてもとることができる．

当事者が適法な期間内に裁判官に対する除斥・忌避を申し立てたときは，裁判所はできる限り速やかに別個にこれに関する決定を行う．

除斥・忌避の問題の審査においてその裁判官は，裁判所が彼なしでは裁判できず，かつ他の裁判官が遅滞なしに裁判所の構成に加わることができないときを除いては関与することができない．*

> * 実務的理由から当該裁判官の関与を無条件に禁止することはできない．しかし，現在の裁判所組織においてこれは極めて異例のことだとされる．判例は，必要な場合には少なくとも同じ場所の他の裁判所から裁判官の派遣を求めるべきであり，かつその裁判所が同一水準の裁判所であることを要しないとする．Fitger, s. 4:39.

第5章　裁判所における公開および秩序等について

（本章は法律2005:683により変更された章名となった．）

第1条 裁判所における弁論は公開されなければならない．*

弁論の際，裁判所のもとで秘密保護法（1980:100）に係る秘密が問題となる情報が提出されると考えられる場合，この情報が開示されないことが著しく重要**と判断されるときは，裁判所はこの情報に関する弁論を非公開で（inom stängda dörrar）行うよう命ずることができる．その他の場合においても，秘密が秘密保護法第7章第22条もしくは第23条，第8章第17条もしくは第9章第15条もしくは第16条に係るものであるか，または同法第5章第1条もしくは第7条もしくは第9章第17条による捜査中の刑事事件もしくはこれと同視される事件もしくは案件（ärende）に係る裁判所の弁論については，弁論は非公開でなされうる．秘密が同法第9章第3条第2項によるもので，かつそれが弁論の際開示されることが条約に反するときは，弁論は常に非公開で行われなければならない．
　18歳未満の者または精神的障害のある者の尋問は非公開でなされうる．
　その他，特別の場合に弁論が非公開でなされうる旨規定されているときは，それが適用される．（法律 2006:47）

> 　* 本項は統治組織法2章11条2項が憲法的に保護する裁判公開の原則を定めたものである．弁論には本口頭弁論のほか，口頭の準備，本口頭弁論外の証拠調べや証拠保全，勾留尋問の弁論なども含まれる．Fitger, s. 5:4.
> 　** この「著しく重要」（synnerligt vikt）という要件によって，立法者は，公開の利益が最大限に供給されるべきこと，かつとくに強い秘密の必要が存在する場合にのみ公開が制限されるべきだということを示したのである．Fitger, s. 5:6.

第2条　公開の弁論の傍聴（tillträde）は，裁判長においてその理由があると認めるときは，18歳未満であることが知られているか，またはそう考えられる者に対して拒否することができる．*（法律 1974:239）

> 　* 本条は，年少者を裁判の傍聴が伴う悪影響から保護するためのものである．国会オンブズマンの意見によれば，生徒が教育の一環として傍聴に行く場合は，あらかじめ担当教師が裁判長と協議して計画すべきである．Fitger, s. 5:8.

第3条　非公開の弁論の際，裁判長の承諾を得て裁判所の職員およびそこで教育のために執務する者*は同席することができる．特段の理由が存するときは，裁判所はその他の者**にもこのような弁論の際同席を認めることができる．

　　*　司法実務修習生（notarie）をさす．
　　**　例えば当事者の両親．Fitger, s. 5:9.

第4条　弁論が非公開で行われ，かつその際裁判所のもとで秘密保護法（1980:100）に係る秘密が問題となる情報が提出されたときは，裁判所はその情報を開示してはならない旨命ずることができる．*（法律 1980:101）

　　*　秘密保護法により秘密とされる文書が非公開の弁論に提出される場合，それは事件が終結した後は裁判所が特段の定めをしたときにのみ非公開にとどまる（同法12章3条2項）．また，秘密が裁判所の判決または決定に包含されるときは，裁判所がその判決または決定においてそれが秘密であり続ける旨定めなければ秘密でなくなる（同章4条2項）．本条はこの非公開の定めに関するものである．Fitger, s. 5:10.

第5条　判決または決定の評議は，裁判所が公開で行うことができると認めないときは，非公開で行わなければならない．評議が非公開で行われるときは，裁判所の構成員のほかにその事件に関する職務を有する裁判所の職員のみが同席することができる．*特段の理由が存するときは，裁判所はこのような評議の際その他の者の同席も認めることができる．

　判決または決定の言渡しは公開で行わなければならない．ただし，判決または決定が秘密保護法（1980:100）第12章第4条第2項による秘密に関する命令に包含される情報を含む限りにおいて，言渡しは非公開で行わなければならない．（法律 1980:101）

＊ 理由書によれば，執務する司法実務修習生の同席は同文による．Fitger, s. 5:10 b. ちなみに，私自身もかつてマルメ所在のスコーネおよびブレーキンゲ高等裁判所において裁判実務の調査研究をしていた当時，評議の傍聴を許された経験を有するが，これは3文によったものと思われる．

第6条 当事者，証人またはその他裁判所の前で尋問されるべき者がスウェーデン語の十分な能力を有しないときは，裁判所を補佐するために通訳を用いることができる．＊

裁判所に問題となる言語の公共通訳人＊＊が存在するときは，彼を用いなければならない．その他の場合には裁判所が事件における通訳として補佐するのに適切な者を任命する．＊＊＊

聴力または発語能力に重大な障害のある者を尋問するときも，裁判所を補佐するために通訳を用いることができる．

事案または当事者のいずれかとの間に彼の信頼性が減弱するとみられうるような関係がある者は，通訳として用いることができない．

公共通訳人の雇用および聴力または発語能力に重大な障害のある者を尋問する場合における通訳の使用については政府が定める．＊＊＊＊（法律 1975:589）

＊ 本項は，弁論が常にスウェーデン語で行われることを前提としている．たとい当事者双方が英国人で，裁判所の全構成員が英語に精通しているとしても，弁論はスウェーデン語で行わなければならない（公開の見地からも）．なお本条は，刑事事件における捜査などにも類推適用されると解されている．Fitger, s. 5:11–12.
＊＊ 管轄区域内にフィンランド語を母語とする住民が多いノルランド（Norrland）地方の裁判所では，古くからフィンランド語の通訳の継続的必要性が存在した（フィンランド語はスウェーデン語と著しく異なる）．そこで若干の人々が所定の対価を得てこの通訳の職務を行うために任命されている．このような裁判所と継続的に結び付いている通訳が公共通訳人（allmän tolk）という名称でよばれる．Fitger, s. 5:12.
＊＊＊ 通訳人の公認は，公的財産管理・役務提供庁（Kammarkollegiet）が所管している．同庁は通訳人の活動を監督し，規則的に公認通訳人のリストを裁判所および検察庁に送付する．Fitger, s. 5:12.

**** 公共通訳人に関する政令（1984:140）および聴力・発語能力障害者のための通訳に関する政令（1977:175）がそれである．Fitger, s. 5:13.

第7条　公共通訳人として雇用される者，またはそうでなくとも通訳として補佐するために任命される者は，裁判所の前で，彼は最上の理性に従い彼に与えられた職務を遂行する旨の宣誓を行わなければならない．通訳として補佐するために任命される者が，その裁判所において通訳として引き続き職務を保持すると考えられる理由があるときは，彼は将来の職務に関する宣誓も行うことができる．（法律 1975:1288）

第8条　通訳はその仕事，時間の消費および職務が必要とする支出に対し合理的な補償を受ける権利を有する．政府または政府が定める公的機関は補償の決定にあたって適用されるべき料金表を作成する．補償は公費から支払われる．＊（法律 1984:131）

＊ 通訳料金表に関する政令（1979:291）によれば，裁判所および裁判所類似の機関，検察庁，警察および執行官局における口頭通訳の料金表については，司法行政庁が検事総長，警察庁および国税庁と協議のうえ作成する．ただしこれは書面の翻訳については適用されない．

第9条　裁判所の集会の際の秩序を維持し，かつ必要な秩序規定（ordnings-regler）を発するのは裁判長の権限に属する．裁判長は弁論を妨害する者またはその他の仕方で不穏当な行動をする者を退席させることができる．裁判長はまた，混雑を避けるために法廷における傍聴人の数を制限することもできる．

　法廷における録画または法廷からの放映は法律の定めるところによってのみ行うことができる．裁判所は尋問される者が他の者による尋問中の録音または放送によって調査上の支障が生ずるほど悪影響を受けるとみられるときは，その録音または放送を禁止することができる．

退席させられた者が法廷内に侵入するとき，またはその他秩序を維持するため発せられた命令に従わないときは，裁判所は直ちに彼または彼女を拘束し，集会が継続する限り3日を超えない期間内は拘置所に留置されるべき旨命ずることができる．*

裁判所における保安上の統制については特別の定めが存する．**（法律2005:683）

 * 理由書によれば，この種の措置は刑罰とはみられない．ことの性質上命令は直ちに執行されなければならない．Fitger, s. 5:18.
 ** 裁判所における保安上の統制に関する法律（1981:1064）がある．Fitger, s. 5:20.

第10条　裁判所の前の集会に関与すべき当事者その他の者は，法廷または集会が行われる場所に出頭しなければならない．

そのための理由が存するときは，裁判所は出頭に代えて当事者または第1項に係るその他の者が音声の送受信または音声および映像の送受信を通じて関与すべき旨決定することができる．このような関与のための理由が存するか否かの判断にあたっては，裁判所は特に以下各号の事項を考慮しなければならない―

1．集会に関与すべき者が法廷に出頭しなければならないことにより生ずるであろう費用または不利益，および

2．集会に関与すべき者が法廷に在席することにより被る著しい恐怖感．

第2項による関与は，本人出頭の目的およびその他の事情にかんがみ不適切であるときは行われてはならない．

音声の送受信または音声および映像の送受信によって集会に関与する者は，裁判所の前に出頭したものとみられなければならない．（法律2005:683）

第11条　そのための理由が存するときは，裁判所は検証が音声の送受信または音声および映像の送受信によって行われる旨決定することができる．ただし

このような決定は，証拠の取調べの種類・性質およびその他の事情にかんがみ不適切であるときは行うことができない．（法律 2005:683）

第 12 条 裁判所は，集会に関与すべき者で，かつ法廷内に席を用意できないものについて，音声および映像の送受信を通じて集会をフォローできるべく，この目的のための場所（副法廷）を設けるよう配慮しなければならない．

　裁判所はまた，法廷内に席を用意できない傍聴人について，副法廷において音声の放送または音声および映像の放送・放映を通じて集会をフォローできるようにしうる．

　第 9 条の規定は副法廷についても適用されなければならない．（法律 2005: 683）

第 6 章　情報および訴訟書類の登録について*

（第 6 章は法律 2000:172 により導入，従前の第 6 章は同時に削除．）

* 従前の章名は「裁判所の調書について」であり，主として裁判所の調書（protokoll）に関するものであったが，本章は訴訟および案件の取扱いに関する情報の保存の現代化を意図して導入された．もっとも，従前どおり調書を作成することの利点も十分に認識されており，通常裁判所における訴訟および案件に関する政令（1996:271）15 条（2003:363 により改正）は調書作成に関する明文規定である．Fitger, s.6:3–4.

第 1 条　裁判所においては全ての訴訟事件に関する登録簿が作成されなければならない．登録簿には事件受理の日時，事件についてとられた措置，事件に関する判断の日時，ならびに上訴の通知（missnöje）または上訴がなされたときはその日時およびとられた措置を表示しなければならない．

事件に関する訴訟書類は一括して記録に調製されなければならない．

第2条　事件登録簿または記録から以下各号の事項が明らかにならなければならない——
 1．事件に対する裁判所の判断，それが決定された時点およびその決定の責任者，ならびに
 2．その記載の責任者．

票決が行われたときは，少数意見が事件登録簿または記録から明らかにならなければならない．*

　　* 第一審を含む全ての裁判所において少数意見（反対意見）の表示を認めるのがスウェーデン法の特色である．この少数意見の表示は行政手続においても認められており（スウェーデン行政法典19条，ラーグネマルム『スウェーデン行政手続・訴訟法概説』89，181–182頁），福祉国家スウェーデンの行政における法の支配（法的保障）の維持・確立のために大きな意義を有しているといえる．

第3条　集会の際には以下各号の事項が記載されなければならない：——
 1．集会の日時および場所，
 2．集会に関与する者，
 3．裁判所の前において口頭で与えられる訴訟代理権，
 4．集会が非公開で行われる時はその理由，
 5．当事者の申立ておよび抗弁（invändningar）*ならびに相手方当事者の申立てに対する認諾または否認，
 6．当事者以外の者の申立ておよびこのような申立てに対する当事者の認諾または否認，
 7．提出される調査資料（utredning），
 8．現場検証の際に観察されるべきもの，ならびに
 9．その他，集会において生起する事項で，当事者または上級の裁判所に

とって記載が有意義でありうるもの．

記載は集会に接続して行われなければならない．

除斥・忌避に関する第4章第13条の規定は上記の記載を行う者に適用される．

　　＊法律事実の記載までは要しないが，本案の問題に対する当事者の見解や訴訟障害のような抗弁の記載は必要だと解されている．Fitger, s.6:10, Gärde, s.58. なお，9章3条の＊も参照．

第4条　事件の準備中になされ，かつ証拠調べのみに関しない集会については，第3条に述べるところに加えて，以下各号の事項が記載されなければならない：—

　1．当事者が援用する事実ならびにこの事実に対する相手方当事者の主張の要旨，

　2．当事者が援用しようとする証拠および各証拠によって証明しようとする事項，ならびに

　3．その他，事件の判断の前に必要とされる事項．（法律2005:683）

第5条　事件または案件について終局的判断を行わない裁判所が証拠調べを行う時は，それに関する調書が作成されなければならない．

第6条　地方裁判所においては，立証目的でなされる供述は，それに反する特別の理由がない限り，音声および映像の録取・録画をもって記録されなければならない．上級の裁判所においてなされる供述も同様の仕方で記録することができる．

裁判所の前において立証目的でなされる供述が第1項により記録されないときは，音声の録取をもって記録するか，または供述が事件に有意義であると考えられうる範囲で書き取らなければならない．ただしこれは，最高裁判所にお

ける本口頭弁論については適用されない．

　供述を書き取るときは，当事者および尋問を受けた者にこの書取りを訂正する機会を直ちに与えなければならない．供述者は彼または彼女がその内容に異議があるか否かについて尋ねられなければならない．内容の変更に導かない異議は記載されなければならない．*その後において書取りの内容を変更することはできない．（法律 2005:683）

> ＊ 内容の変更に導く異議が提起された場合には，裁判所は書取りの内容を直接的に変更するか，または変更を付記することによって訂正を決定する．そうでない異議の場合には異議に加えて，変更に導かない旨も記載すべきである．Fitger, s. 6:17.

第6条a　検証の際に観察されたものは，音声および映像の録取・録画をもって記録することができる．（法律 2005:683）

第7条　本章において〔訴訟〕事件について述べるところは，本法により取り扱われる案件についても適用される．

第7章　検察官について，および警察制度等内の職員に対する除斥・忌避について

第1条　一般検察官は：—
- 検事総長および副検事総長，
- 上級検事*および副上級検事，ならびに
- 検事正,**次席検事および地方検事

である．

　検察官制度に関する細則は政府が定める．***（法律 2001:280）

*　わが国でいえば，高等検察庁の長である検事長にほぼ相当する．なお，スウェーデンの検察制度はわが国と異なり，裁判所（の管轄）に対応していない．
　　**　検事正（chefsåklagare）は，わが国の官職名に引き寄せた意訳で，直訳すれば首席検察官．実は検事総長（Riksåklagare）も直訳すれば王国検察官である．
　　***　検察官令（2004:1265）などがある．

第2条　検事総長は政府の下の最高の検察官であって，検察官制度に対する責任を負い，かつこれを指揮する．
　副検事総長は検事総長の法定の代理者である．その他，副検事総長は検事総長が定める範囲において検事総長が行う検察官の職務を行うことができる．
　特段の理由が存するときは，政府は，検事総長の申出に基づき，上級検事に一定の期間副検事総長が行う検察官の職務を果たすよう命ずることができる．
　上級検事は検事総長の下で特定の地域内の検察官活動のための責任を負う．（法律 2004:1264）

第3条　検事総長および副検事総長は政府の決定により授権官職として任命される．（法律 2001:280）

第4条　一般検察官は地方裁判所および高等裁判所において検察官の職務を行う．しかし検事総長のみが第2章第2条第1項に係る事件について高等裁判所における一般検察官である．
　検事総長は最高裁判所における一般検察官である．
　検事総長は他の一般検察官に最高裁判所における訴訟追行を行うよう命ずることができる．（法律 2004:402）

第5条　検事総長，上級検事および副上級検事は，下級の検察官の行う職務を引き取ることができる．（法律 2004:1264）

第7章 検察官について，および警察制度等内の職員に対する除斥・忌避について

第6条 一般検察官についてある犯罪に関し裁判官に対する除斥・忌避を構成するような事情が存在するときは，彼または彼女は捜査，訴追または本法によるその他の措置を行うことができない．その他の検察官の職務の遂行についても同様である．

除斥・忌避原因は，検察官が職務上行った措置，または彼もしくは彼女に対して職務中に，もしくはその職務を理由として行われた犯罪行為に基づくことはできない．

検察官に除斥・忌避原因が存在するときでも，彼または彼女は危険なしには延期できない措置をとることができる．

検察官に対する除斥・忌避の問題は上級検事によって審査される．ただし副検事総長，検事総長補佐検事，上級検事および副上級検事に対する除斥・忌避は検事総長によって審査される．検事総長に対する除斥・忌避は彼または彼女によって審査される．＊（法律2004:1264）

> ＊ 本条は検察官について裁判官とほぼ同様の中立・公正性を要求する規定である．検察官に対する除斥・忌避原因の存在は再審事由を構成する（58章2条2号）．捜査の初期段階では除斥・忌避原因の存否の判断が困難な場合がありうるが，それが判明した時点から検察官は捜査への関与を回避すべきであるというのが，国会オンブズマンの意見である．Fitger, s.7:20.

第7条 検察官制度内に検察官補佐＊を置くことができる．この者は政府が定める範囲において一般検察官が行う職務を行うことができる．ただし，最高裁判所に対する訴追および上訴の提起は検事総長以外の者が決定することはできない．

検察官制度内に非正規の検察官を置くこともできる．政府は非正規の検察官が行うことができる検事総長または副検事総長以外の一般検察官の職務の範囲について定める．検事総長は非正規の検察官に最高裁判所における事件を追行するよう命ずることができる．（法律2004:1264）

* 検察官補佐（bitradände åklagare）は必ずしも地方検事（kammaråklagare）の下位の職ではなく，二つのカテゴリーがある．一つは最高検察庁の各事務部長（byråchefer）で，彼らは通例検察官補佐でもある．もう一つは検察官候補生（åklagaraspirant）の過程を経て検事補（assistentåklagare）の肩書を有する者によって構成される．Fitger, s. 7:23. 検察官補佐と検事補とは（原語・訳語とも）紛らわしいので，混同しないよう注意すべきである．

第8条　特別検察官についてはそれに関して定めるところが適用される．

　法務監察長官または司法オンブズマン以外の特別検察官は，最高裁判所に対する訴追または上訴を決定することはできない．（法律 2001:280）

第9条　検察官について第6条に述べるところは，警察制度内，国税庁内，税関内または沿岸警備施設内の職員が本法による措置をとりまたは決定をする場合にも適用される．除斥・忌避の問題は各公的機関によって審査される．*, **（法律 2006:83）

　　* 本条に関連して，行政手続においても除斥・忌避の制度が存在することに留意すべきである（スウェーデン行政法典 11，12条，ラーグネマルム『スウェーデン行政手続・訴訟法概説』56 頁以下）．このことは 6 章 2 条の*において述べた少数意見表示の権利とならんで，福祉国家スウェーデンの行政における法の支配（法的保障）の維持・確立のために大きな意義を有しているといえる．
　　** 警察機関（polismyndighet）および警察官（polisman）という言葉は本法の多くの箇所に出てくるが，本法はその概念規定をしていない．前者は本来，警察官の職務を行う検察官（かつて一部の検察官は警察の長でもあった）と警察長（polismästare）等の命令的地位にある警察官を含む概念であった．これに対して，後者は警察機関のほか，より下級の警察職員を含む包括的な意味を有する．両者の概念規定は警察法（1984:387）および警察令（1998:1558）においてなされており，本法の適用にあたってもこれが用いられる．Fitger, s.7:27.

第8章　弁護士について*

* 本章については拙稿「スウェーデンの弁護士制度」第二東京弁護士会編『諸外国の弁護士制度』（1976,日本評論社），229頁以下，「スウェーデンの弁護士自治」同編『弁護士自治の研究』（1976,日本評論社）257頁以下参照．その記述内容のかなりの部分は大きく変化しているが，基本的，全体的な理解には役立つはずである．

　スウェーデンには弁護士強制も弁護士独占も制度として存在しないが，一種の事実上の弁護士独占は存在する．例えば，刑事事件における公共弁護人には原則として弁護士が任命される（21章5条）．Fitger, s. 8:3, Ekelöf I , 8 uppl. (2002), s.196–197.

第1条　王国に一般弁護士会が置かれなければならない．この会の規約（stadgar）は政府によって確証される．*

　弁護士とはこの会の会員である者をいう．（法律 1974:573）

* 弁護士会は公法的性質を有する．出版の自由に関する法令または行政法令等の意味における公的機関ではないが，若干の国家行政的職務を与えられている．Fitger, s.8:5. ただし40章8条の ** も参照．

第2条　弁護士会には以下各号にあたる者のみが受け入れられる—

1．スウェーデンまたはヨーロッパ連合，ヨーロッパ経済共同地域内の国もしくはスイスに住所を有する者，

2．裁判官職への資格のために定められた学識試験に合格している者，*

3．弁護士活動のために必要な実務的および理論的養成教育を修了している者，**

4．廉潔であることが知られている者，および

5．その他の点においても弁護士活動を行うのに適切であると判断される者．

弁護士会の理事会は個々の場合に第1項第1号に関する限り入会要件の例外

を認めることができる．他の国においてそこで妥当する定めにより弁護士として公認されている者については第1項第2号および第3号の入会要件についても同様である．

　ヨーロッパ連合，ヨーロッパ経済共同地域内の国またはスイスにおいて弁護士になるために要求される養成教育を修了し，かつスウェーデンにおいてスウェーデン法秩序に関する十分な学識を有することを証する試験に合格した者は，第1項第2号および第3号による入会要件を充足するとみられなければならない．第2条aによる登録をし，かつその後に最低3年間スウェーデンにおいて事実上および規則的に弁護士活動に従事した者については，その活動が主としてスウェーデン法を包含するかまたはその活動が主としてスウェーデン法を包含しないにしても被登録者が他の仕方で弁護士会の会員として受け入れるのに十分な知識と経験を獲得しているときも同様である．

　デンマーク，フィンランド，アイスランドまたはノルウェーにおいてそこで妥当する定めにより弁護士として公認され，かつその後に最低3年間満足すべき仕方でスウェーデンにおける弁護士事務所で弁護士補として執務した者は，第1項第2号ないし第5号による要件を充足するとみられなければならない．

　破産者または親子法第11章第7条による成年後見人を付されている者は会員になることができない．若干の場合における法的または経済的補佐の禁止に関する法律（1985:354）第3条により法的または経済的補佐＊＊＊を与えることを禁止されている者も会員になることができない．

　正規の裁判官，＊＊＊＊一般検察官または執行官は会員になることができない；国もしくは地方自治体の職務に，または弁護士以外の私人に雇用されている者も，弁護士会の理事会が例外を認めるときでなければ会員になることができない．（法律2008:420）

　　＊　この試験は，4章1条の＊＊＊に述べた試験すなわち法学士試験である．Fitger, s. 8:8.
　　＊＊　詳細は弁護士会規約に定められている．Fitger, s. 8:8.

***　この補佐とは，職業的に行われる法的または経済的事項に関する助言またはその他の補佐をいう（同法1条）．補佐において重大な過失により可罰的行為を助長することを起因した者は罰金または最長2年の拘禁を科せられる（2条）．このような者に対しては，最長10年間補佐を禁止することができる（3条）．禁止の訴えは一般検察官が地方裁判所に提起する（4条1項）．提訴は対象者が弁護士であるときは，弁護士会の意見を聴いた後にのみ行うことができる（同条2項）．
　****　この点は，弁護士が裁判所の員外構成員として執務できることを明確化するために2008年になされた法改正である．第7条の*を参照．Fitger, s. 8:11, https// lagen.nu. 従前の表現は「法律専門家の裁判官，裁判所の職員」であった．

第2条a　ヨーロッパ連合内の他の国において弁護士として公認され，かつ自国の称号のもとにスウェーデンにおいて継続的に弁護士活動を行う者は，弁護士会に登録しなければならない．

　このような弁護士は，第2条第6項に述べる要件を充足しなければならない．（法律1999:791）

第3条　弁護士会に対する入会および第2条aによる登録の申請は，弁護士会の理事会によって審査される．（法律1999:791）

第4条　弁護士はその職務活動において廉潔かつ熱心に彼に委託された事務を処理し，かつ弁護士倫理*を遵守しなければならない．弁護士は弁護士倫理が要求する時は，その職務の遂行上知りえた事項を黙秘する義務を負う．

　会社の形態で営まれる弁護士活動においては，弁護士会の理事会が例外を認めないときは，弁護士のみが共同所有者（delägare）または共同経営者（bolagsman）になることができる．**

　弁護士は，その本人の金銭およびその他の財産を，自己に属するものから区別して保管する義務を負う．（法律2000:172）

　*　弁護士倫理（god advokatsed）については，弁護士会制定の「スウェーデン弁護

士会倫理規程」が存在する．上記拙稿「スウェーデンの弁護士自治」はその概要と実態を紹介する．
 ＊＊ かつては弁護士株式会社の株主は，依頼者に対する会社の債務について連帯責任を負ったが（旧株式会社法（1975:1385）1章1条2項），新株式会社法（2005:551）のもとでは2007年7月1日以降このような義務は存しない．もっとも，依頼者が旧法下で取得した権利はそのまま存続する．Fitger, s.8:17.

第5条 削除（法律1972:430）

第6条 弁護士制度の監督は弁護士会の理事会および懲戒委員会によって行われ，両者は弁護士が裁判所の前での事件の追行およびその他の活動において彼に課される義務を履行するよう監督する．第7条第1項ないし第4項による弁護士に対する懲戒的介入の問題は，懲戒委員会および弁護士会規程の定めるところに従い理事会によって審査される．

 弁護士は監督のために必要な情報を弁護士会に対し提供する義務を負う．

 法務監察長官は，懲戒委員会に自己の義務を怠る弁護士に対する措置を，理事会にもはや弁護士となる資格要件を有しない者に対する措置をとるよう求めることができる．

 弁護士会における監督案件の取扱いに関与した者は，その際にある者の人的または経済的関係について知った事項を不当に漏らしてはならない．（法律1997:273）

第7条 その活動において故意に不正を行いまたはそうでなくとも不誠実に振る舞った弁護士は，弁護士会から除名しなければならない．第2条aに係る弁護士については登録を取り消さなければならない．事情が軽微であるときは，その代わりに弁護士に戒告を与えることができる．

 弁護士がそうでなくとも弁護士としての義務を過怠するときは，戒告または注意（erinran）を与えることができる．事情が著しく重大であるときは弁護士会から除名し，または第2条aに係る弁護士については登録を取り消すことが

第8章　弁護士について　43

できる．

　戒告を与えられた弁護士に対しては，特段の理由が存するときは，最低1千クローナ，最高5万クローナの制裁手数料を弁護士会に支払うよう命ずることもできる．

　懲戒委員会がそれで十分と判断するときは，弁護士に注意を与える代わりにその弁護士の措置が過誤または不適切である旨の意見表明を行うことができる．

　彼または彼女が第2条第5項または第6項により弁護士会の会員になることができない事情が生ずるときは，理事会が第2条第6項第2文に係る事案について例外を認めない限り，*弁護士は直ちに退会する義務を負う．弁護士がそうしないときは，理事会は彼または彼女の除名を命じなければならない．弁護士が第2条第1項第1号による住所要件をもはや充足せず，かつ理事会において彼または彼女が会員に留まりうることを承認しないときも同様である．第2条aにより登録された弁護士が公認された国において弁護士として行動する権利を喪失したときは，理事会は登録を取り消さなければならない．

　弁護士会から除名する決定においては，決定が直ちに執行されるべき旨定めることができる．登録の取消しについても同様である．

　第4条第1項第2文による守秘義務に違反する犯罪については，法務監察長官以外の者が訴追することはできない．訴追は公共の見地からそれが要求されるときにのみ行うことができる．（法律2008:420）

> ＊この点は，弁護士が裁判所の員外構成員として執務できることを明確化するためになされた2008年の法改正である．第2条の＊＊＊＊を参照．Fitger, s. 8:28, https//lagen.nu.

第8条　弁護士会への入会を拒否された者または弁護士会から除名された者は，この決定に対して最高裁判所に上訴することができる．第2条aによる登録を拒否された者または第7条による登録の取消しを受けた者についても同様

である．法務監察長官は最高裁判所に，第7条による理事会または懲戒委員会の決定に対して上訴することができる．（法律1999:791）

第9条 訴訟手続法またはその他の法律において弁護士について定めるところは，ヨーロッパ連合，ヨーロッパ経済共同地域内の国またはスイスにおいて弁護士として公認されている者にも，スウェーデンにおいて活動する時に適用できる部分が適用されなければならない．その際に彼は，彼が公認されている国で用いられる職業上の名称を，自国語で表現し，かつ彼が属する職業団体またはその国法により執務することができる裁判所を表示して用いなければならない．裁判所が求めるときは，第1文の要件を充足していると述べる者はその証拠を提示しなければならない．

　第1項第1文は，第2条aにより登録の義務を負う者についてのみ第4条第2項における会社形態での弁護士活動に関する規定を包含する．＊

　弁護士会の理事会は，弁護士が公認されている国における権限を有する公的機関または組織に対し，彼が弁護士としての義務を過怠したことが確証されている旨の決定を通知しなければならない．（法律2001:57）

　　＊この表現はやや晦渋であるが，登録義務を負わない外国の弁護士は，弁護士会理事会の許可なしにはスウェーデンにおいてスウェーデンの弁護士と共同で弁護士活動を行うことができないこと，すなわちスウェーデンの弁護士と同様には扱われないことを意味する．Fitger, s. 8:33.

第10条 その資格がないのにスウェーデンまたはヨーロッパ連合，ヨーロッパ経済共同地域内の国もしくはスイスにおいて弁護士として公認されている旨を表示した者は罰金に処せられる．＊（法律2001:57）

　　＊本条は，スウェーデンの弁護士の称号の虚偽使用に関する旧規定（刑法17章15条3項）をここに移し，かつ9条1項によりスウェーデンの弁護士と同視される外

国弁護士に拡大適用されるよう修正したものである．Fitger, s. 8:34.

第11条　政府は，ヨーロッパ連合内の国において弁護士として公認されている者の登録に関する本章の規定が，ヨーロッパ経済共同地域内の国またはスイスにおいて弁護士として公認されている者をも包含する旨定めることができる．*（法律 2001:57）

　　* スイスの弁護士についてこの定めがなされている．Fitger, s. 8:34.

第9章　刑罰，過料および勾引について

第1条　悪意をもって（mot bättre vetande）民事事件における訴訟手続を開始し，または起因させた当事者は罰金に処せられる．*（法律 1991:241）

　　* 本条から5条までの犯罪すなわち訴訟手続に関する軽罪（rättegångsförseelse）は，訴追なしにそれが犯された当該訴訟手続において職権で取り上げ，処罰することができる（20章1条）．検察官が訴追する場合も召喚状（起訴状）なしに口頭で行うことができる（45章2条）．Fitger, s. 9:3–4.

第2条　当事者が悪意をもって判決または決定に対する上訴を行うときは罰金に処せられる．（法律 1991:241）

第3条　民事事件における当事者または刑事事件における被害者が明らかに根拠のない陳述もしくは抗弁・異議（invändningar）*によって，または証拠の秘匿もしくはその他の不当な措置によって訴訟手続を遅滞させることを試みるときは，彼は罰金に処せられる．当事者について上述したところは参加人についても，彼が当事者としての地位にないとしても適用される．（法律 1991:241）

＊ invändningar は，固有の抗弁だけでなく，否認や権利抗弁などを含む．Fitger, s. 42: 25．本書では文脈に応じて訳し分けた．なお『主張・証明の法理』13–14 頁参照．

第 4 条　第 1 条ないし第 3 条に定めるところは，法定代理人ならびに訴訟代理人または補佐人についても準用される（äge motsvarande tillämpning）．

第 5 条　裁判所の集会の際に弁論を妨害する者，第 5 章第 9 条の支持をもって発せられた秩序規定もしくは禁止に違反する者，または第 5 章第 9 条第 2 項に違反して録画もしくは放映をする者は，金額罰金に処せられる．裁判所の前において口頭で，または訴訟書類の中で不当なことを述べる者も同様の刑罰に処せられる．
　第 1 項は，第 5 章第 12 条に係る副法廷についても適用されなければならない．（法律 2005:683）

第 6 条　正当な理由なく裁判所または捜査指揮者＊の命令により公表してはならない事項を漏らす者は，罰金に処せられる．（法律 1991:241）

　　＊ 捜査指揮者の命令については 23 章 10 条末項を参照．

第 7 条　裁判所は，当事者またはその他の者が弁論に同席＊または自身出頭すべきときは，その旨を過料付き＊＊で命ずることができる．命令について特別の定めが存するときは，それが適用されなければならない．
　特別の定めにより過料と結び付いている命令が王国外に滞在する者に送達されるべき場合，そうしなければ外国における送達が行えないときは，裁判所は過料を付さないことができる．過料が付されないときは，命令を受けた者は命令に従わない結果生じうる費用のための責任を課されない．命令はその他の点では，事件の事後の取扱いの際過料付きの命令と同視されなければならない．＊＊＊（法律 2000:564）

第 9 章 刑罰，過料および勾引について　47

　　* 同席は，本人または代理人による．Fitger, s. 9:12.
　　** 過料については過料に関する法律（1985:206）がある．過料付きの命令が遵守されない場合の過料の賦課については，その命令を発した裁判所が特別の申請なしに判断する（同法6条2項）．Fitger, s. 9:15. なお，ラーグネマルム『スウェーデン行政手続・訴訟法概説』118–119頁参照．（同書では賦課（utdömande）を「宣告」と訳した．）
　　*** 本項は，過料の制裁付きの呼出状の送達に外国の関係機関の協力が得がたいことにかんがみ導入されたものである．Fitger, s. 9:14 a

第8条　刑罰が定められているときは，その行為について過料を科してはならない．

　国に対しては過料を科することができない．*（法律 1987:747）

　　* 当事者としての国は過料の制裁を要せずに命令を遵守することが前提とされている．なお，法人に対する過料の場合は，法人自体，その法定代理人または両者に科することができ，その選択は裁判所に委ねられている．Fitger, s. 9:15.

第9条　若干の場合における集会への過料付きの呼出しに関する本法の規定は，15歳未満の者については適用されない．15歳以上であるが18歳に達せず，かつ監護者またはその他彼または彼女の監護および養育の責めを負う者の協力なしには出頭することができないと考えられる理由が存する者についても，過料を科してはならない．

　過料が科せられなかった事情は，上記の年少者を新たに呼び出すこと，または過料〔付きで呼出し〕が問題となりえたであろう事件の事後の取扱いの際，その他の点ではこのような措置をとることを妨げない．

　18歳未満の者を集会に呼び出すときは，これに反する特段の理由が存しないときは監護者またはその他年少者の監護および養育に責めを負う者*に，呼出しについて通知しなければならない．呼出しを受ける者が被告人であるときは，その代わりに，年少犯罪者についての特則に関する法律（1964:167）にお

ける通知に関する規定が適用される．（法律 2002:381）

> ＊ 監護者ではないが，そのもとに年少者が居住する両親などはこの範疇に属する．
> Fitger, s. 9:18 b.

第10条　ある者が裁判所の集会に勾引されるべきときは，以下に定めるところから異なる結果にならない限り，彼は直接に集会に出頭するために必要な時よりも早くから拘束されてはならない．

　勾引に関する試みが従前失敗に帰したとき，またはそうでなくとも勾引されるべき者について知られているところに基づき，そのための特段の理由が存するときは，裁判所または警察機関は第1項に定めるところよりも早くから拘束する旨の決定をすることができる．このような場合における拘束は，第1項に定めるところよりも最長6時間前，＊または裁判所が決定するときは最長18時間前から行うことができる．これに関する裁判所の審査の際は，勾引される者が裁判所の前の集会に同席しないことが伴うとみられる支障をとくに考慮しなければならない．

　第2項により拘束された者は，出頭待機のために警察署または警察機関の定める場所にとどまる義務を負う．拘束が刑事事件における被告人としての出頭のためであるときは，彼を留置することができる．＊＊

　本条により拘束された者は，拘束の目的，秩序または公共の安全が要求する以上にその他の自由の制限を受けてはならない．（法律 1998:24）

> ＊ 6時間前までの拘束については警察機関が自ら決定することができる．Fitger, s. 9:20.
> ＊＊ 「留置する」とは留置場または施錠された空間に置かれることを意味する．理由書は同項の反対解釈として，その他の勾引された者は留置されてはならないと述べている．Fitger, s. 9:21.

第2編
訴訟手続一般について

Ⅰ．民事事件における訴訟手続について

第10章　管轄裁判所（laga domstol）について*

* 本章は管轄に関するが，主として土地管轄に関する規定である．審級管轄に関する規定は1ないし3章に存する．Fitger, s. 10:3.

第1条　民事事件の管轄裁判所は，原則として被告がその住所*を有する場所の裁判所である．

　被告がスウェーデンにおいて住民登録をしているときは，彼が前年の11月1日に住民登録をしている場所が彼の住所とみられる．

　会社，〔各種の〕組合もしくはその他の社団，〔または〕財団もしくはその他このような施設については，理事会の所在地（säte）または理事会の所在地が定められていないか，もしくは理事会が存在しないときは，その管理がなされる場所を住所とする．地方自治体またはその他このような住民集合体**についても同様である．

　遺産財団は，死者が被告とされるべきであった裁判所に訴えられる．

　王国の内外に知られている住所を有しない者は，その滞在地の裁判所に訴えられる．彼がスウェーデン国民で，かつ王国外に滞在するかまたは彼の滞在地が知られていないときは，彼の王国内の最後の住所または滞在地の裁判所に訴えられる．（法律1991:485）

＊　自然人の住所は複数存在することが考えられる．その場合には管轄裁判所の決定にあたって原告はいずれかを選択できる．Fitger, s.10:6.
　　＊＊　県参事会自治体（landsting），教会的共同体，漁業管理区域共同体（fiskevårdsområdesföreningar）など地方自治体的性質を有するもの．Fitger, s.10:9, 11:30.

第2条　国（kronan）は，民事事件においては原則としてその事件を担当する公的機関の所在地の裁判所に訴えられる．

第3条　王国内に知られている住所を有しない者は，支払義務に関する紛争については彼に属する財産が存在する場所の裁判所に訴えられうる．動産に関する紛争についてはその財産が存在する場所の裁判所に訴えられうる．
　流通的債務証書または呈示が支払を要求する権利の条件を成すその他の証書に基づく債権は，証書がある場所に存在するものとみられる．その他の債権は債務者が住所を有する場所に存在するものとみられる．債権に物的担保権（pant）が設定されているときは，債権は担保物がある場所に存在するものとみられる．

第4条　王国内に知られている住所を有しない者が，王国内で契約を締結し，またはそうでなくとも債務を負った＊ときは，これに関する紛争については契約が締結されたかまたは債務を負った場所の裁判所に訴えられうる．

　　＊　不法行為による損害賠償債務など．Fitger, s. 10:16.

第5条　農業，鉱業，製造業，手工業，商業またはその他同様の活動を固定した営業場所で営む者は，その活動に基づき直接に発生した紛争については営業場所の裁判所に訴えられうる．

第6条　ある者がかなり継続的に滞在する場所において契約を締結したと

き，またはそうでなくとも債務を負ったときは，そこにいる間はその契約または債務についてはその場所の裁判所に訴えられうる．他の場所における一時的な滞在の際に食事，居住または同様の支出のために負った債務についても同様である．

第7条 後見人，財産管理人（god man）または成年後見人の管理に基づく紛争は，未成年者または財産管理人もしくは成年後見人に任命されている，もしくは任命されていた者が住所を有する場所の裁判所，または管理がなされている場所の裁判所にも訴えを提起することができる．

そうでなくとも，ある者が他人の財産を管理しているときは，その管理に基づく紛争については管理がなされている場所の裁判所に訴えを提起することができる．（法律 1994:1435）

第8条 加害行為を理由とする（i anledning av） 訴えは，その行為が行われた場所または損害が発生した場所の裁判所に提起することができる．異なる裁判所のもとの場所において行為が行われ，または損害が発生したときは，訴えはいずれの裁判所にも提起することができる．*

> * 加害行為が犯罪的であるか否かにかかわらない．また，犯罪を理由とする私的請求が訴追に関連してなされる場合には原則として刑事訴訟に関する管轄規定が適用される（22章1条参照）．Fitger, s. 10:21.

第8条a 消費者と事業者との間における主として私的使用のために提供された商品，役務またはその他の有用なものをめぐる紛争に関する事業者に対する訴えは，消費者の住所のある場所の裁判所に提起することができる．ただしこれは，地方裁判所における事件が第1章第3条dにより1人の法律専門家の裁判官によって審査できるとみられうるときにのみ適用される．（法律 1989:656）

第9条 相続または遺言に関する紛争は，原則として死者が民事事件において被告となるべきであった場所の裁判所によって取り上げられなければならない．＊

夫婦または同棲婚者の間の財産分割に関する紛争＊＊は，原則として彼らの一方が民事事件において被告となるべき場所の裁判所によって取り上げられなければならない．彼らの一方が死亡したときは，財産分割に関する紛争は原則として死者が民事事件において被告となるべきであった場所の裁判所によって取り上げられなければならない．

第1項または第2項により管轄を有する裁判所が存在しないときは，事件はストックホルム地方裁判所によって取り上げられなければならない．

財産分割執行者または遺産分割人が行った財産分割または遺産分割の取消しに関する紛争については，特別の定めが存する．＊＊＊（法律1987:792）

＊ 本項を含めて本条の管轄は全て専属管轄である．ただし，2項の場合には選択権が存する． Fitger, s.10:22 a–22 b.
＊＊ 判例によれば，将来の分割に関する契約上の紛争も含まれる．Fitger, s. 10:22 a.
＊＊＊ 婚姻法17章8条2項，相続法23章5条1項などがそれである．Fitger, s. 10: 22 b.

第10条＊ 不動産に対する所有権もしくは用益権，不動産に対する地役権もしくはその他の特別の権利または不動産の占有に関する紛争は，不動産が存在する場所の裁判所によって取り上げられなければならない．＊＊不動産の所有者もしくは占有者の，その資格において彼に課せられる義務の履行に関する紛争，または不動産に用益権もしくはその他の特別の権利が設定されているとき設定の対価，建物の保持もしくはこれに類する事項に関する紛争についても同様である．ただし，本条において述べるところは不動産賃貸借に関する紛争については適用されない．

車両整理のための土地または家屋もしくは家屋の一部に対する一時的な用益

権の設定を理由とする紛争***は，本条の適用にあたっては不動産賃貸借に関する紛争とみられない．

不動産が複数の裁判所のもとに存在するとき，または紛争が異なる裁判所のもとの複数の不動産に関するときは，紛争は主たる部分が存在する場所の裁判所によって取り上げられなければならない．（法律 1990:1128）

* 本条の管轄は専属管轄である．Fitger, s. 10:25,
** 理由書によれば，二重売買の場合の優先権（bättre rätt）や不動産の売買の効力に関する紛争などは本文に含まれる．しかし，不動産売買代金の支払をめぐる紛争などは除外される（11 条 1 号参照）．Fitger, s. 10:25,
*** これは駐車場に関する紛争のことである．Fitger, s. 10:26.

第 11 条　以下各号に関する訴えも第 10 条に述べる裁判所に提起することができる：—

1．不動産の売買代金またはその他これに類する不動産所有権の譲渡に基づく請求権に関する紛争；

2．不動産からの支払を同時に訴求するとき，不動産所有者に対して行う不動産が担保を成す債務のために彼が人的に責任を負う義務に関する訴え；

3．不動産に対する損害またはその他の侵害に関する紛争；

4．不動産についてなされた仕事の補償に関する訴え；または

5．不動産に対する権原を取得させることを怠った者に対する賠償に関する訴え．

第 12 条　本章の適用にあたっては，他人の土地の上の建物ならびに鉱山および鉱業に関わる建物または施設も不動産とみられる．

第 13 条　訴訟代理人の報酬，複数の償還義務者の間の訴訟費用の分配またはその他これに類する訴訟手続に基づく請求権に関する紛争については，その訴

訟において最初に判決をした裁判所に訴えを提起することができる．

第14条　複数の被告に対する原告の請求（käromål）は，同時になされ，かつ原告の請求が基本的に同一の原因に支持されるときは，本章において従前に定めるところにより彼らの1人が被告とされるべき場所の裁判所に訴えを提起することができる．本案がそれに関わる全ての者に対し一つの判決のみが与えられるようなものであるときも，訴えは彼らの1人が被告とされるべき場所の裁判所に提起することができる．

　反訴請求は本訴請求を取り上げた裁判所によって取り上げられる．

　第14章第4条または第5条に係る事件は，本訴請求を取り上げた裁判所によって取り上げられる．

第15条　召喚状が被告に送達された後裁判所の管轄を基礎付けていた事実に生じた変更は管轄に影響を与えない．＊

　　＊ 他方，訴訟手続中に管轄を基礎付ける事実が発生すれば，本来存在した瑕疵は治癒されるというのが判例である（事案は土地管轄に関する）．Fitger, s. 10:34.

第16条　そこに示された法律関係に起因する，発生した紛争または将来の紛争について特定の裁判所に訴えを提起できる旨，またはその紛争については特定の裁判所のみが管轄を有する旨の書面による契約が締結されているときは，異なる定めがなければそれに従う．＊

　　＊ 本条は管轄合意の契約（prorogationsavtal）に関する．Fitger, s. 10:34.

第17条　裁判所は，以下各号の事項については本章に定めるところに基づく権限を有しない：—

　1．裁判所以外の公的機関もしくは特別裁判所により取り上げられるべき，

第 10 章　管轄裁判所（laga domstol）について　55

または法律もしくは命令により仲裁人によって直ちに審査されるべき紛争；

2．特定の裁判所のみが法律または命令により紛争について取り上げるべき権限を有しているとき，その裁判所に提起すべきこのような紛争；

3．法律により若干の特別の地方裁判所のみが取り上げることのできる紛争が，他の裁判所に提起されたとき；

4．第9条または第10条に係る紛争，またはそうでなくとも法律により他の裁判所に提起されたときはそこに述べる裁判所によって取り上げられるべき紛争；

5．婚姻事件；*

6．差し押さえられた財産または動産の割賦販売の有効性に関し，かつそのために権限を有する裁判所が特別に定められている紛争；または

7．召喚状なしに裁判所が特別に取り上げることのできる性質の紛争．

本章に定めるところに基づき，紛争を取り上げるために法律に規定するのと異なる審級秩序の裁判所に訴えを提起することはできない；**ただし，上述したところは第13条に係る紛争については適用されない．

債権の相殺に関する申立ては，第1項によりその債権に関する紛争を取り上げる権限を有しない裁判所が取り上げることはできない．***（法律 1981:828）

* 婚姻事件については夫婦の一方が住所を有する地の裁判所，どちらもスウェーデンに住所を有しないときはストックホルム地方裁判所が管轄する——専属管轄（婚姻法 14 章 3 条）．
** 理由書によれば，この規定はまず 16 条による管轄合意の契約の有効性の問題を念頭においている．Fitger, s. 10:42.
*** 事件を「取り上げる」(uppta) とは，紛争を第一審に導入することを意味する．Fitger, s. 10:43.

第 17 条 a　仲裁手続に関する法律（1999:116）に，訴訟手続に対する障害に関する特則が存する．この特則は当事者による抗弁（invändning）の後にのみ顧慮されなければならない．（法律 1999:117）

56　第2編　訴訟手続一般について

第18条　裁判所が第17条または第17条aに述べられているところ以外の理由によって提訴された紛争を取り上げる権限を有しない場合，被告が適時に裁判所の権限に関する抗弁（invändning）を主張しないとき，もしくは第1回期日に出頭しないとき，または書面的準備において答弁書の提出を怠ったときは，紛争は正当な裁判所に提訴されたものとみられなければならない．被告が出頭しないかまたは答弁書の提出を怠ったときは，裁判所の権限を基礎付ける事実に関する原告の情報は，被告がそれを通知され，かつそれを不真実とする理由が存しないときは是認されなければならない．＊（法律1999:117）

　　＊この場合には，原告の利益のために証拠上の推定が働く．Fitger, s. 10:45.

第19条　下級の裁判所が紛争を取り上げたとき，その裁判所の権限に関する問題は上級の裁判所によって取り上げられない．ただし，その権限を有する当事者により問題が上訴されたか，もしくはそこで提起されたとき，または紛争が裁判所以外の公的機関，特別裁判所もしくは直接に上級の裁判所によって取り上げられるべきものであるとき，または法律もしくは命令により直接に仲裁人によって審査されるべきものであるときはこの限りでない．＊

　　＊本条は全体が一文を成している．

第20条　上級の裁判所が，下級の裁判所がそこに提起された事件を取り上げる権限を有しない旨宣言するときは，上級の裁判所は，当事者の申立てに基づき事件を権限を有する下級の裁判所に差し戻す（hänvisa）ことができる．

　確定力ある決定によって複数の裁判所が無権限と宣言された場合，最高裁判所はそれにもかかわらずある裁判所が権限を有するときは，当事者の申請に基づき事件をその裁判所に差し戻すことができる．＊

　第14章第7条aによる最高裁判所の命令に基づき一つの訴訟手続に併合されるべき事件を取り上げる権限については，最高裁判所の定めるところが妥当

する．（法律 1987:747）

> * 本項は，上訴に関する一般ルールによれば最高裁判所に対する上訴の途がない場合にこれを認めるもので，ある程度再審に似ている．Fitger, s.10:51. 1 項の申立て（yrkande）と異なり本項では申請（ansökan）を用いているのは，再審の申請（resningsansökan）（58 章 5 条等）と平仄を合わせたものであろうか．なお，公的英訳では前者は request, 後者は application. p. 61.

第 20 条 a 提出された申請〔書〕*に関連して，裁判所は，事件を取り上げる権限を欠くかまたは他の手続で申請を審査すべきであるが，他の裁判所が権限を有すると認める場合，申請人が異議を述べず，かつ移送に反する理由が存しないときは，権限を有する裁判所に申請を移送しなければならない．申請は最初に申請を受理した裁判所に到達した日に後者の裁判所に到達したものとみられなければならない．（法律 1996:247）

> * 本条は民事事件における召喚状の申請（書）すなわち訴状のみならず，その他の手続を開始する申請（書）──仮差押えの申請など──にも関する．Fitger, s.10:52 a.

第 21 条 法律または命令において管轄裁判所に関する異なる定めがなされているときは，それが適用される．

第 11 章　当事者および法定代理人について

第 1 条 全ての者は訴訟手続における当事者となることができる．
　争われている事項について当事者が管理・処分権を有しない（råder ei）とき，または紛争が彼自身で成立させられない法律行為に関するときは，事件は当事者の法定代理人によって追行される．加害行為に基づく事件については第 20 章第 14 条および第 21 章第 1 条第 1 項に定めるところが準用される（äge...

motsvarande tillämpning）.＊

> ＊ 21章1条1項の準用の結果，加害行為に基づく損害賠償請求については未成年者なども訴訟能力を有する．Fitger, s. 11: 27.

第2条 権利を有し，かつ義務を負うことのできる会社，〔各種の〕組合もしくはその他の社団，〔または〕財団もしくはその他このような施設は，訴訟手続における当事者となることができる．国ならびに地方自治体またはその他このような住民集合体についても同様である．＊

　上述の当事者については，当事者の法定代理人によって事件が追行される．＊＊（法律 1947:616）

> ＊ わが国の「権利能力なき社団」の問題は，法人概念の拡張によって処理されているようである．例えば，サーミ人の集合体（samebyar）は一種の住民共同体として判例により当事者能力を認められている．Fitger, s.11:30. なお，12章2条の＊を参照．
> ＊＊ 国を当事者とする事件は，原則として法務監察長官により追行される（法務監察長官規則（1975:1345）2条）．Fitger, s. 11: 28 b.

第3条 その本国における法律により事件を追行する権限を有しない外国人でも，彼がスウェーデン法によりその権限を有するときは，王国において事件を追行することができる．＊

> ＊ もっとも，スウェーデンに住所を有しない外国人は，外国人原告について訴訟費用の担保を供すべき義務に関する法律（1980:307）による担保の供与を求められることがある．

第4条 訴訟手続において当事者と表示される者，または当事者もしくは当事者の法定代理人として事件を追行しようとする者がその権限を有することを

示す証拠は，裁判所が証拠の提出を必要と認めない限り要求されない．＊

> ＊ このような事項は裁判所が職権で顧慮すべきものであるが，裁判所の調査義務を軽減する可能性を認めたものである．理由書によれば，例えば著名な株式会社およびその周知の代表者について，会社が登記されていること，および代表者が訴訟代理権授与の権限を有することの証拠を提出する必要はない．Fitger, s. 11: 32.

第5条 当事者は地方裁判所および高等裁判所における本口頭弁論の際，彼の同席が調査上無意義と考えられないときは，自身出頭しなければならない．＊

最高裁判所における本口頭弁論の際当事者は，裁判所が彼の同席が調査上必要であると認めるときは，自身出頭する義務を負う．

準備手続のための集会およびその他の弁論の際当事者は，彼の同席が集会の目的に寄与すると考えられるときは，自身出頭する義務を負う．

当事者の自身出頭する義務について上述したところは，当事者の法定代理人にも適用される．当事者に複数の法定代理人があるときは，裁判所は彼らのうち誰（vilken eller vilka）が出頭すべきかを定めることができる．当事者自身が事件を追行することができないときでも彼は，裁判所が彼の同席を調査上必要と認めるときは彼自身出頭する義務を負う．

当事者または彼の法定代理人が自身出頭する義務を負うとき，裁判所はそれを命じなければならない．＊＊（法律 1987:747）

> ＊ 本条は参加人にも類推適用されると解されている．Fitger, s. 11:34.
> ＊＊ 本項は，裁判所は自身出頭する義務について職権調査をすべきこと，この出頭義務は裁判所の発した命令によることを明らかにしている．Fitger, s. 11:37.

第6条 集会に出頭するよう呼び出された当事者は，当事者が自然人であり，かつ彼または彼女の経済的関係，出頭に関連して生じうる費用およびその他の事情にかんがみ合理的であるときは，公費から旅費および滞在費の補償を受け

ることができる．裁判所は補償の前払を承認することができる．
　補償は政府が定める規定により支払われる．（法律 1996:1624）

第 12 章　訴訟代理人について

第 1 条　当事者の事件は代理人によって追行することができる．
　当事者の自身出頭する義務については第 11 章第 5 条に規定される．

第 2 条　裁判所が廉潔性，学識および従前の活動にかんがみ事件における代理人として適切と認める者以外は，代理人として用いることができない．代理人はスウェーデン語に堪能でなければならない．*
　代理人はスウェーデン，ヨーロッパ経済共同地域内の他の国またはスィスに住所を有しなければならない；ただし，裁判所が事情にかんがみ適切と認めるときは，その他の者も代理人として用いることができる．
　未成年者，破産状態にある者または親子法第 11 章第 7 条による成年後見人を付されている者は，代理人になることができない．（法律 2001:57）

> * 本条は自然人のみが訴訟代理人になることができることを前提としている．Fitger, s. 12:5. 当事者および法定代理人は，若干の場合にフィンランド語，サーミ語（samiska，旧称はラップ語）またはメエンキエリ語（meänkieli，フィンランド語系少数言語）を用いる権利を有するが，訴訟代理人にはこのような権利はない．Fitger, s. 12:8.

第 3 条　法律専門家の裁判官もしくは法曹資格を有する（rättsbildad）裁判所の職員または一般検察官もしくは執行官は，政府または政府が定める公的機関が許可を与えない限り，代理人になることができない．ただし，上述したところは，休職中の者および修習で弁護士の補佐として執務する者には適用されな

い.

　参審員はその属する裁判所のもとで他人の事件を追行することができない.（法律 1992:1511）

第4条　事件の処理の際，ある者が裁判所の構成員である裁判官と第4章第12条に係る関係にあるときは，事件における代理人として用いることができない．彼が裁判官もしくは裁判所の職員として，または相手方当事者の代理人として事案に関する職務を行ったときも代理人として用いることができない．

第5条　代理人が廉潔でないこと，有能でないこともしくは判断力がないことを示すとき，またはそうでなくとも不適切と認められるときは，裁判所は彼を事件における代理人から排除しなければならない；裁判所はさらに，そのための理由があるときは，彼を一定の期間無権限である旨または当分の間その裁判所における代理人として用いることができない旨宣言することができる．

第6条　代理人が排除される場合において当事者が出頭しておらず，かつ自らその事件を追行しようとしないときは，裁判所は当事者に是認されうる代理人を立てるよう命じなければならない．当事者がこれを怠り，かつ自身出頭しないときは，彼は不出頭とみられなければならない．

　第5条により排除され，または無権限と宣言された者が弁護士であるときは，弁護士会の理事会のもとにその措置に関する通知がなされなければならない．（法律 1987:747）

第7条　代理人になることができない者が訴訟手続において彼に譲渡された請求を主張し，かつ彼がその事件を追行できるために譲渡がなされたことについて相当の蓋然性が認められるときは，裁判所は彼に自分のために代理人を立てるよう命じなければならない．彼がこれを怠るときは，彼は不出頭とみられなければならない．*

* 本条は譲渡行為の有効性とは関わりがない．譲渡を受けた者は訴訟における当事者としてとどまるが，そうしなければ不出頭とみられるという制裁付きで代理人を選任しなければならない義務を負うだけである．したがって，本条は当事者の不出頭に関する一般規定（44章）の例外を成す．Fitger, s. 12:15.

第8条 当事者が代理人によって事件を追行しようとするときは，彼は代理人に裁判所の前において口頭で，または書面で代理権を与えなければならない．代理権授与の書面は当事者によって自署されなければならない．*

 * 11条はこの例外を成す．Fitger, s. 12:16.

第9条 代理権授与の書面は代理人が最初に事件を追行するとき，裁判所に原本を提出しなければならない．*ただし，決定に対する上訴の通知のためにはその提出を要しない．

　代理権を証する書面が提出されるべき場合にそれができないとき，裁判所は代理人に提出のための期間を与えなければならない．延期に差支えがあると認めるときは，裁判所は事件の取扱いを進めることができる，ただし，判決または終局的決定をすることはできない．代理権授与の書面が作成されるとき，その権限は代理人が訴訟手続において従前にした措置を包含するものとみられなければならない．

　裁判所が代理権授与の書面上の当事者の署名が正しいか否かについて疑いを抱くとき，裁判所は疑いの除去のための猶予を与えることができる．

　代理権授与の書面は，その原本または認証された謄本が記録に添付されなければならない．（法律 2000:172）

 * 代理権授与の書面は，代理権が特定の審級や措置などに制限されない限り，上級審などにおいても再度提出することを要しない．Fitger, s. 12:16–17.

第12章　訴訟代理人について　63

第10条　代理権授与の書面の内容がそれに関する定めに従い電報または電話によって伝達されたとき，その録取は代理権授与の書面として効力を有する；ただし，裁判所が必要と認めるときは，それをしなければ録取は代理権授与の書面として無効とみられるという制裁付きで，裁判所に代理権授与の書面の原本を提出するよう命じられる．

電報または電話による代理権授与の伝達に関する細則は政府が定める．*（法律1974:573）

> * 電話による伝達に関する定めは存しないので，本条のこの部分は適用の余地がない．もっとも，電報は電話によっても伝達できる旨定められている．Fitger, s. 12:19.

第11条　国または地方自治体もしくはその他このような住民集合体もしくは公的施設のための代理権授与としては，適式に発せられた任命書またはそれによって代理人が任命された決定の抄本が妥当する．会社，〔各種の〕組合もしくはその他の社団，〔または〕財団もしくはその他このような施設については，代理権授与としてこのような決定に関する調書の認証抄本が妥当しうる．（法律1947:616）

第12条　代理権授与の書面は，代理人の氏名を包含しなければならならない．代理権授与の書面は，その所持人宛てに発することはできない．

代理権授与は，特定の事件または訴訟事件一般に関しなければならない．*

当事者が特定の裁判所または特別の訴訟手続段階についてのみ代理権授与をしようとするときは，代理権授与の書面上にその旨を示さなければならない．口頭の代理権授与はそれがなされた事件についてのみ効力を有する．

> * 訴訟手続一般に関する代理権授与は，一般的代理権授与または白紙代理権授与（blankofullmakt）とよばれる．これに対して特定の事件に限定した代理権授与は特別代理権授与という．いずれの場合も代理権は全ての審級におよぶ（審級代理を原

則とする日本法（民訴55条2項3号）とは異なる）．ただし，一般的代理権の制限について14条2項参照．Fitger, s. 12:20–12:21.

第13条　代理人は他の者に自分の地位の代わりをさせることができない，ただし，当事者がそれに承諾を与えたときはこの限りでない．

　代理人が他の者に自分の地位の代わりをさせる権限を有するときは，代理人によって権限を与えられた者も，代理人がそれに対する承諾を与えたときは，他の者に当事者の事件の追行を委ねることができる．*

　　* 本条は，復代理（substitution）ないし復任権（substitutionsrätt）に関する規定である．Fitger, s. 12:21. なお，『スウェーデン法律用語辞典』におけるsubstitutionの説明（215頁）はやや不十分であって，この語には復代理の意味もある．（ただし，スウェーデンの法律辞書でこのことに言及するものはない．）お詫びして補正する．

第14条　代理権授与は代理人のために，当事者の名において以下各号の事項を行う権限を伴う―
　1．訴えを提起し，ならびに〔権利保護の〕措置―たといそれが裁判所以外の公的機関の権限に属するときでも―を求めること；
　2．申請書その他の書類の送達を受領すること，ただし，当事者に対する自身出頭すべき旨の命令を除く；
　3．当事者の事件を追行するための全ての行為をすること，および当事者に向けられた訴えの申立てに対する全ての答弁を行うこと；
　4．当事者が提示した訴えの申立て*を取り下げ，および相手方当事者の訴えの申立て〔請求〕を認諾すること；
　5．和解を締結すること；
　6．裁判所の判決の執行を求めること，ならびに
　7．当事者に償還が認められた訴訟費用を取り立てること．**
　代理人は訴訟手続一般に係る代理権授与に基づき，和解が許容されない本案

に関する訴えの提起または召喚状を受ける権限を有しない．

　代理権の授与が特定の裁判所のみに係るときは，代理人はその裁判所のもとで第1項に述べる権限を有する．代理人はその裁判所によってなされる決定に対する上訴の通知をすることもできる．

　代理権の授与が特定の訴訟手続段階のみに係るときは，代理人はその訴訟手続段階において第1項第2号ないし第5号に述べる権限を有する．代理人はその際になされる決定に対する上訴の通知をすることもできる．（法律1987:747）

　　＊上訴の申立てを含む．Fitger, s. 12:24.
　　＊＊代理人は特別の授権がなければ，当事者が勝訴したものを取り立てることができない．訴訟費用についてその例外を認めたのは，代理人は通常，当事者に対して訴訟費用に相当する債権を有することによる．Fitger, s. 12:24.

第15条　第14条による代理人の権限については，訴えの提起，召喚状の送達の受領，和解の締結，判決の執行または当事者に償還が認められた訴訟費用の取立てに関する代理人の権限のみに限り制限することができる；その他の制限は効力を有しない．

　許容される制限が代理権授与の書面においてなされないとき，裁判所および相手方当事者に対しては，それが裁判所の前において口頭で，または書面で知らされるまでは効力を有しない．

第16条　訴訟代理権授与の書面が第12条に述べるとおりに作成されていないときは，裁判所は当事者に瑕疵を補正するよう命じなければならない．＊瑕疵が補正されないときには代理権授与は効力を有しない．

　　＊代理権授与の書面に当事者本人の自署が欠けているときは代理権授与の書面が存在しないものとみられ，この場合には9条が直接に適用される．Fitger, s. 12:26.

第17条　当事者同席の際に代理人がした訴訟行為は，当事者がそれについて直ちに異議を述べたときは彼に対し効力を有しない．*

> * 日本法（民訴57条）と異なり，事実上の陳述に制限されない．本条の訴訟行為の例として，申立て，抗弁，認諾および自白などが挙げられている．Fitger, s. 12:27.

第18条　代理権授与は当事者によって何時でも撤回することができる．

　代理人が当事者の事件を辞任しようとするときは，当事者が事件の追行のための措置をとることができるようになるまで，代理権に基づき彼の権利を保護する義務を負う．

　撤回または辞任は，裁判所または相手方当事者に対しては裁判所の前において口頭で，または書面でそれが知らされるまでは効力を有しない．

第19条　当事者が死亡しまたは争われている事項に関する管理・処分権を喪失したとき，それをもって代理権の効力は消滅しない；ただし，裁判所はそのための理由が存するときは，訴訟手続〔の存在〕について遺産財団または当事者の法定代理人に通知しなければならない．

　代理権が当事者の法定代理人によって与えられ，かつその後に彼の権限が消滅したとしても，代理権は効力を有する．

第20条　代理人として行為する者は，彼が権限を有する事項のために責任を有し，かつ彼が代理権に従い行為したこと，または彼がした訴訟行為が当事者によって是認され，もしくは当事者に対し有効であることを証明できないときは，相手方当事者またはその他の者に対し，彼のした行為が当事者を拘束しないことによって訴訟手続上生じた損害を賠償する義務を負う．その他の損害を賠償する義務については，代理権一般について定めるところが準用される．

第21条　本章において当事者の事件を追行する権限を有する代理人について

定めるところは，特別の措置をとることのための代理人についても適用できる部分が適用される．*

> * 特別の措置とは，例えば各種の訴訟書類の提出など独立してなされうる訴訟上の措置のことである．このような措置をとるための代理権の授与は，当事者が事件を追行するための代理権の授与とは異なる．したがって例えば，相手方の請求を否認するために本条による代理権の授与は認められない．Fitger, s. 12:33.

第22条*　当事者は事件の追行の際，補佐人を用いることができる．訴訟手続補佐人については，第2条ないし第5条ならびに第6条第2項に定めるところが適用される．補佐人が当事者の同席している際にした訴訟行為は，彼がこれに対し直ちに異議を述べないときは，当事者によって是認されたものとみられなければならない．

> * わが国の補佐人制度（民訴60条）とは著しく異なる．法律扶助事件においては補佐人が任命されるが，この補佐人については法律扶助法（1996:1619）26条ないし29条が定める．これは実質的に代理人に近いといえようが，本人が代理権を授与しない限り補佐人にとどまる．Fitger, s. 12:34.　拙稿「スウェーデンの法律扶助―法制度の現状と評価を中心にして―」『ジュリスコンサルタス』14号（2004, 関東学院大学法学研究所）170–171頁参照．

第23条　ある者が他人の財産の管理またはそうでなくとも他人の事務（angelägenheter）の処理を行う一般的代理権を有し，かつ彼がそれに基づき本人の事件を裁判所の前で追行する権限も有するときは，このような代理人には法定代理人について定めるところが適用される．

第24条　法律または命令において他人の事件を追行する権限について特別の定めがなされているときは，それが適用される．*

＊ その例として，海法（1994:1009）5章3条，6章8, 9条その他がある．Fitger, s. 12: 36.

第13章　訴え（talan）＊の対象および訴えの提起について

＊ 本法も理由書も talan の概念規定をしておらず，その用法は多義的である．しかし，本章では原告の訴訟活動とくに訴えを意味している．古い学説は原告の talan を「裁判所に向けた権利保護を求める要求（申立て）」と解していたが，これは訴訟手続法の法文の多様な用法に適合しない．本法はそもそも talan について特定の，あるいは統一的な意味内容を与えていないのである．Fitger, s. 13:3-4.

第1条　被告が何事かを履行すべき義務に関する訴えは，履行期が到来していないとしても，以下各号の事項について事件が判断されるときは審査に取り上げられる―

1．すでに給付されたもしくは将来の対価に依存しない，またはすでに給付された対価に基づく年金もしくは定期給付金として支払われる回帰的給付で，かつその一部が弁済期にある事項；＊

2．その事件において訴えが提起されている他の義務が履行されないとき初めて生ずる履行の義務；

3．弁済期にある債権に対するその支払がなされるまでの利息または主たる義務に伴う附随的義務に関する事項；

4．原告にとって履行が適時になされることが重要であり，かつ被告がこのような履行を怠るであろう特段の理由が存するとき；または

5．上述以外の場合において法律によりこのような訴えの提起が許されるとき．

*　賃料債務や割賦払の金銭貸借債務については適用されない．家族法上の扶養料，人身傷害に基づく終身定期金および労働契約・保険契約等による年金の債務は本号に該当する．Fitger, s. 13:14.

第２条　ある法律関係が存在するか否かの確定に関する訴えは，法律関係に関する不確実性が存在し，かつそれが原告に不利益をおよぼすときは審査に取り上げられる．

　本案の審査が当事者間において争われている法律関係の存否に依存するときは，その確認に関する訴えは取り上げられる．*

　そうでなくとも法律においてある場合に確認の訴えが取り上げられる旨規定しているときは，それが適用される．

　　*　本項は，いわゆる先決的法律関係の確認に関する（日本民訴 145 条の中間確認の訴えと同趣旨）．Fitger, s. 13:28 a.

第３条　提起された訴えは変更することができない．ただし，原告は以下各号の場合にはそれが許される―

　１．訴訟手続中に生じたまたはそこで彼に初めて知られた事実に基づき，訴えが提起されたもの以外の給付を求めるとき，

　２．第２条第２項による確認を求めるとき，ならびに

　３．主たる義務に伴う利息またはその他の附随的義務の履行を求めるとき，およびその他基本的に同一の原因で支持される新たな申立てを提示するとき．

　本口頭弁論が開始された後または他の仕方で事件が判断のために取り上げられた後に第１項第２号または第３号による申立てがなされた場合，事件における支障なしにそれを審査することができないときは，新たな申立ては却下しうる．第１項第２号または第３号による訴えの申立ては，上級の裁判所においては許容されない．

　原告が同一の本案について訴えを減縮し，*または本案の変更なしに訴えを

支持する新たな事実を援用することは訴えの変更とみられない．＊＊（法律 1987:747）

> ＊ 訴えの減縮は取下げとは区別される．その効果は，17章11条が適用されて減縮前の訴訟物全部について既判力がおよぶので，被告が減縮部分についても請求棄却の判決を受けたのと同一になる．Fitger, s. 13:43.
> ＊＊ 有力な学説によれば，同一の法律効果を有する事実は同一の本案に属する．例えば，支払請求の訴えにおいて手形債権に代えて売買代金債権を主張する場合，損害賠償請求の訴えにおいて被告の過失をその被用者のそれに変更する場合，契約無効の訴えにおいて強迫を詐欺に変更する場合などはそうである．Fitger, s. 13:47–48. （最後の場合は日本法では詐欺も強迫も取消原因にあたるので，奇異に思われるかも知れない．スウェーデン法の無効については，山下丈「スウェーデンの契約法について」広島法学8巻4号（1985）61頁以下参照）．

第4条　訴えの提起は，他に異なる定めがないときは召喚状によってなされなければならない．＊

原告が第3条により訴えを変更しようとするときは，裁判所の前において口頭で，または書面ですることができる．被告はそれについて通知を与えられなければならない．

訴えは召喚状の申請が裁判所に到達した時，または召喚状の申請が必要でないときは訴えが裁判所に提示された時に提起されたものとみられなければならない．

> ＊ 大部分の訴えは召喚状の申請によってなされる．しかし，家族法上の訴えは通例，申請（ansökan）による．召喚状によって当事者間の見解の対立を不必要に先鋭化させないことが特に重要と考えられたことによる．Fitger, s. 13:48 e.

第5条　被告が答弁を行った後に原告が訴えを取り下げ，かつ本案がそれについて和解を許容するようなものである場合，被告が申し立てるときは，事件

第 13 章　訴え (talan) の対象および提起について　71

は取下げにもかかわらず審査されなければならない．＊

　本案が第 1 項に述べるようなものでなく，かつ判決が下された後に被告の承諾なしに原告が訴えを取り下げたときは，取下げは効力を有しない．

　　＊ 通常，訴えの取下げの効果は，訴えの除去 (avskrivning) を起因するにとどまる．取下げは除去決定がなされる前は撤回できる（判例）．Fitger, s. 13:48 f, 13:52 a. エーケレーヴによれば，1 項の被告の申立ては，消極的確認の訴えの提起と同様の機能を充足する．Ekelöf II, 7 uppl. (1985) s.139.

第 6 条　同一の当事者間においてすでに訴訟手続が存在する問題に関する新たな訴えは，審査に取り上げられない．＊

　　＊ 確認の訴えが係属していることは，同一の法律関係に関する給付の訴えの提起を妨げない，とするのが理由書，裁判例および有力学説である．Fitger, s. 13:53–55.

第 7 条　原告が争われている事項を他人に譲渡したときは，その者は彼が訴訟手続に参加する際における原告の事件を新たな召喚状なしに引き受けることができる；訴訟費用について責任を負う譲渡人の義務については，第 18 章第 10 条に定めるところが適用される．

　譲渡が被告の側に生じた場合，原告がそれに同意するときは，譲渡を受けた者は被告に代わって事件に参加することができる．

　上述の譲渡がいずれかの側でなされたとき，譲渡を受けた者は相手方当事者の申立てに基づく呼出しの後，訴訟手続に当事者として参加する義務を負う．＊

　　＊ 本項の場合は，譲渡人も当事者として訴訟内にとどまるから，当事者承継の問題ではなくて事件の併合の問題である．Fitger, s. 13:62.

第14章　事件の併合および訴訟手続に対する第三者の参加について

第1条　ある者が被告に対し同時に複数の請求を提起する場合，それが基本的に同一の原因に支持されるときは，一つの訴訟手続において取り扱われなければならない．

第2条　原告が複数の被告に対しまたは複数の原告が1人もしくは複数の被告に対し同時に訴えを提起した場合，それらが基本的に同一の原因に支持されるときは，事件は一つの訴訟手続において取り扱われなければならない．

第3条　被告が原告に対し，同一の本案もしくはこれと関連する本案または相殺を主張できる債権に関する訴えを，共同の取扱いを求めて提起しようとするきは，事件は一つの訴訟手続において取り扱われなければならない．このようにして原告の本訴請求（huvudkäromålet）と併合された請求は反訴請求（genkäromål）である．（法律 1987:747）

第4条　訴訟手続における当事者でない者が，当該紛争について当事者双方またはその一方に対し，共同の取扱いを求めて訴えを提起しようとするときは，事件は一つの訴訟手続において取り扱われなければならない．＊（法律 1987:747）

> ＊ 本条は「介入当事者（mellankommande part）」について規定する．この者は別個独立の事件の当事者であるから，参加（intervention）の問題ではない．Fitger, s. 14:14 a. 旧法下の学説では「主参加（huvudintervention）」とよばれた．EkelofⅡ, 7 uppl. (1985) s.168 not 51.

第5条 当事者が敗訴するならば第三者に対し契約の解消による請求もしくは損害賠償またはその他同様の請求をしようとするときは，彼は第三者に対し本訴請求と共同の取扱いを求めてその訴え（sin talan）を提起することができる．＊

　第三者が当事者間の訴訟の有しうる結果を理由として当事者の一方または双方に対し第1項に述べるような請求を提示しようとするときは，彼は本訴請求と共同の取扱いを求めてこの訴え（denna talan）を提起することができる．＊＊
（法律 1987:747）

> ＊ 債権者から訴えられた保証人が，主債務者や共同保証人に対して求償請求の訴えを提起するような場合．Fitger, s. 14:14 b.
> ＊＊ 債権者から保証人が訴えられた場合に，主債務者や共同保証人が両者に対する債務不存在確認の訴えを提起するような場合．Fitger, s. 14:15, EkelöfⅡ, 7 uppl. (1985) s.170.

第6条 同一のまたは異なる当事者間における事件は上述の場合以外においても，調査上それが便宜であるときは，一つの訴訟手続において取り扱われる．そのための理由が存するときは，再び分離することができる．

第7条 第1条ないし第6条に係る場合において，事件は同一の裁判所のもとに提起され，かつこの裁判所が権限を有し，さらに同一の訴訟手続形態が事件のために適用されるときにのみ併合される．

　本口頭弁論が開始され，または本訴請求が他の仕方で判断に取り上げられた後に，第3条ないし第5条に係る訴えが提起される場合，それらが支障なしに同一の訴訟手続において取り扱うことができないときは，裁判所はその事件を別個に取り扱うことができる．当事者が第42章第15条による意見陳述のための期間が経過した後，または第42章第15条aに係る通知において示された時点の後に，第3条または第5条に係る訴えを提起したときも同様である．（法律 2000:172）

第7条a　二つもしくはより多くの地方裁判所または二つもしくはより多くの高等裁判所のもとで，それらの間に第1条ないし第6条に係る関連が存する事件が取り扱われる場合，併合が事件の取扱いのために基本的に利益であり，かつそれがいずれの当事者にとって著しい不利益を意味しないときは，最高裁判所は当事者の申請または高等裁判所もしくは地方裁判所の申出に基づき，一つの裁判所のもとの同一の訴訟手続に事件を併合すべき旨命ずることができる．適切と認められるとき，事件を取り扱うべき裁判所はそれを分離することができる．

　最高裁判所の命令に基づき，ある裁判所から他の裁判所に移送された事件において〔前の〕裁判所がした決定は，移送を受けた裁判所が異なる定めをしないときは効力を有する．＊（法律 1987:747）

　　＊ このような事件は通常の場合「試験訴訟（pilotmål）」であろうから，移送を受けた裁判所としては，17章4条または5条により一つまたは複数の事件について別個の判決をすべき理由がありうる．なお，事件の分離はその裁判所が無権限になることを伴わない（10章20条3項参照）．Fitger, s. 14:18.

第8条　いずれかの側に複数の当事者がいるときは，各自が相手方当事者との関係において独立の当事者とみられる．＊

　本案がそれに関わる全員のために一つの判決のみが与えられるようなものであるときは，共同当事者がした訴訟行為はその余の者らの利益に，たといそれが彼らの行為と矛盾するとしても効力を生ずる．＊＊

　　＊ 通常共同訴訟（ordinär processgemenskap）の場合である．Fitger, s. 14:19.
　　＊＊ 特別共同訴訟（speciell processgemenskap）とよばれる場合である．必要的共同訴訟（nödvändig processgemenskap）がそれに含まれることを否定する学説もある．フィットイエルの注釈書は，必要的共同訴訟は特別共同訴訟ではなく，本項が類推適用されるという立場をとる．Fitger, s. 14:21.

第9条　訴訟手続における当事者でない者が，本案が彼の権利に関わる旨主張し，かつその主張（sitt påstående）のために相当な蓋然性のある理由を示すときは，彼は一方の側の参加人として訴訟手続に関与することができる．*

> * 本条は参加の要件を定める．学説上通常参加（ordinär intervention）の理由は，参加人の法的地位が重要な程度において判決の証明効（bevisverkan）によって影響を受けうることとされる．なお，エーケレーヴ（Ekelöf）は「本案が彼の権利に関わる」という表現は無内容だとし，オリーヴェクルーナ（Olivecrona）は，参加許容のための公式を樹立することはそもそも困難だと考える．Fitger, s. 14:27-28, Ekelöf Ⅱ, 7 uppl. (1985) s.189.

第10条　参加人として訴訟手続に参加しようとする者は，裁判所のもとにそれに関する申請をしなければならない．*申請については当事者を聴かなければならない．そのための理由があるときは，当事者および申請人について弁論を行うことができる．裁判所はできる限り速やかに申請に関する決定を与える．

> * この申請は，書面または集会の際に口頭ですることができる．Fitger, s. 14:38.

第11条　参加人は当事者がしうる訴訟行為をすることができる；ただし彼は，当事者の訴えを変更し，もしくはそうでなくとも当事者と矛盾する行為をし，または当事者と一緒にするのでなければ判決もしくは決定に対し上訴することができない．
　ただし，法律関係の性質に基づき，またはそうでなくとも判決が，彼が当事者である訴訟手続において与えられた判決であるかのように，彼に対し利益または不利益に効力を有するときは，彼は訴訟手続において当事者の地位を有する．*

*　2項は独立参加（självständig intervention）に関する．Fitger, s. 14:42.

第12条*　当事者はある者が参加人として訴訟手続に関与することができると考えるときは，その者に参加を促す訴訟手続の告知を行うことができる．

　訴訟手続の告知を受けた者は，順次彼が訴訟手続に参加することができると考える他の者に訴訟手続の告知を行うことができる．

　若干の場合において訴訟手続の告知を行うべき当事者の義務については特段の定めがある．

　　　*　本条は訴訟告知（litisdenuntiation）の要件に関する規定である．しかし原則として，訴訟告知をしたことまたはしなかったことに，なんらかの訴訟法上の効果が結び付いているわけではない．私法上の効果または証明効が期待できるのみである．訴訟告知が行われることはまれだという．Fitger, s. 14:44.

第13条　訴訟手続の告知は書面の送達によって行う．この書面は相手方当事者にも送達されなければならない．書面には本案とこの措置のための理由が示されなければならない．

第15章　仮差押え等について*

（第15章は法律1981:828によりこの章名および新たな法律の文言となった．）

　　　*　本章については，拙稿「スウェーデンにおける民事保全」『民事保全講座』第1巻（1996,法律文化社）所収参照．ただし，同論文における本章の訳文は若干改めた．なお，そこで言及したPeter Westbergの民事保全に関する研究は，その後全4巻の大著 Det provisoriska rättsskyddet i tvistemål 1-4, Juristförlaget i Lund, 2004 にまとめられた．

第1条　ある者が訴訟手続もしくは他のこれに類する手続の審査の対象であ

るか，または対象となると考えられる債権を有することについて相当な蓋然性のある理由を証し（visar sannolika skäl），かつ相手方が逃亡し，財産を隠匿し，またはその他の仕方で債務の支払を免れる相当なおそれがある（skäligen kan befaras）ときは，裁判所は差押えの際に債権を充足すると考えられうる相手方の財産の仮差押えを命ずることができる．

第2条　ある者が訴訟手続もしくは他のこれに類する手続の審査の対象であるか，または対象となると考えられるある財産に対する優先権（bättre rätt）を有することについて相当な蓋然性のある理由を証し，かつ相手方が財産を隠匿し，著しく毀損し，またはその他の仕方で申立人に損害を与えるような財産に関する処分をする相当なおそれがあるときは，裁判所はその財産の仮差押えを命ずることができる．

第3条　第1条または第2条に係る場合以外においてある者が他の者に対し，訴訟手続もしくはこれに類する他の手続の審査の対象であるか，または対象となると考えられる請求権を有することについて相当な蓋然性のある理由を証し，かつ相手方がある活動をすること，ある行為の作為もしくは不作為またはその他の仕方で申立人の権利の行使を妨げもしくは困難ならしめ，またはその価値を著しく減弱させる相当なおそれがあるときは，裁判所は申立人の権利を保全するために適切な措置を命ずることができる．

　第1項の措置としては，過料付きである活動をすることもしくはある行為の作為を禁止し，またはその他の命令として，過料付きで申立人の請求権を尊重すべき旨命じ，管理人を任命し，もしくはその他の仕方で申立人の権利の侵害を防止するための指示をすることができる．（法律2000:172）

第4条　ある財産に対する優先権に関する訴訟手続において当事者の一方が不当に相手方当事者の占有を奪ったことまたは財産に関してその他の不法な措置をしたことが判明したときは，裁判所は占有が直ちに回復されるべき旨また

はその他の矯正が直ちになされるべき旨命ずることができる．*

　　*この仮処分については担保の供与を要しない（6条1項）．Fitger, s. 15:32.

第5条　本章に係る決定は，訴訟手続の係属する裁判所によって発せられる．訴訟手続が係属しないときは，民事訴訟の管轄裁判所に関する規定による．ただし，裁判所以外の手続により取り扱うべき紛争に関する裁判所の権限の制限に関する規定は適用されない．

　本章による措置の問題は，申立てに基づいてのみ取り上げることができる．訴訟手続が係属していないときは，申立ては書面でしなければならない．

　申立ては相手方当事者に意見を述べる機会を与えることなしに認可されてはならない．ただし遅滞が危険を伴うときは，裁判所は他の措置がなされるまで妥当する措置を直ちに認可することができる．

　訴訟手続が係属しない場合における第1条，第2条または第3条に係る措置の問題に関するその他の処理については，このような問題が訴訟手続において生ずるときに妥当する規定が適用される．ただし費用償還に関する申立人の相手方当事者の申立ては，措置の問題の判断に関連して審査することができる．

第6条　第1条，第2条または第3条に係る措置は申立人が裁判所に，相手方当事者が被ることのありうる損害の担保を供与したときにのみ認可されうる．申立人が担保を供与することができず，かつその請求権の存在に関する顕著な理由を証したときは，裁判所は担保の供与を免除することができる．国，地方自治体，県参事会自治体および地方自治体連合会は担保の供与を要しない．

　担保の性質については，強制執行法第2章第25条が適用される．*担保は相手方当事者が承認しないときは，裁判所によって審査されなければならない．

　　*同条は，担保として供与できるもの，および担保は執行官局が保管すべき旨を定める．

第15章　仮差押え等について　79

第7条　第1条，第2条または第3条に係る措置が認可された場合，申立人は訴えがまだ提起されていないときは，決定から1月内に裁判所に本案の訴えを提起し，または請求権が他の手続により審査されるべきときはそれによる手続をとらなければならない．裁判所または他の公的機関により審査されない事件については，審査が相手方に対し求められた時または他の方式による手続が開始された時に提訴がなされたものとみられる．

　第1項に述べるところにより事件が提起されないときは，措置は直ちに消滅する（skall…återgå）．*

> * 消滅は自動的に生ずるが，裁判所は相手方の申立てに基づき，措置の消滅を宣言することを妨げられない．理由書は，所定期間内に提訴しないことが，提起された訴えの却下決定が確定したのと同視されることは特別の規定なしに明白だとする．
> Fitger, s. 15:35.

第8条　第1条，第2条または第3条により認可された措置は，措置の目的を満足させる担保が供与されたか，またはそうでなくとももはや措置の理由が存しないときは直ちに取り消されなければならない．本案として提起された事件が取り下げられまたは消滅するときも，措置は直ちに取り消されなければならない．

　取消しの問題は，訴訟手続が係属する裁判所または訴訟係属がないときは最初に措置の問題を審査した裁判所によって審査される．

　本案が訴訟手続の対象であり，かつそれについて判断がなされるときは，裁判所は措置が事後も存続すべきか否かについて審査しなければならない．裁判所は判決に関連して上述した措置を命ずることもできる．

第9条　裁判所はそのための理由が存するときは，当事者のいずれかの申立てに基づき第4条による措置の取消しを命ずることができる．

第10条 本章に係る措置の執行については，強制執行法に規定が存する．裁判所は必要であるときは，執行に関する詳細な指示を与えることができる．

第16章　票決について*

> * 票決（omröstning）と評議（överläggning）とは異なる．評議において意見の一致をみないとき票決に移行するのである．Fitger, s. 16:3. なお，17章9条の*も参照．評議に狭義の評議と評決との双方を含む日本法（裁判所法75条以下）とは用語法が異なる．

第1条 判決または決定の評議の際に異なる意見が表明されたときは，票決を行わなければならない．*

票決の際は裁判所の構成員の席次の最も若い者が最初に，次いで他の者が裁判所における席次順に意見を述べなければならない．事件がある構成員によって準備されたときは，彼がまず意見を述べる．

各自がその意見を根拠付ける理由を述べなければならない．（法律1969:244）

> * ここでいう「意見」とは，3項との対比から結論を意味することが明らかである．しかし最高裁では理由付けの問題についても，ある構成員は少数意見を有するという言い方がかなりよく用いられる．Fitger, s. 16:5.

第2条 訴訟手続に属する問題については別個に票決しなければならない．

本案が複数の請求を含むときは，各請求について別個に票決を行わなければならない．相殺に援用された債権については別個に票決しなければならない．同一の請求についてそれぞれがその結果に直接的意義を有する複数の事実*が存するときは，本案の性質が要求する限り別個の票決に付さなければならない．訴訟費用については別個に票決しなければならない．

ある者が従前の票決の際に多数が支持する結果に反対したとき，彼はその後の票決に関与する義務を負う．

> ＊この事実は，学説において法律事実を構成する事実とよぶものである．実体法上の法律事実に関する別個の票決の可能性は，1948年の訴訟改革（本法の施行）でスウェーデン法に導入された．Fitger, s. 16:8.

第3条　票決の際は裁判所の構成員の過半数が有する意見が妥当する．ある意見が半数の票を集め，かつ裁判長の票がその中にあるときは，その意見が妥当する．＊（法律1993:514）

> ＊2文の規定は，われわれ外国人法律家には裁判官の独立性にかんがみ問題ではないかと疑われるが，注釈書等において特に議論はされていない．裁判所の構成が偶数になることが多いこと（2章4条1項等），下級裁判所を含めて全ての裁判官に少数意見表示の権利が与えられていること（17章9条6項等）が考慮されているのであろう．なお，1章3条aの＊を参照．

第4条　票決の際二つよりも多くの意見が，そのいずれも第3条により妥当することなしに表明され，かつ問題が金銭またはその他一定の数量を成すものであるときは，いずれかの意見が妥当するに至るまで，大きい数量のための票をその次に小さい数量の票に加え，さらに必要であれば同一の方法で（efter samma grund）合算を継続しなければならない；＊その他の場合においては，他よりも多数の票を有する意見，または複数の意見の票が同数であるときは，これらの意見のいずれかに投票した者の間の最上席者が表明した意見が妥当する．（法律1969:244）

> ＊損害賠償額に関する4人の構成員の意見が1000（クローナ），2000，4000，8000だとする．8000を4000に加え，その中に裁判長の意見が含まれていれば，裁判所の意見は4000になる．そうでない場合は2000になる．Fitger, s. 16:15.

第5条　どのように票決を行うべきかまたはどの意見が妥当すべきかについて争いがあるときは，それについて票決しなければならない．

第6条　民事事件において刑事責任，過料の賦課または拘置所における拘束に関する問題が存するときは，その問題に関する票決については第29章に定めるところが適用される．＊（法律1981:828）

> ＊これらの問題は刑事訴訟法的性質を有するので，刑事事件における票決に関する規定を適用することにしたのである．その適用の結果は，第1に裁判長が決定権を有せず，より軽い意見が妥当するということである．もっとも，勾引については民事事件における票決に関する規定が適用される．Fitger, s. 16:17.

第7条　削除（法律1969:244）

第17章　判決および決定について

第1条　裁判所の本案の判断は判決によってなされる．裁判所のその他の判断は決定によってなされる．裁判所がそれによって判決以外の方法で本案を完結する決定および別個に上訴された問題に関する上級の裁判所の決定は，終局的決定である．＊

> ＊終局的決定の例としては却下（avvisning）または除去（avskrivning）の決定など．Fitger, s. 17:4.

第2条　本口頭弁論が行われたときは，判決は弁論に上程されたものに基づかなければならない．判決には全ての本口頭弁論に同席した裁判官のみが関与することができる．新たな本口頭弁論が行われたときは，判決はそこに上程されたものに基づかなければならない．第43章第14条第2文に係る場合におい

ては，判決は本口頭弁論の後に収集されたものにも基づくことができる．*

本口頭弁論なしに事件が判断されるときは，判決は訴訟書類が包含するもの，およびその他事件において生起したものに基づかなければならない．（法律 1987:747）

> * 本項はいわゆる直接主義（omedelbarhetsprincipen）を表現したものである．この原則は全審級に妥当する．直接主義と証拠直接主義（principen om bevisomedelbarhet）とは異なる．証人が本口頭弁論前に書いた陳述書が弁論において朗読され，裁判所がこれを判決の基礎とするときは，直接主義には反しないけれども，弁論の際証人を直接に尋問していないので証拠直接主義を看過したことになる．Fitger, s. 17:5-6.

第3条* 判決は当事者が適式に申し立てた事項と異なるもの，またはこれを超えるものを与えてはならない．本案がそれについて和解が許容されるようなものであるときは，判決は当事者がその訴えの原因として援用しない事実に基づいてはならない．

> * 本条はいわゆる処分主義（dispositionsprincipen）の原則を表現している．Fitger, s. 17:9. この原則の意味内容については『主張・証明の法理』5頁参照．

第4条 一つの訴訟手続において複数の請求があり，かつそれらが分離できるときは，その余の請求に関する取扱いが終結していないとしても，その一部について判決を与えることができる．主たる債権および相殺のために援用される債権については，一緒にのみ判決することができる．請求の一部が認諾されるときは，認諾された部分について別個の判決を与えることができる．*

> * 認諾に基づく一部判決は，原告がそれを求めるときは常に与えられる．Fitger, s. 17:14.

第5条* ある事件の審査が同一の訴訟手続において取り扱われる他の事件に

依存するときは，後者の事件について別個の判決を与えることができる．**

調査にかんがみ適切であるときは，それぞれが結果のために直接的意義を有する複数の事実の一つ，または事件において生じた主として法適用に関する問題が本案の判断の際どのように判断されるべきかについて，別個の判決を与えることができる．***

本条により別個の判決が与えられるとき，裁判所は，事件のその余の部分はこの判決が確定力****を取得するまで停止されるべき旨定めることができる．（法律1990:443）

> * 本条はいわゆる中間判決（mellandom）に関する規定であるが，スウェーデン法の中間判決は日本法の中間判決（民訴245条）とはかなり異なる．Fitger, s. 17:15.
> ** 本項は訴えの併合の場合における中間判決に関する．土地所有者が所有権確認と所有権に基づく損害賠償請求をする場合，債権者が主債務者と保証人に対し債務の履行を請求する場合などである．前者の場合に賠償請求の成否は確認請求のそれに依存し，後者の場合に保証人に対する請求の成否は主債務者に対するそれに依存する．Fitger, s. 17:16.
> *** 本項は法律事実および主として法適用の問題についての中間判決に関する．前者についていえば，例えば損害賠償事件において原告がその請求を支持する法律事実として，厳格責任（無過失責任）を構成する事実と通常の過失とを択一的に主張している場合，厳格責任が認められれば過失の審理は不要に帰する．後者は純粋の法律問題のみならず，法律問題と事実問題との限界領域の問題についても中間判決の可能性を認めることを意図している．法務大臣は，成立した契約が売買契約と判断されるべきか，ある意思表示が契約法上の意味における申込みとなるかなどの問題を中間判決の対象として挙げている．Fitger, s. 17:17–19.
> **** 2項の中間判決は訴訟内既判力のみを有する．Fitger, s. 17:54, Ekelöf V, 6 uppl. (1987) s. 178 not 43.

第6条 当事者双方が争われている事項について和解し，かつ双方が裁判所がその和解を確証することを求めるときは，それは判決によってなされなければならない．*

＊和解が成立すると通例，事件は訴えの取下げがなされたのと同様に処理される．しかし，本条の判決による確証は和解に既判力および執行力（強制執行法3章1条1項2号により債務名義となる）を与える．裁判所は和解契約に錯誤もしくはその他の無効原因が存するか，または和解契約の内容が公序に反することが明らかな場合などは確証を拒否すべきである．Fitger, s. 17:22-22 a．わが国のように，和解調書の記載が当然に確定判決と同一の効力を有する（日本民訴267条）のとは異なる．

第7条　判決は書面に作成し，かつ分離した部分において以下各号の事項を示さなければならない——
　1．裁判所ならびに判決告知の日時および場所，
　2．当事者およびその代理人または補佐人，
　3．判決主文，
　4．当事者の申立ておよび抗弁ならびにそれらが基づく事実，ならびに
　5．事件において証明された事項に関する情報を有する判決理由．＊
　上級の裁判所の判決は必要な限度において下級の裁判所の判決に関する説明を包含しなければならない．
　当事者が判決に対し上訴または故障の申立てをする権利を有するときは，判決において彼がその際に遵守すべき事項について教示しなければならない．
（法律1994:1034）

　　＊理由書は，詳細な判決理由の最大の意義は判決に対する上訴の可能性を提供するところにあるという．Fitger, s. 17:24.

第8条　欠席判決，被告の認諾に基づき原告の訴えを認容する判決および上級の裁判所が下級の裁判所の判決を確認する判決は，簡易な形式で作成することができる．（法律1976:567）

第9条　判決〔内容〕を決定する前に評議が行われなければならない．＊
　本口頭弁論が行われたときは，その同日または次の執務日に評議をし，かつ

可能であれば，その日に判決を決定し，言い渡さなければならない．事件の性質に基づき判決の決定または作成のために時間的余裕が必要とされるときは，裁判所はそのための延期を決定することができる；ただし判決は，顕著な支障がないときは，弁論終結後2週間内に書面に作成し，かつ告知しなければならない．判決が本口頭弁論において言い渡されないときは，裁判所の他の集会において言い渡すか，または裁判所の事務局（rättens kansli）において交付する（hålles tillgänglig）ことによって告知しなければならない；本口頭弁論の際に判決告知の日時および仕方に関する通知が与えられなければならない．

本口頭弁論後の事件の判断について上述したところは，事件が口頭による準備のための集会の際に判断されるときにも適用される．

事件が本口頭弁論なしに判断されるその他の場合においては，できる限り速やかに評議を行い，判決を決定し，その書面を作成し，告知しなければならない．告知は判決を事務局において交付することによって行われなければならない．

判決の言渡しは，判決の主文および理由の表明ならびに上訴に関する教示によって行うことができる．

少数意見が生じたときは，それは判決と同一の日時および仕方で当事者に告知されなければならない．＊＊

事件が判断されたとき，当事者は事件の結果について速やかに書面で通知されなければならない．＊＊＊（法律 1987:1097）

＊ 評議と票決とは厳密に区別されるべきである．評議のあり方については，訴訟手続法に具体的な規定が存せず，裁判所は大きな自由を有し，例えば，若年の構成員の養成教育の見地から実務的に妥当と認める方式を採用することができる．Fitger, s. 17:29. なお，16章冒頭の＊を参照．

＊＊ 少数意見の表示は，判決書の一部を成すものではなく，事件登録簿または記録に記載されるが（6章2条2項），判決と同様に当事者に告知することが義務付けられているのである．言渡しの際は口頭で少数意見に関する情報が与えられる．Fitger, s. 17:33.

***　これに関する細則は，判決および決定の供与の日時等に関する政令（2003: 234）などに定められている．Fitger, s. 17:33.

第 10 条　判決は別個に作成され，かつ判断に関与した法律専門家の裁判官によって署名＊されなければならない．（法律 1996:247）

　＊ この署名は，1 章 8 条または 2 章 4 条 a により特別の構成員として関与した一般行政裁判所の法律専門家の裁判官には要求されない．Fitger, s. 17:34.

第 11 条　判決は上訴のための期間が経過した後は，それによって訴えが提起された本案が判断された限りにおいて既判力を有する．
　判決はまた，相殺のために援用された債権の審査を包含する事項について既判力を有する．
　このようにして判断された問題は，再び審査に取り上げることができない．＊,＊＊
　特別の上訴については，それについて定めるところが適用される．

　＊ 裁判所は既判力の存在を訴訟障害として新たな訴えを却下しなければならない（消極的既判力ともよばれる）．しかし，これは訴訟物（processföremål, tvisteföremål）が同一の場合にのみ妥当する．他方，訴訟物が異なる新たな訴えにおいては前訴の既判力を前提として判断しなければならない（積極的既判力ともよばれる）．Fitger, s. 17:36–37.
　なお，既判力の基準時については，「事件が判決に委ねられた時」と解されている．Fitger, s. 17:60, Ekelöf Ⅲ, 6 uppl. (2002), s. 124　not 106．カレンベリィは同趣旨を「当事者が訴訟において訴訟資料を導入することができた最後の時点」と表現する．Ernst Kallenberg, Svenska civilprocessrätt , andra bandet , Lund: Håkan Ohlssons boktryckeri, 1927–39, s.1431.
　＊＊ 決定の既判力については明文規定がないけれど，少なくとも訴え却下の決定は訴訟障害としての意味で既判力を有する．Fitger, s. 17:64.a.

第12条　判決について第2条および第9条に述べるところは，終局的決定について適用されなければならない．このような決定には問題の性質にかんがみ必要であるときは，第7条および第10条も適用されなければならない．終局的決定が判決に関連してなされるときは，それは判決中に掲げられなければならない．

　当事者が終局的決定に対し上訴するかまたは訴訟の再開の申立てをする（ansöka om återupptagande av målet）権利を有するときは，決定において彼がその際に遵守すべき事項について教示しなければならない．（法律 1994:1034）

第13条　終局的でない決定は，必要な限度で決定を基礎付ける理由を示さなければならない．

　訴訟手続中の決定に対し上訴しようとする者が上訴の通知をしなければならないときは，決定においてその旨を教示しなければならない．このような決定に対し別個に上訴できるときは，このことも教示しなければならない．裁判所は上訴しようとする者に，申出に基づきその他に遵守すべき事項に関する情報を供与しなければならない．

　終局的でない決定が判決または終局的決定に関連してなされるときは，それは判決または終局的決定の中に掲げられなければならない．この決定に対し別個に上訴できるときは，裁判所は上訴しようとする者が遵守すべき事項について教示しなければならない．（法律 1994:1034）

第14条　裁判所はそのための理由が存するときは判決において，それが確定力を取得していないにもかかわらず執行しうる旨命ずることができる．そのための理由が存するときは，裁判所はその際判決が変更されるとき原告が支払義務を負うことがありうる損害賠償のための担保の供与を命じなければならない．

　別個に上訴することができない訴訟手続中の決定は直ちに執行されなければならない．以下各号の裁判所の決定についても同様である*―

1．代理人または補佐人を排除した（avvisat）こと，**
2．参加人として訴訟手続に関与することを求める第三者の申立ての棄却，
3．補佐人，証人，鑑定人またはその他当事者もしくは参加人でない者に対する補償または前払に関する判断，
4．拘置所における拘束または仮差押えもしくはその他の第15章による措置またはこのような措置の取消しに関する命令，
5．当事者が提案した者以外を補佐人に任命したこと，または
6．一般法律扶助に関する問題で第3号または第5号に係る場合以外における判断，ただし法律扶助法（1996:1619）第30条による償還義務に関する決定を除く．

それによって当事者またはその他の者が文書証拠を提出することまたは検証もしくは見分のための物件を用意することを命ずる決定については，第1項に述べるところが適用される．

確定力を有しない判決または決定が執行しうることについて特段の定めがあるときは，それが適用される．（法律1996:1624）

> * 本項の決定については通常，本来の意味の執行は問題にならず，決定は直ちに効力を有する．Fitger, s. 17:70 a.
> ** 49章5条の*を参照．

第15条　裁判所が，判決または決定に裁判所またはその他の者による書損，計算違いまたは同様の不注意の結果として明白な過誤を包含すると認めるときは，裁判所は更正の決定をすることができる．

裁判所が不注意により判決または終局的決定に関連して与えるべき決定を行うのを怠ったときは，裁判所は上記の判断が確定力を取得してから6月内にその判断を補充することができる．*ただし，判断が与えられてから2週間よりも後の補充は，当事者がそれを求め，かつ相手方当事者が補充に反対しないときにのみ行うことができる．

更正または補充がなされる前に当事者らは，それが明らかに不必要でないときは第2項第2文に係る場合以外においても意見を述べる機会を与えられなければならない．決定は可能であれば更正される判断の書面の全ての写しに記入されなければならない．（法律 1999:84）

* 本案の要素について判断を遺脱したときは，補充は許されない．Fitger, s. 17:74 a.

第18章　訴訟費用（rättegångskostnad）* について

* 訳語の統一の面からは「訴訟手続費用」とすべきであろうが，頻出する用語ゆえ簡単のため「訴訟費用」とする．そもそも rättegång は「訴訟（process inför domstol)」を意味する．

第1条　敗訴した当事者は，他に異なる定めがなければ，相手方当事者にその訴訟費用を償還しなければならない．*

* 訴訟費用には弁護士費用が包含される．その理由として理由書は，勝訴当事者が訴訟に要した費用の完全な賠償を得られなくては，訴訟による権利保護の目的が十分に達せられないこと，さらに敗訴当事者が完全な訴訟費用償還義務を負うという知識は，不当な訴訟の抑制に寄与しうることを指摘する．訴訟に要した費用の大部分は弁護士費用なのである．Fitger, s. 18:6–7, 37, Ekelöf Ⅲ, 6 uppl. (2002), s.178.

第2条　事件が法律により判決による以外には決することのできない法律関係に関するときは，〔裁判所は〕各当事者が自己の訴訟費用を負担すべき旨命ずることができる．

第3条　勝訴した当事者が相手方当事者に訴訟手続を行うべき理由が存しな

いのにこれを開始し，またはそうでなくとも勝訴した当事者が故意もしくは過失によって不必要な訴訟手続を起因したと認められるときは，彼は相手方当事者にその訴訟費用を償還するか，またはそのための事情が存するときは各当事者が自己の訴訟費用を負担しなければならない．

　結果がそれに依存する事実が訴訟手続前には敗訴した当事者に知られておらず，かつ彼がそれに関する知識を有するはずがなかったときは，〔裁判所は〕各当事者が自己の訴訟費用を負担すべき旨命ずることができる．

第3条a　本案が支払命令および簡易訴訟に関する法律（1990:746）による事件においても十分に（lika gärna）判断しえたものであるにもかかわらず，勝訴した当事者が召喚状の申請によって訴訟手続を開始したときは，彼の費用償還を求める権利は前者の事件において得ることができたであろうものに制限される．*（法律 1990:747）

　　＊ 本条を適用するために決定的なのは，原告において被告が支払命などの申請を争うと信ずべき理由があったか否か，などである．Fitger, s. 18:18.

第4条　同一事件において複数の訴えの申立てがあり，かつ当事者が各自その一部について勝訴したときは，当事者は各自その訴訟費用を負担するか，もしくは調整された償還が認められるか，または事件の異なる部分のための費用が分離できる限りそれに従って償還義務が定められなければならない．ただし当事者が敗訴した部分が極めて軽微であるときは，彼はその費用の完全な償還を得ることができる．

　上述したところは当事者の訴えの申立ての一部のみが認容された場合に準用されなければならない．

第5条　当事者の訴えが却下されたときは，当事者は敗訴したものとみられる．＊

当事者が訴えを取り下げたか，または不出頭であったことに基づき事件が除去された場合，償還義務について異なる決定をすることに導く特段の事情**が存しないときは，彼は相手方当事者にその訴訟費用を償還しなければならない．

　当事者が和解したときは，当事者は異なる合意がなければ各自その訴訟費用を負担しなければならない．

> ＊　もっともこのことは，訴えを却下された当事者が直ちに1条の主要原則の適用により相手方の訴訟費用を負担することを意味しない．他の規定の適用により各自負担とされたりすることなどがありうる．Fitger, s. 18:24.
> ＊＊　理由書によれば，訴えの提起後に被告が任意履行したために訴えを取り下げた場合，原告は訴訟費用の賠償が得られる．Fitger, s. 18:25.

第6条　当事者が裁判所に出頭せずもしくは裁判所の発した命令を遵守せず，不当であることを知っているかもしくは知るべきであった主張もしくは抗弁を行い，またはその他に過失もしくは過怠によって事件における延期をもたらし，またはそうでなくとも相手方当事者に費用を惹起したときは，一般に費用がどのように負担されるべきかにかかわらず，彼はこのような費用を償還する義務を負う．

第7条　当事者が本章により相手方当事者の訴訟費用の全部または一部を償還しなければならず，かつ当事者の法定代理人または代理人もしくは補佐人が第3条第1項に係る措置または第6条に述べる過失もしくは過怠によってこのような費用を惹起したと認められるときは，裁判所はそれに関する申立てがなくとも彼に当事者と共にこの費用を償還すべき旨命ずることができる．

第8条　訴訟費用の償還は，費用が当事者の権利の保護にとって合理的に必要とされた限り，訴訟手続の準備および事件の追行のための費用ならびに代理

人または補佐人の報酬に完全に相応するものでなければならない．＊償還はまた，訴訟手続に起因する当事者の仕事および時間の消費に対してもなされなければならない．当事者の事件に直接的意義を有する紛争の問題を解決するための交渉＊＊は，訴訟手続の準備のための措置とみられる．

訴訟費用の償還は，事件において支払を命ずる判断がなされる日から支払済みまでの利息法（1975:634）第6条による利息も包含しなければならない．＊＊＊（法律 1987:328）

> ＊ 理由書によれば，報酬は代理人または補佐人の職務の遂行に要した仕事の範囲および性質にかんがみ決定されるべきであり，出頭の回数およびそれに要した時間等も間接的に考慮される．旅費，滞在費等自体は費用の支出として算定される．Fitger, s. 18:37.
> ＊＊ 理由書によれば，和解交渉が訴訟手続の準備および事件の追行にとって特に有意義ではなかった場合も含まれる．Fitger, s. 18:42.
> ＊＊＊ 理由書によれば，利息の起算点は費用が生じた審級における判断の時である．Fitger, s. 18:44.

第8条a 第1章第3条d第1項が適用される事件においては，第8条の規定に代えて以下の定めが適用される．

訴訟費用の償還は，以下各号に係る費用以外のものであってはならない＊――

1．各審級における1回1時間を超えない法的助言で，かつ法律扶助法（1996:1619）による助言のために支払われる1時間を超えない最高の補償に相当する額，

2．申請手数料，

3．裁判集会に関連する当事者もしくは法定代理人の旅費および滞在費，または自身出頭を命じられていないときは代理人の旅費および滞在費，

4．証人尋問，

5．書面の翻訳．

ただし，当事者が第3条または第6条が適用されるような行為をしたとき

は，相手方当事者に対する償還は第8条によるその全費用に関することができる．

補償は費用が当事者の権利の保護のために合理的に必要とされた限度においてのみ支払われる．

第2項第3号に述べるものの補償は，政府が定めるところにより支払われる．**

事件が当初，本条に係る事件に適用されるのとは異なる手続で取り扱われたときは，従前の手続に関する費用の補償はこれに適用される費用規定により支払われる．

支払命令または簡易訴訟に関する事件が地方裁判所に送付された場合，事件がその後に被告に対する欠席判決によって判断されるべきときは，償還は1通の訴訟手続書面および裁判所の前における1回の集会への出頭のための合理的な費用をも含む．このような附加的な補償は，特段の理由が他の判断に導かないときは，法律扶助法（1996:1619）による助言のために支払われる1時間を超えない最高の補償の半額に相当するものが支払われる．***（法律2000:172）

* 当事者鑑定人（40章冒頭の*を参照）に関する費用については，鑑定証人として本項4号によるもの以外は償還の対象にならない．また，訴訟費用に対する利息も認められない．Fitger, s. 18:48.
** 証人等に関する公費からの補償に関する政令（1982:805）が定めている．Fitger, s. 18:49.
*** 本項は，債務者が理由なしに支払命令手続において争う場合などに関する．Fitger, s. 18:50.

第9条* 訴訟費用が複数の共同当事者によって償還されるべきときは，彼らは連帯して責任を負う．ただし，費用は当事者のうちある者のみに関する事件の部分に属するか，またはある当事者が第6条に係る過失もしくは過怠により起因した費用については，その当事者が単独で支払わなければならない．

第7条により当事者と並んで費用を償還する義務を負う者があるときは，両

第 18 章　訴訟費用（rättegångskostnad）について　　95

者は連帯して責任を負う．

　　＊ 本条は連帯責任（solidariskt ansvar (ighet)）の原則について定める．Fitger, s. 18:51.

第 10 条　ある者が第 13 章第 7 条により原告の事件を承継したときは，彼および原告は承継前に生じた訴訟費用について連帯して責任を負う；その後に生じた費用については彼が単独で責任を負う．
　被告の地位を承継した者は，訴訟費用について単独で責任を負う．＊

　　＊ これに関する原告の利益は，13 章 7 条 2 項の同意権によって保護されている．Fitger, s. 18:53.

第 11 条　2 人またはより多くの者が訴訟費用について連帯して責任を負わなければならないとき，裁判所は彼らのある者の申立てに基づき，事情にかんがみ彼らの間でどのように費用を分担すべきか，または彼らのある者が費用の全部を負担すべきかについて審査することができる．

第 12 条　訴訟手続において当事者の地位を有しない参加人の訴訟費用を償還する義務および彼の訴訟費用の償還を求める権利については，本章において当事者について定めるところが準用される；ただし，参加によって惹起された特別の訴訟費用については，参加人のみが責任を負う．参加人が関与した側の当事者は今述べた費用を償還する義務を負わない．

第 13 条　証拠調べまたはその他の措置に関する費用を当事者らが連帯して支払うべきとき，このような費用の償還については，訴訟費用について本章に定めるところが適用される．当事者がその訴訟費用を各自負担しなければならないときは，費用は各自折半して負担すべき旨命ずることができる．当事者を裁判所に勾引するための費用が公費から支弁されたときは，その当事者はこの費

用を国に償還しなければならない．

　当事者が法律扶助を認可されたことを理由として国に費用を償還すべき義務については別に定めるところによる．＊（法律 1996:1624）

　　＊ 法律扶助法（1996:1619）30–31 条に定められている．拙稿「スウェーデンの法律扶助——法制度の現状と評価を中心にして——」『ジュリスコンサルタス』14 号（2004, 関東学院大学法学研究所）171–172 頁参照．

第 14 条　訴訟費用の償還を得ようとする当事者は，取扱いが終結する前にその申立てを提出しなければならない．彼はその際費用の内訳を示さなければならない．彼が上述の時期までに申立てを提出しなかったときは，事後にその裁判所において生じた費用に関する訴えを行うことができない．＊ただし当事者は，申立てを提出しなかったとしても，第 8 条第 2 項に係る利息ならびに裁判所の判決または終局的決定の書面 1 部のための償還を得ることができる．

　裁判所は職権で第 1 条ないし第 10 条ならびに第 12 条および第 13 条の規定の適用に関する問題の審査を，それが特段の事情に基づき不必要でないときは行わなければならない．本章に係るこのような費用問題に関する決定は，裁判所が事件について判断する時に与えられる．償還されるべき訴訟費用の中に代理人または補佐人の報酬を含むときは，報酬の額を示さなければならない．（法律 1987:747）

　　＊ 欠席判決の場合は，その後における審理の終結の時までに提出すれば足りる．Fitger, s. 18:60.

第 15 条　下級の裁判所の事件が上訴されるときは，上級の裁判所における訴訟費用を償還する義務は，そこでの訴訟手続にかんがみ決定されなければならない．

　事件中の別個に上訴される問題に関する上級の裁判所における費用について

は，下級の裁判所に提起された事件について本章に定めるところが準用される．

　事件が差し戻されるときは，その上級の裁判所における費用の問題は，再開後の事件に関連して審査されなければならない．

第16条　公的機関が公共の名において追行する事件で，国またはその他の者の私的な権利（enskilda rätt）保護に関しないものにおいては，他に異なる定めがなければ訴訟費用の問題については第31章の規定が適用される．*（法律1990:443）

　　* 犯罪には関しないが刑事事件に近い面のある事件の場合には，本章でなく刑事事件の訴訟費用に関する31章の規定が適用されるのである．例えば，重婚の場合における検察官による婚姻解消（upplösning av äktenskap, äktenskapsskillnad）の訴え（婚姻法5章5条）など．Fitger, s. 18:72.

Ⅱ．刑事事件における訴訟手続について

第19章　管轄裁判所について*

　　* 本章は刑事事件の土地管轄に関する．Fitger, s. 19:3.

第1条　刑事事件における管轄裁判所は，犯罪が行われた場所における裁判所である．犯罪は犯罪行為がなされた場所で行われたものとみられる，さらに犯罪が既遂になった他の場所，または未遂の場合その犯罪が既遂になったであろう他の場所もそうである．犯罪が異なる裁判所のもとに属する場所で行われたときは，それらの裁判所は同様に権限を有する．王国の内外を航行中のスウェーデンの船舶もしくは航空機内で犯罪が行われたときは，被疑者*が船舶もしくは航空機で最初に到着した場所または彼が身柄を拘束された場所，また

はそうでなくとも滞在する場所における裁判所も権限を有する．

　訴追が提起される時点で犯罪がどこで行われたか不確実であるときは，訴追は犯罪が行われたと考えられうる（kan antagas）場所，被疑者が身柄を拘束された場所またはそうでなくとも滞在する場所のいずれかの裁判所によって取り上げられうる．

　裁判所が調査ならびに費用およびその他の事情にかんがみ適切と認めるときは，訴追は被疑者が民事事件において一般に被告とされるべき場所の裁判所，または被疑者が継続的に滞在する場所の裁判所によっても取り上げられうる．（法律1957:299）

　　＊訴訟手続法における被疑者（den misstänkte）という語の意味については，21章1条の＊を参照．

第2条　王国外の場所または王国の内外を航行中の外国の船舶もしくは航空機内で行われた犯罪の訴追は，政府が若干の場合について異なる定めをしないときは，被疑者が民事事件において一般に被告とされるべき場所の裁判所，または彼が身柄を拘束された場所もしくはそうでなくとも滞在する場所の裁判所によって取り上げられる．＊（法律1974:573）

　　＊スウェーデンの港，空港にいる外国の船舶または航空機内で行われた犯罪は，スウェーデン国内で行われたものとみられるから1条による．他方，スウェーデンの領海，領空を航行中の外国の船舶または航空機内で行われた犯罪は，原則として外国で行われたものとみられて本条による．（ただし判例は，領海内でのトロール船による不法漁業について1条の適用を認めた．）Fitger, s. 19:9–10.

第3条　犯罪に共同した複数の者に対する訴追は，それが同時になされるときは，彼らのうちのある者が訴追されるべき場所の裁判所に提起することができる．訴追が時を異にしてなされるときは，彼らのうちのある者に対する訴追を取り上げた裁判所に，他の者に対する訴追も提起することができる．

第 19 章　管轄裁判所について

　上述したところは，裁判所が調査ならびに費用およびその他の事情にかんがみ同一の裁判所によって事件が取り上げられるのを適切と認めるときは，他の場合において互いに関連する犯罪に関する複数の者に対する訴追について適用されなければならない．（法律 1948:453）

第 4 条　訴追を起因した虚偽の訴追もしくは不当な訴追，または虚偽の告訴もしくはその他真実でない非難（tillvitelse）のための刑事責任*に関する事件は，犯罪が訴追された裁判所に提起することができる．（法律 1948:453）

　＊刑法 15 章 5 条ないし 7 条の犯罪．

第 5 条　訴訟手続に関する軽罪については，その訴訟手続がなされる裁判所において裁判される．
　裁判所の集会の際裁判所の前においてその他の犯罪が行われた場合，犯罪の性質およびその他の事情にかんがみ適切と認めるときは，同裁判所がそれについて裁判することができる．

第 6 条　ある者が複数の犯罪を行った場合，それらのいずれかについて訴追を取り上げる権限を有する裁判所が調査ならびに費用およびその他の事情にかんがみ適切と認めるときは，同裁判所によって全ての犯罪の訴追が取り上げられる．

第 7 条　裁判所は，被疑者に召喚状が送達された後にその権限を根拠付けていた事実が変更したとしても，事件を取り上げる権限を有する．
　ある地方裁判所に公訴が提起された場合，その裁判所は検察官の求めに基づき事件を他の地方裁判所に，それが権限を有しかつ特段の理由が存するときは移送することができる．被告人がすでに他の地方裁判所に訴追されているときは，このような移送はそれが不適切でなければ行われなければならない．移送

前になされた決定は，移送を受けた裁判所が異なる定めをしないときは効力を有する．

　第2項は被告人に対する公訴について，複数の事件が同時に異なる高等裁判所に係属するときにも適用できる部分が適用される．（法律1987:747）

第8条　裁判所が権限を有しないという理由で事件を却下するとき，それにもかかわらず裁判所は，正当な裁判所に訴追が提起されるまで，遅滞により危険が生じうるような決定を発することができる．*

　　　* 例えば，勾留その他の強制手段に関する決定．Fitger, s. 19:19.

第9条　法律において訴追は直ちに上級の裁判所において取り上げられなければならない旨，または法律もしくは命令において訴追は被疑者が第1条もしくは第2条により被告人とされるべき裁判所以外の通常下級裁判所によって取り上げられなければならない旨定めるときは，他の裁判所は本章に定めるところに基づき訴追を取り上げることができない．刑事責任に関する問題が裁判所以外の公的機関または特別裁判所によって取り上げられなければならないときは，本章に定めるところは適用されない．

　訴追の提起または被告人とされるべき裁判所について約束する契約は効力を有しない．（法律1965:585）

第10条　下級の裁判所が事件を取り上げたとき，その裁判所の権限に関する問題は上級の裁判所が取り上げることはできない．ただし，問題が上訴され，もしくはその権利を有する当事者によって上級の裁判所において提起されたとき，または事件が裁判所以外の公的機関，特別裁判所，直接に高等裁判所もしくは被疑者が第1条もしくは第2条により被告人とされるべき裁判所以外の他の通常下級裁判所によって取り上げられるべきときは，この限りでない．

第11条　上級の裁判所において，下級の裁判所はそこに提起された事件を取り上げる権限を有しないことを宣言する決定を与えるときは，上級の裁判所は当事者の申立てに基づき，権限を有すると認められる下級の裁判所に事件を差し戻すことができる．

　確定力を有する決定によって複数の裁判所が無権限と認められた場合，最高裁判所はそれらのいずれかが権限を有すると認めるときは，当事者の申請に基づき事件を取り上げるべきであった裁判所に事件を差し戻すことができる．

第11条a　提出された申請〔召喚状の申請＝訴追の提起〕に関連して，裁判所は，事件を取り上げる権限を欠くかまたは他の手続で申請を審査すべきであるが，他の裁判所が権限を有すると認める場合，申請人が異議を述べず，かつ移送に反する理由が存しないときは，権限を有する裁判所に申請を移送しなければならない．申請は最初に申請を受理した裁判所に到達した日に後者の裁判所に到達したものとみられなければならない．（法律1996:247）

第12条　本章に述べるところは，捜査および強制手段の使用に関する裁判所の職務についても適用されなければならない．問題に関する決定が遅滞なしに行われるべきときは，このような問題は本章における規定による以外の他の場所の裁判所も取り上げることができる．（法律2000:172）

第20章　訴追の権利について，および被害者について

第1条　犯罪のための刑事責任は，犯罪のために訴追*が提起された場合でなければ，裁判所が取り上げることはできない．ただし裁判所は，訴訟手続における軽罪のための責任については取り上げることができる．

＊訴追には公的訴追＝公訴と私的訴追とがある．45 章ないし 47 章参照．

第 2 条　一般検察官は，異なる定めがないときは，公訴のもとに属する犯罪について訴追する権限を有する．

　公訴のもとに属する犯罪について訴追する特別検察官の権限については別に定めるところが適用される．＊

　検察官は被疑者の利益のためにも上級の裁判所に上訴することができる．＊＊

　　＊とりわけ注目されるのは，いわゆる出版の自由に関する犯罪および表現の自由に関する犯罪については，法務監察長官のみが原則として捜査・訴追の権限を有することである（出版の自由に関する法律 9 条 2 項，表現の自由に関する基本法 7 章 1 条）．Fitger, s. 7:25.『スウェーデンの司法』243 頁以下参照（もっとも，表現の自由に関する基本法は同書刊行後に制定されたので，そこでは言及されていない）．
　　＊＊理由書によれば，この規定が表現する原則は，刑事司法運営における公益の代表者であるという検察官の職務にかんがみ理由付けられる．Fitger, s. 20:6. この場合にも不利益変更禁止が働く（51 章 25 条 1 項）．（わが国でも控訴について本項と同様の解釈がなされているが，不利益変更禁止の適用はないとするのが通説・判例である．51 章 1 条の＊，25 条の＊を参照．）

第 3 条　全ての犯罪は，明示的に除外されていないときは，公訴のもとに属する．

　公訴のために公的機関の許可または被害者の告訴のような特別の条件が定められているときは，それが妥当する．

第 4 条　行為が複数の犯罪を包含し，かつそれらのいずれかが公訴のもとに属するときは，その余の犯罪についても公訴を行うことができる．

　ある者が告訴の後にのみ公訴のもとに属する犯罪について告訴し，かつその犯罪に複数の被疑者が関与しているときは，公訴は全ての被疑者に対し行うことができる．＊

＊　本項は告訴の（主観的）不可分に関する規定である．Fitger, s. 20:9.

第5条　被害者＊は，検察官または警察機関に対し訴追のために犯罪の告訴をすることができる．告訴が犯罪の訴追をしうる場所以外の公的機関になされたときは，直ちにその場所の公的機関に送致されなければならない．

　＊　被害者の概念については，8条4項および同条の＊＊＊，13条の＊を参照．

第6条　検察官は，異なる定めがないときは，公訴のもとに属する犯罪について訴追しなければならない．＊（法律 1964:166）

　＊　本条は古くからスウェーデンにおいて維持されてきた訴追強制＝絶対的訴追義務に関する原則の表現である．近年，訴追猶予の範囲が拡大されつつあるけれど，依然として絶対的訴追義務の原則は維持されるべきものとされている．Fitger, s. 20:11-12.

第7条　検察官は，以下各号の場合には，基本的な公共の利益または私益が看過されないという要件のもとに犯罪の訴追を猶予することができる（訴追猶予）：＊―
　1．犯罪が罰金以外の制裁に導かないであろうと考えられうるとき，
　2．制裁が条件付判決になるであろうと考えられ，かつ訴追猶予のための特段の理由が存在するとき，
　3．被疑者が他の犯罪も行っており，かつこの犯罪のための制裁を超えて当該犯罪を理由とする制裁までは要求されないとき，または
　4．若干の機能障害者に対する援助およびサーヴィス（service）に関する法律（1993:387）による精神医学的保護または配慮が実施されるとき．
　第1項に掲げる場合以外においても，被疑者の再犯を防止するためになんら制裁が要求されず，かつ事情にかんがみその他の理由によっても訴追が要求さ

れないという特段の理由が明らかであるときは，訴追を猶予することができる．（法律 1997:726）

 ＊ 一般に訴追猶予は被疑者が自白している場合にのみなされる．被疑者が訴追猶予に反対している場合はそうすべきでない十分な理由が存しうる．Fitger, s. 20:17-18, Gärde, s. 244.

第7条a 訴追猶予の決定は訴追の時に存在したか，または知られていたならば訴追猶予に導くような事情が訴追の後に生ずるに至ったときは，訴追が提起された後にも与えることができる．ただし訴追猶予は被告人が反対し，または判決がすでに宣告された後は決定することができない．＊（法律 1981:1285）

 ＊ 法務大臣によれば，訴追猶予がなされたとき訴追の取下げがなされるべきであるのは，ことの性質上明白であって特段の規定を要しない．Fitger, s. 20:32.

第7条b 特段の事情がそれに導くときは，訴追猶予の決定は取り消すことができる．＊（法律 1985:13）

 ＊ 取消しには新たな事情の発生を必要とする．例えば被疑者が新たな犯罪を行った場合などがこれに当たる．本条の適用については極めて謙抑的であるべきだとされる．Fitger, s. 20:33-34.

第8条 被害者は，彼が犯罪を告訴し，かつ検察官が訴追を行わない旨の決定をしたときでなければ，公訴のもとに属する犯罪について訴追を提起することはできない．

 検察官が訴追を提起したときは，被害者は訴追を補佐＊する権限を有する；彼はまた上級の裁判所に事件を上訴することができる．

 第1項に述べるところは，被害者が虚偽もしくは不当な訴追，虚偽の告訴またはその他の犯罪に関する真実でない非難のための刑事責任に関する訴追を提

起することを妨げない．＊＊

　被害者とは，彼に対して犯罪が行われた者，犯罪により侵害された者または損害を被った者である．＊＊＊（法律 1964:166）

> ＊ 訴追を補佐するということは，被害者が事件の当事者になることを意味する．彼は証拠を提出するなど検察官と同様の権限を有する．言い換えれば，この場合には検察官と被害者とは共同訴訟人になるわけである．Fitger, s. 20:39.
> ＊＊ 刑法 15 章 5 条ないし 7 条参照．なお本項は，虚偽の告訴等が訴追に導かなかったとしても適用される．Fitger, s. 20:40.
> ＊＊＊ 法の定める被害者の概念は曖昧かつ多義的であり，三つは互いに排他的ではない．Fitger, s. 20:41. 13 条の＊およびボールディング『民事・刑事訴訟実務と弁護士』142 頁訳注（17）参照．

第 9 条　判決が宣告された後には，公訴を取り下げることはできない．

　公訴が，被疑者が有罪であるための十分な理由が存在しないということに基づき取り下げられるときは，被害者は公訴を引き継ぐことができる；ただし彼は，取下げについて知ってから裁判所が定める最長 1 月の期間内に，裁判所にこれに関する届出をしなければならない．被害者が訴追の引継ぎをしないときは，彼は事後にその犯罪について訴追を提起することはできない；被告人が求めるときは，無罪の判決が与えられなければならない．

第 10 条　第 8 条および第 9 条における被害者の訴追を提起しまたは提起された訴追を引き継ぐ権利に関する規定は，以下各号の者が職務または受任事務の行使において行った犯罪については適用されない——

　1．国務大臣，
　2．最高裁判所判事または行政最高裁判所判事，
　3．国会オンブズマンまたは彼の代わりに職務を行使した者，
　4．国会法または他の法令により国会の委員会（utskott）または他の国会の機関のみが，このような犯罪について訴追の権限を有する公務員（befattnings-

havare),

　5．法務監察長官または彼の代わりにその権限を行使した者，または

　6．ヨーロッパ共同体司法裁判所の裁判官もしくは法務官または同第一審裁判所の裁判官．（法律 1995:315）

第11条　同一の犯罪について複数の被害者がいるときは，1人の被害者の告訴または訴追は他の者のためにも効力を有する．*

　　* しかし1人の被害者が取り下げてもそれは他の被害者には妥当しない．本条の場合にはエーケレーヴの用語法によれば特別共同訴訟関係が存在する．訴訟手続法には刑事事件における共同訴訟に関する規定はみられないが，彼の教科書は刑事訴訟の共同訴訟について独立の項目を設けて論じている．Fitger, s. 20:55, Ekelöf II, 7 uppl. (1985), s. 188.

第12条　被害者が和解によってもしくはそうでなくとも犯罪の告訴もしくは訴追をしない旨約束し，*または告訴もしくは訴追を取り下げたときは，彼は事後に犯罪の告訴または訴追をすることができない．犯罪が告訴の後にのみなされる公訴のもとに属し，かつ公訴の提起前に約束がなされまたは告訴が取り下げられたときは，事後にその犯罪について公訴の提起を行うことはできない．

　　* このような和解は訴訟手続障害を構成する．Fitger, s. 20:56.

第13条　ある者が犯罪によって殺されたときは，彼または彼女の残された配偶者，直系血族相続人，父母または兄弟姉妹が，被害者と同じく犯罪について告訴または訴追を行う権利を有する．

　そうでなくとも犯罪が行われた者または犯罪によって侵害された者もしくは損害を被った者が死亡した場合，死者が犯罪について告訴または訴追をしようとしないことが明らかな事情が存しないときは，上述した近親者は死者に属し

たのと同様の犯罪について告訴しまたは訴追を行う権利を有する．＊（法律 2005:438）

> ＊ 本条により被害者と同様の権限を行使する近親者の一部（例えば被害者に扶養請求権を有する子）は固有の意味の被害者とみられ，8条ないし12条が直接的に適用される．しかし，その他の者は部分的にのみ被害者の地位に立つわけである．したがって，訴追を行っていない場合は証人として尋問されうる．Fitger, s. 20:59.

第14条 被害者が未成年であり，かつ犯罪が彼が管理・処分権を有しない財産または彼が自ら成立させられない法律行為に関するときは，彼の法定代理人が犯罪について告訴または訴追を行うことができる．親子法による成年後見人は，犯罪が成年後見人の職務に包含される財産または法律行為に関するときは，被害者のために同一の権利を有する．犯罪が未成年者自身に関わるときは，＊彼の監護者は犯罪について告訴または訴追を行うことができる．第11章第2条ないし第5条において民事事件における当事者および法定代理人について定めるところは，被害者について彼が訴追を追行しないとしても適用される．＊＊

被害者の訴訟代理人については第12章に定めるところが適用される．（法律 1988:1260）

> ＊ 例えば傷害罪，名誉毀損罪など．両親が監護者であるときは，告訴および訴追の権利は共同的に帰属する．この権利は監護者が同時に後見人の地位を有するか否かとはかかわりない．Fitger, s. 20:62.
> ＊＊ 公的英訳は，「被害者が…訴追を追行しないとしても」の箇所を even if that person is not a party とする．p.112. 訴追を追行しないとは，言い換えれば刑事訴訟における当事者でないことにほかならない．

第15条 検察官の訴追事件に関連して尋問される被害者は，訴訟手続中の人的援助に適切な者（付添人）＊を伴うことができる．裁判所に知られているこ

のような付添人は，可能であれば訴訟手続について通知されなければならない．

　若干の場合においては，被害者補佐人に関する法律（1988:609）による被害者補佐人を任命することができる．**

　被害者補佐人は被害者または被害者の法定代理人が尋問されるべき本口頭弁論またはその他の裁判所の集会に呼び出されなければならない．（法律 1994:420）

　　* 付添人は被害者が尋問される全ての事件において伴うことができる．付添人の職務は被害者に精神的（moralisk）援助を与えることである．その必要性は被害者自身が決定し，被害者補佐人が任命されている事件においてもそうである．また法文は，事件を追行する被害者が付添人を伴うことを排除しない．理由書では付添人による積極的な措置の例として，弁論中に被害者のために休憩を求めることなどを挙げている．Fitger, s. 20:64–65.
　　** 被害者補佐人は，刑法6章（性犯罪）ならびに3章（生命および健康に対する罪）および4章（自由および平穏に対する罪）で拘禁を伴うものなどの事件において任命される（捜査段階から）．被害者補佐人に関する法律（1988:609）がある．Fitger, s. 20:65. なお関連して，子どものための特別代理人に関する法律（1999:997）および犯罪を理由とする調停に関する法律（2002:445）参照．

第15条a　削除（法律 1987:747）

第16条　法律または命令において犯罪の訴追が被害者以外の私人によって提起しうることが定められているときは，彼は犯罪について告訴または訴追を行う権利ならびに彼が提起した訴追については被害者とみられなければならない．*

　　* 本条の適用が問題になる規定は古くはかなり存在したが，現在ではほとんど廃止された．Fitger, s. 20:67–68.

第21章　被疑者およびその弁護について

第1条　被疑者＊は自ら事件を追行＊＊する権利を有する．彼が未成年である場合，裁判所は犯罪の性質にかんがみ，またはそうでなくとも必要と認められるときは，彼の監護者を尋問しなければならない；この者はまた未成年者のために事件を追行する権利を有する．

　被疑者が死亡したときは，残された配偶者，直系血族相続人，父母または兄弟姉妹は，判決がそれによって被疑者が犯行を行ったことを確定している限り，判決に対して事件〔上訴等〕を追行する権利を有する．（法律1971:875）

> ＊ 訴訟手続法において被疑者（den misstänkte）という語は，被疑者だけでなく被告人をも指称するものとして用いられている．もっとも，訴追が提起された者のみを意味するときは通例，被告人（den tilltalade）という語が使われる．Fitger, s. 21:3.
> ＊＊ 被疑者としての事件の追行とは，すなわちその防御，弁護活動を行うことを意味する．すなわち，本項1文は全ての被疑者は例外なく，たとい他の規定によれば訴訟能力（processbehörighet）を欠くとしても自己の事件の追行ができることを認めたのである．Fitger, s. 21:3.　公的英訳は the right to conduct his own case と表現する．p.114.　11章1条の＊も参照．（ちなみに，わが国の刑事訴訟における訴訟行為能力の解釈論もおおむねスウェーデン法と同様の解決を図っているようにみえる（団藤重光『新刑事訴訟法綱要』（七訂版，1974，創文社）112-113,174頁参照）．）

第2条　被疑者は地方裁判所および高等裁判所における本口頭弁論の際自身出頭する義務を負う．ただし，事件がたとい彼が本口頭弁論の際出頭しなくとも判断することができ，かつ彼の同席が調査上無意義と考えられるときは，このような義務は存在しない．

　最高裁判所における本口頭弁論の際被疑者は，裁判所が彼の同席が調査上必要と認めるときは，自身出頭する義務を負う．

　準備手続の集会およびその他の弁論の際被疑者は，彼の同席が集会の目的に

寄与すると考えられるときは，自身出頭する義務を負う．

　被疑者が自身出頭する義務を負う時は，裁判所はそれを命じなければならない．

　被疑者が自身出頭する義務を負わない時，彼の事件は代理人によって追行することができる．代理人については第12章の規定が適用される．（法律1987：747）

第3条　事件の準備および追行の際被疑者は弁護人の補佐を受けることができる．

　弁護人は被疑者によって選任される．被疑者が18歳未満または重大な精神的障害を蒙る者であるときは，弁護人は彼の監護者によって選任される．被疑者が訴訟代理人を有しているときは，この代理人は弁護人とみられる．

　ある者が被疑者に対する職務もしくは彼との経済的結合を有するかまたは有したことがあり，かつその事情が第7条第1項による弁護人の義務を遵守する能力に対する信頼の減弱に寄与するときは，その者は弁護人になることができない．＊外国の国民または王国外に住所を有する者は，王国の安全にかんがみ不適切であるときは弁護人になることができない．その他，弁護人については第12章第2条ないし第5条および第6条第2項が適用される．（法律1992：1511）

　　＊弁護人は被疑者に対して自由かつ独立の関係になければならない（7条1項参照）．3項1文は「弁護人の除斥・忌避（försvararjäv）」とよばれる．Fitger, s. 21:13.

第3条a　被疑者が逮捕または勾留された場合，彼が求めるときは公共弁護人が任命されなければならない．公共弁護人は，拘禁6月よりも軽い刑罰が定められていない犯罪の嫌疑を受けている者のためにも，申出に基づき任命されなければならない．＊

　公共弁護人はさらに以下各号の場合にも任命されなければならない—

1．犯罪に関する調査にかんがみ被疑者が弁護人を必要とするとき，
2．いかなる制裁を選択すべきかが疑わしく，かつ罰金もしくは条件付判決またはそれらの制裁の併科以外の制裁に処すべき理由が存することにかんがみ弁護人が必要とされるとき，または
3．その他，被告人の人的関係または事件の事情にかんがみ特段の理由が存するとき．

被疑者が自ら選任した弁護人によって補佐されるとき，この弁護人に併せて公共弁護人を任命することはできない．**（法律 1983:920）

    * 公共弁護人は被疑者の経済的状況にかかわりなく任命される．Fitger, s. 21:16.
    ** 私選弁護人を公共弁護人に任命することは原則として妨げられない．Fitger, s. 21:21.

第4条 公共弁護人は裁判所によって任命される；裁判所は事件を完結したとき，被疑者が上訴するかまたは上訴期間が経過するまで，上級の裁判所において彼を補佐する弁護人を任命することができる．

公共弁護人の任命の問題は，それに関する申出がなされたとき，またはそうでなくとも裁判所がその理由があると認めるときは取り上げなければならない．

第5条 公共弁護人にはそのために適切と認められる弁護士が任命されなければならない．特段の理由が存在するときは，裁判官職への資格のために定められた学識試験*に合格しているその他の適切な者をこのような弁護人に任命することができる．**なるべくその裁判所のもとで訴訟代理人として常時活動している者が用いられるべきである（bör）．

被疑者が公共弁護人としてそのための資格を有する者を提案した場合，彼の利用が著しい費用の増加を伴うか，***またはそうでなくともそれに反する特段の理由が存しないときは，その者を任命しなければならない．（法律 1972:

430)

　　＊ この試験とは法学士試験である．8章2条の＊を参照．
　　＊＊ つまり，まだ弁護士資格を有しない弁護士補などの法学士を任命できるということである．
　　＊＊＊ その事例について，ボールディング『民事・刑事訴訟実務と弁護士』79頁参照．

第6条　裁判所は，公共弁護人の必要が消滅したとき，またはその他取消しのための正当な理由が存在するときは，公共弁護人の任命を取り消すことができる．被疑者が自ら他の弁護人を選任したときは，著しい支障が生じなければ任命は取り消されなければならない．

　公共弁護人は裁判所の同意なしには他の者を自己の代わりに用いることができない．（法律 1983:920）

第7条　弁護人は熱意と配慮をもって被疑者の権利を擁護し，かつこの目的のために事案の正当な解明に努めなければならない．

　弁護人はできる限り速やかに，被疑者との協議を通じて弁護を準備すべきである．

第8条　弁護人は捜査および裁判所における事件の処理（behandling）の間，被疑者の権利を擁護するために必要な申出をし，および措置をとり，ならびに事件が上訴されるときは上級の裁判所において彼を補佐することができる．＊

　　＊ 代理権を有しない弁護人は，被害者と和解を締結することなどはできない．独立に上訴することもできない（もっとも裁判所は，弁護人の上訴を直ちに却下すべきでなく，彼に代理権授与の書面を提出する時間的余裕を与えるべきだとされる）．弁護人の地位については，基本的に民事事件における訴訟補佐人（12章22条）と同じとする見解と訴訟代理人と訴訟補佐人との中間とする見解とがある．Fitger, s.

21:35-36.

第9条 逮捕または勾留されている者の弁護人は，彼との面接を拒否されてはならない．弁護人は被逮捕者または被勾留者と秘密裏に話すことができる；ただし公共弁護人以外の者は，捜査指揮者もしくは検察官が同意したとき，*または裁判所が調査上もしくは拘束場所（förvaringsplatsen）の秩序もしくは安全のために支障なく行われうると認めるときにのみ限られる．**

公共弁護人および被疑者により選任され裁判所に届け出られた弁護人は，本口頭弁論またはその他の弁論のための裁判所の集会に呼び出されなければならない．

　　* 捜査指揮者または検察官が秘密裏の会話に同意しないときは，弁護人は裁判所の審査を求めることができる．Fitger, s. 21:36-37.
　　** 電話での会話については，被勾留者および被逮捕者等の処遇に関する法律（1976:371）12条に規定されている（適切な範囲で可能）．Fitger, s. 21:37.

第10条 公共弁護人は，その職務のために要した労働，時間の消費および支出に対する合理的な補償を公費から受ける権利を有する．労働のための補償は，職務の性質および範囲にかんがみ合理的な時間の消費を基本とし，かつ政府が定める時間制費用基準を適用して決定されなければならない．

時間補償は，なされた職務の有能性および配慮ならびにその他乖離を理由付ける有意義な事情が存するときは時間制費用基準から乖離することができる．

政府または政府が定める公的機関は，若干の場合における補償の決定にあたって適用されるべき料金表を作成し，かつ時間の消費の補償の算定に関する規定を与える．

公共弁護人は被疑者から補償を受けることを要求し，またはこれを受け取ってはならない．それがなされたとき，取決めは無効であり，公共弁護人は被疑者に彼または彼女〔自己〕が受け取ったものを返還しなければならない．（法律1996:1624）

第10条 a　補償に関する決定に対し上訴した公共弁護人は，特段の理由が存するときにのみ，上級審においてその請求を支持するための新たな事実を援用することができる．（法律 1988:214）

第11条　第1条により尋問される監護者は，証人について定めるところにより補償および前払を受ける権利を有する．補償は国から支払われなければならない．（法律 1971:240）

第12条　集会に出頭するよう呼び出された被疑者は，彼または彼女の経済的関係，出頭に関連して生じうる費用およびその他の事情にかんがみ合理的であるときは，公費から旅費および滞在費の補償を受けることができる．裁判所は補償の前払を承認することができる．
　補償は政府が定める規定により支払われる．（法律 1996:1624）

第22章　犯罪を理由とする私的請求について*

　*刑事責任の問題と私的請求の問題とが一緒に取り扱われることを通じて，しばしば著しい訴訟経済的利益が得られる．また，一緒の取扱いは民事・刑事判決が矛盾する危険を減少させることができる．Fitger, s. 22:3.

第1条　犯罪を理由とする被疑者またはその他の者*に対する私的請求の訴え**は，犯罪の訴追に関連して行うことができる．請求が訴追に関連して取り上げられないときは，訴えは民事事件について定める手続により行われなければならない．

　　*私的請求は例えば被告人の使用者や保険会社に対してもすることができる．Fitger, s. 22:6.
　　**私的請求はほとんどの場合損害賠償請求であろうが，それに限られず犯罪によ

り奪われた物の返還請求，さらに確認の訴えもできる．Fitger, s. 22:5.

第2条 私的請求が公訴のもとに属する犯罪に基づくものである場合，重大な支障*なしにそれを行うことができ，かつ彼の請求が明らかに不当でないときは，検察官は被害者の求めにより，訴追に関連して被害者の訴えについても準備し，追行する義務を負う．被害者が請求が訴追に関連して取り上げられることを欲するときは，彼は捜査指揮者または検察官に請求について通知し，かつ請求を支持する事実に関する情報を供与しなければならない．

捜査指揮者または検察官は犯罪に関する調査の際，私的請求が犯罪に基づき支持されうると認めるときは，可能であれば訴追前の余裕ある時期にこの旨を被害者に通知しなければならない．

第1項および第2項は請求が他の者によって承継されたときにも適用されなければならない．（法律1988:6）

* 重大な支障（väsentlig olägenhet）については，たんに損害賠償が巨額であることは無関係であること，人身損害の場合には往々後日にいたって損害の十分な判断が可能になりうるので，物損の場合よりもこれに該当するケースが多いことなどが指摘されている．Fitger, s. 22:15. なお，『民事・刑事訴訟実務と弁護士』84頁参照．

第3条 犯罪を理由とする私的請求に関する訴えが裁判所において独立の事件として追行されるとき，裁判所は適切と認めるときは，事件が訴追に関連して処理されるべき旨命ずることができる．*

* 本条は，民事訴訟として提起された事件を刑事事件に併合することを認める．被害者は私的請求を別個に提起する無条件の権利を有するといえるが，他方，被告人には併合によって民事・刑事の二重訴訟の煩を避けられるという利益も肯定されるからである．もっとも裁判所は，当事者の意向に十分な配慮を払うべきである．理由書によれば，例えば併合によって責任問題の審理が長引くような場合には併合すべきでない．Fitger, s. 22:18.

第4条 被害者が事件を追行する〔相手方である〕被告人もしくはその他の者または第三者において，訴追との共同取扱いのために第14章第5条に係る訴えを提起する権利については上述の法文に定めるところが準用される．*

> *例えば，被告人が保険会社に対し，被害者に支払う損害賠償金について保険契約に基づく保険金支払請求権を有する場合，逆に私的請求の訴えを受けた保険会社が被告人に対し求償請求の訴えをする場合など．本条の訴えは常に召喚状によって提起されなければならない（14章5条参照）．Fitger, s. 22:19.

第5条 私的請求に関する事件が訴追に関連して処理に取り上げられた場合，共同の取扱いの続行が重大な支障を伴うであろうときは，裁判所は事件が民事事件に関する定めにより別個の事件として取り扱われるべき旨命ずることができる．*（法律1988:6）

> *被害者にとって，事件の分離はしばしば権利の実現が無益になるであろうことを意味するので（被告人の無資力，執行困難などから），分離がなされると私的請求は取り下げられるのが通例といわれる．Fitger, s. 22:20.

第6条 訴追が取り下げられもしくは却下され，または被害者が犯罪について訴追を行う権利を失った旨宣言された場合，当事者が申し立てるときは，裁判所は私的請求に関する事件が別個の事件として民事訴訟のために定める手続において取り扱われる旨命ずることができる．このような申立てがなされないときは，訴えは消滅したものとみられなければならない．*

ただし，相手方当事者が〔本案の〕答弁に入った後当事者が私的請求に関する訴えを取り下げた場合，相手方が申し立てるときは，訴えは審査されなければならない．

このような申立てがなされないときは，訴えは消滅したものとみられなければならない．

　　　　　　　　　　　　　　　　　　　第 23 章　捜査について

　　　＊ したがって事件は除去される．Fitger, s. 22:21.

第 7 条　犯罪を理由とする私的請求の訴えが訴追に関連してなされ，かつ訴追された行為が可罰的でないと認められるとき，それにもかかわらず訴えを審査することができる．＊（法律 1969:588）

　　　＊ 例えば判例によれば，詐欺罪について無罪の判決を受けた被告人が，それにもかかわらず起訴された詐欺罪の被害金額を被害者に支払うべき民事上の責任を負うとされている．Fitger, s. 22:22.

第 8 条　第 20 章第 10 条に係る公訴のもとに属する犯罪に基づく私的請求に関する訴えは，犯罪の訴追が行われるか，またはこのような犯罪の訴追を決定する権限を有する者によって補佐されなければ，提起することができない．＊（法律 1981:1312）

　　　＊ 本条は私的請求が民事訴訟手続においてなされる場合にも適用される．Fitger, s. 22:23.

第 23 章　捜査について

第 1 条　捜査は，告訴またはその他の理由に基づき，公訴のもとに属する犯罪が行われたと考えられる事由が存する（finns anledning att anta）ときは，速やかに開始されなければならない．
　ただし，犯罪について調査を行うのが可能でないことが明らかなときは，捜査を開始することを要しない．他の若干の場合に捜査を開始する必要がないことは第 4 条 a および第 22 条に定められる．
　犯罪が公訴のもとに属するために告訴が要求される場合，告訴を待つことが危険を意味するときは，告訴なしに捜査を開始することができる．このような

場合は，被害者にその旨を速やかに通知しなければならない．彼がその際に訴追のための告訴をしないときは，捜査は中止されなければならない．（法律1994:1412）

第2条　捜査の間に，誰が犯罪について合理的に疑われうるか，および彼に対する訴追のための十分な理由が存するかが調査され，かつ証拠調べが本口頭弁論の際一連のものとして（i ett sammanhang）実施できるように事件の準備がなされなければならない．

第3条　捜査を開始する決定は警察機関または検察官によってなされなければならない．捜査が警察機関によって開始され，かつ事案が簡易な性質のものでないときは，ある者が犯罪のために合理的に疑われるや否や，その犯罪に関する捜査の指揮は検察官によって引き継がれなければならない．検察官はその他の場合においても特段の理由が要求する時は指揮を引き継がなければならない．

　捜査が検察官によって指揮されるとき，彼は捜査の実施にあたって警察機関の援助を得ることができる．彼はまた，措置の性質にかんがみ適切であるときは，警察官に対し捜査に属する若干の措置の執行を委ねることができる．

　捜査が開始される前に，警察官は尋問を行い，かつ調査上有意義なその他の調査措置をとることができる．（法律1994:1412）

第4条　捜査にあたっては，被疑者に不利益な事実のみならず，彼に利益な事実も顧慮し，かつ彼に有利な証拠を保全しなければならない．捜査は何人も不必要に嫌疑を受けまたは出費もしくは支障を蒙ることがないように遂行されるべきである．*

　捜査は諸般の事情が許す限度で迅速に遂行されなければならない．捜査を遂行する理由が存在しなくなったときは，捜査は中止されなければならない．

＊本項は捜査における客観性原則（objektivitetsprincipen）の要請を規定したものである．Fitger, s. 23:21.

第4条a　捜査は以下各号の場合にも中止される—
　1．調査の続行が事案の重要性と合理的な関係に立たないほどの費用を要求し，かつ加えて犯罪が裁判の結果（i händelse av lagföring）罰金よりも重い制裁に導かないであろうと考えられうるとき，または
　2．犯罪に関する訴追が，第20章における訴追猶予または特別の訴追審査に関する規定の結果行われないであろうと考えられ，かつ捜査の中止によって重大な公益または私益が看過されることがないとき．
　第1項による捜査を中止するための要件がすでに捜査の開始前に存在するときは，捜査は開始されない旨決定することができる．
　本条による決定は検察官によってなされる．（法律 1985:13）

第5条　被疑者のために第21章第3条aにより公共弁護人が任命されるべきときは，捜査指揮者はその旨を裁判所に通知する義務を負う．捜査指揮者はまた裁判所に，被害者が被害者補佐人を得ることを求めるとき，またはそうでなくともこのような補佐人を任命すべき理由があるときは，その旨を通知しなければならない．（法律 1988:610）

第6条　捜査においては調査上有意義な情報を与えうると考えられる何人に対しても尋問を行うことができる．

第6条a　捜査中に尋問されるべき者は，個別的場合における事情にかんがみ適切なときは，尋問の際に出頭するよう過料の制裁付きで呼び出すことができる．尋問が電話によって行えるとき，または尋問が行われるべき場所と被呼出人の住居もしくは継続的に滞在する場所との道路距離が10マイル〔100キロメートル〕を超え，かつ尋問を行うことが調査上著しく重要ではないときは，

過料を命ずることはできない．

　第1項による過料付きの命令は捜査指揮者または尋問を指揮する警察官によって発せられる．

　過料の制裁付きで呼び出された者が出頭しないときは，事後の日における尋問の呼出しに関連して新たな過料を命ずることができる．（法律2002:440）

第6条b　第6条aの支持をもって命じられた過料の賦課の問題は検察官によって審査される．

　過料の支払を義務付けられた者は，彼または彼女がその決定を告知された日から3週間内にこれに関する裁判所の審査を求めることができる．このような審査の申出は検察官のもとになされ，検察官はこれに自己の意見を付して裁判所にその案件を送付しなければならない．

　上述の期間内に裁判所の審査の申出がなされなかったときは，検察官の決定は強制執行法により執行することができる．（法律2002:440）

第7条　正当な理由なく尋問のために出頭すべき旨の呼出しに応ずることを怠る者は，尋問が行われるべき場所と彼または彼女の住居または呼出状の受領の際滞在する場所との間の道路距離が10マイル内であるときは，尋問のために勾引することができる．

　尋問が行われるべき場所から10マイルの道路距離内に滞在する者は，捜査に係る犯罪が拘禁を伴いうるもので，かつ彼もしくは彼女が呼出しに応じないこと，または彼もしくは彼女が呼出しを起因として証拠の隠滅もしくはその他の仕方で調査を困難ならしめることが合理的に危惧されるときは，呼出しの先行なしに勾引することができる．

　尋問を行うことが調査上著しく重要であるときは，第1項または第2項による勾引は道路距離にかかわらず実施することができる．

　証人またはその他犯罪の嫌疑なしに尋問される者の尋問のための勾引は，このような措置のための特に重要な理由が存在する時にのみ行うべきである．

尋問される者が逮捕または勾留されているときは，彼または彼女を尋問のために定められた場所に出頭させなければならない．（法律 2002:440）

第 8 条 犯罪が行われた現場にいる者は，警察官の指示（tillsägelse）に基づきその直後になされる尋問のために同行する義務を負う．彼が正当な理由なくそれを拒否するときは，警察官は彼を尋問のために連行することができる．

第 1 項に述べるところは，犯罪が拘禁 4 年よりも軽い刑罰が規定されているものでないときは，犯罪が行われて間もない現場に近接する区域内*にいる者にも適用される．これはまたこのような犯罪が未遂の場合にも適用される．

第 1 項および第 2 項の規定は捜査が開始される前においても適用される．（法律 1994:1412）

* 犯行現場との近接区域は，都心と人口稀薄な田舎では異なる．Fitger, s. 23:40 a.

第 9 条 逮捕または勾留されていない者は 6 時間よりも長く尋問のために留まる義務を負わない．犯罪のために疑われうる者について尋問を続行することが著しく重要であるときは，彼はさらに 6 時間留まる義務を負う．

15 歳未満の者は 3 時間よりも長く尋問のために留まる義務を負わない．調査上著しく重要であるときは，被尋問者はさらに 3 時間留まる義務を負う．

尋問が終了しまたは被尋問者が留まる義務を負う時間が経過した後は，彼は直ちに立ち去ることができる．顕著な理由がなければ，彼はその後 12 時間よりも早く新たな尋問のために出頭することを要求されない．

犯罪のために疑われうる者は，介入，秩序または安全の目的にかんがみ止むを得ないときは，彼が留まる義務を負う時間内は拘束することができる．（法律 1998:24）

第 10 条 捜査指揮者は，第 2 項ないし第 6 項による制限をもって，誰が尋問の際に同席できるかについて定める．

尋問の際は可能な限り，捜査指揮者が求めた信頼性のある証人が同席しなければならない．*

尋問される者**の補佐人は，調査上支障なく行うことができ，かつ補佐人が第21章第3条第3項において弁護人に向けられる要件を満たすときは，尋問の際同席する権利を有する．

被疑者および彼または彼女の弁護人は，第18条第2項による被疑者の求めに基づく尋問が行われる際同席する権利を有する．弁護人は，その他の尋問の際それが調査上支障なく行えるならば同席することができる．***

被害者補佐人は被害者の尋問の際同席する権利を有する．付添人についても彼または彼女の同席が調査上支障がないならば同様である．

被尋問者が15歳未満である場合，調査上支障なく行えるならば，尋問の際に彼の監護者が同席すべきである．

捜査指揮者は尋問の際に現れた事項を洩らしてはならない旨命ずることができる．（法律2008:67）****

   * 証人としては第一に，市民証人に関する法律（1981:324）による市民証人が依頼されなければならない．Fitger, s. 23: 44. 拙著『法の支配と司法制度改革』（2002, 商事法務）164–165頁に同法の訳文がある．
   ** 被疑者に限られない．証人（参考人）や被害者を含む．Fitger, s. 23:44.
   *** 国会オンブズマンによれば，被疑者の尋問の際に弁護人の同席を拒む可能性は極度に制限されるべきである．Fitger, s. 23:45.
   **** Fitger, s. 23:43, https://lagen. nu.

第11条　被疑者または彼の弁護人が尋問に同席するときは，捜査指揮者の定める手順において被尋問者に発問することができる．このことは被害者に対する尋問の際の被害者補佐人についても同様である．その他の者が尋問に同席するときは，この者は尋問の際捜査指揮者の許可なく被尋問者と話してはならない．（法律1988:610）

第23章　捜査について　*123*

第12条　尋問の間，自白またはある方向への供述を獲得する目的で，意図的に不正確な情報を与え，特別の利益に関して約束をしもしくは示唆すること，脅迫，強制，著しく疲労させること，またはその他の不当な措置を用いてはならない．被尋問者は通常の食事の摂取または必要な休息を奪われてはならない．*

> * 尋問時間の制限に関する特別の定めはないが，9条の時間内でも中断なしに尋問できるわけではない．国会オンブズマンに批判されたものとして，被疑者が15時に引致され，17時から23時20分まで中断なしに，かつ食事をする機会を与えられずに尋問されたケース，および被疑者が20時30分から午前1時まで中断なしに尋問されたケースがある．Fitger, s. 23:49.

第13条　ある者が尋問の際調査上重要な事項について供述することを拒否し，かつ訴追が提起された場合には彼が事件においてそれについて証言する義務を負うとき，またはそうでなくとも事件について証言する義務を負う者がすでに捜査段階において証人として尋問されることが調査上著しく重要であるときは，捜査指揮者の求めに基づき，裁判所の前で彼に対する証人尋問を行うことができる．

　第1項に係る尋問は，ある者が犯罪について合理的に疑われうる段階まで捜査が進展する前には行うことができない．尋問については本口頭弁論外の証拠調べについて定めるところの適用できる部分が適用される．被疑者は尋問に同席する機会を与えられなければならない．

　彼の出頭に対する補償は，政府が定める規定により公費から支払われる．
（法律 1996:1624）

第14条　捜査指揮者は鑑定人から意見を入手することができる．公的機関以外の者から意見を入手する前，それに反する特段の理由が存しないときは，被疑者または彼の弁護人は，鑑定人の選択について意見を述べる機会を与えられなければならない．

鑑定人がすでに捜査中に裁判所によって任命されるべきときは，捜査指揮者は裁判所にこれに関する申出を行うことができる．彼はまた裁判所に，文書証拠の提出もしくは見分する物の用意がなされるべき旨または証拠として有意義と考えられる公文書が捜査の際に提出されるべき旨の命令を求めることができる．（法律 1990:443）

第15条　本口頭弁論の際援用されるべき証拠がその前に失われるかまたはその援用が困難になる危険があるときは，捜査指揮者または被疑者の申立てに基づき，裁判所は直ちにその証拠調べを行うことができる．この証拠については本口頭弁論で取り調べられる証拠について定めるところの適用できる部分が適用される．証拠の取調べおよび被疑者の裁判所への出頭の費用は，公費から支払われなければならない．被疑者の出頭の費用は政府が定める規定により支払われる．（法律 1996:1624）

第16条　捜査中における強制手段の使用については第24章ないし第28章に定めるところが適用される．

第17条　捜査中に捜査指揮者の執務区域外の場所における尋問またはその他の措置が必要とされるときは，彼は措置をとるべき場所における警察機関の援助を得ることができる．

第18条　捜査が犯罪についてある者が合理的に疑われる段階にまで至り彼が尋問されるときは，彼はその嫌疑について通知されなければならない．*被疑者および彼の弁護人は，捜査の際生起した事項について調査上支障がない限り継続的に知る権利を有する．彼らはさらに，彼らが望ましいと考える調査について申し述べ，およびその他彼らが必要と考えるところを主張することができる．これらの事項に関する教示は，被疑者および彼の弁護人がそれを準備するために合理的な時間的余裕を置いて与えられるかまたは送付されなければなら

ない．これがなされる前に訴追を決定してはならない．**

　被疑者または彼の弁護人の申出に基づく尋問またはその他の調査は，それが捜査上有意義であると考えられるときは行われなければならない．このような申出が排斥（拒否？）されるときは，その理由を示さなければならない．

　検察官は訴追の問題について決定する前に，それが訴追決定またはその他事案の事後の取扱いのために利益になると考えられるときは，***被疑者または弁護人と特別の集会をもつことができる．（法律1987:747）

　　* この通知以降は，彼は当事者として取り扱われるといわれる．なお，この場合の証明度についてエーケレーヴは「一応の蓋然性（antagligt）」とほぼ同程度だとする．Fitger, s. 23:62–63, Ekelöf V, 6 uppl. (1994) s. 100.
　　** もっとも，時効完成のおそれがあるときは，本項の規定にかかわらず訴追を決定することができる．Fitger, s. 23:66 b.
　　*** 例えば不必要な証拠調べを避けるため．Fitger, s. 23:67.

第19条　捜査指揮者が，第18条第2項に係る申出を認容せずに彼の必要と考える調査を終了したとき，または被疑者が調査にその他の欠陥があると考えるときは，彼〔被疑者〕は裁判所にその旨を届け出ることができる．*

　裁判所はできる限り速やかにこの届出について審査を行わなければならない．そのための理由が存するときは，裁判所は被疑者もしくはその他の者を尋問し，または必要とされるその他の措置をとることができる．被疑者の裁判所への出頭の補償は政府が定める規定により支払われる．（法律1996:1624）

　　* 弁護人からもこの届出ができることは自明とされる．Fitger, s. 23:69.

第20条　捜査が終結したときは，訴追が提起されるべきか否かに関する決定がなされなければならない．（法律1957:38）

第21条　捜査にあたっては，調査上生起した有意義な事項について調書が作

成されなければならない．

　被疑者またはその他の者の供述が録取＊された後，被尋問者は，朗読またはその他の仕方で録取を検討する機会を与えられなければならない．彼はまた内容に異議があるか否かについて尋ねられなければならない．録取および検討は尋問が終了する前，または尋問が特に包括的であるもしくは複雑な事実関係を取り扱うものであるときは，その終了後できる限り速やかに行わなければならない．変更を伴わない異議は記載されなければならない．検討の後に録取を変更することはできない．供述が検討の後に初めて調書に記載されたときは，当初の録取は一件記録に添付されなければならない．

　軽微な事件においては調書の代わりに，捜査上生起した重要な事項に関する要約書（kortfattade anteckningar）を作成することができる．

　訴追が決定されるや否や，被疑者または彼の弁護人はその申出に基づき調書または捜査上の要約書の謄本を求める権利を有する．＊公共弁護人が被疑者のために任命されたときは，特別の申出なしに謄本を弁護人に交付または送付しなければならない．（法律1999:72）

　　＊ 現在では録音または録音・録画が一般的である．完全な供述全部の録音等については，被尋問者の側からのコントロールは必要でないと解されている．Fitger, s. 23: 74 – 74 b.

第22条　本章による捜査の実施は，訴追のための十分な理由が存在し，かつ罰金以外の制裁に導くとは考えることができない犯罪，または第45章第2条第1項もしくは第2項に係る犯罪については要求されない．これらの場合における押収は，第27章に定めるところにより行うことができる．

　検察官が提起した訴追を拡大しようとするときは，本章による捜査を行うことなくすることができる．（法律2004:504）

第23条　訴追が提起された後により以上の調査が必要と認められるときは，

それについて本章に定めるところの適用できる部分が適用される．

第24条　捜査指揮者の活動，第18条第1項第4文による教示ならびに調書および捜査上の要約書に関する細則は政府が定める．*（法律 1987:747）

　* 捜査令（förundersökningskungörelse）（1947:948）がある．この法令は法書＝六法全書（lagboken）の本条の箇所に掲載されている．

第24章　勾留および逮捕について

（本章は法律 1987:1211 により新たな条文の文言となった．）

第1条　拘禁1年またはそれを超える制裁が規定されている犯罪のために疑うべき相当な蓋然性のある理由*が存在する者は，犯罪の性質，被疑者の行状・環境（förhållande）またはその他の事情にかんがみ，以下各号の危険が存するときは勾留することができる――
　1．逃亡またはその他の仕方で法的手続（lagföring）または刑罰を免れること，
　2．罪証の隠滅またはその他の仕方で事案の調査を困難ならしめること，または
　3．犯罪的活動を継続すること．
　拘禁2年よりも軽い刑罰が規定されていない犯罪については，勾留の理由が欠けていることが明白でないときは勾留が行われなければならない．
　勾留はこの措置のための理由が，被疑者にとって措置が意味する侵害もしくはその他の不利益または他の対立する利益を超えるときにのみ行うことができる．**
　被疑者が罰金にのみ処せられると考えられるときは，勾留をしてはならない．***（法律 1989:650）

＊　この理由は「合理的な嫌疑（skälig misstanke）」よりも高い証明度を意味し，訴追にあたって必要とされる「十分な理由」（tillräcklig skäl）よりも低い．Fitger, s. 24: 7.
　＊＊　勾留の決定にあたっては比例原則（proportionalitetsprincipen）が適用される．Fitger, s. 24: 15.
　＊＊＊　本項も比例原則の表現といえる．Fitger, s. 24: 16. ちなみに，本項はわが国でも立法・法解釈上すこぶる参考に値すると考える．（例えば最近，反戦ビラ配布行為によって住居侵入罪で罰金刑の判決が確定したケースの被告人らは，実に 75 日間の未決勾留を受けている──最高裁 2008 年 4 月 11 日第 2 小法廷判決．）

第 2 条　犯罪のために疑うべき相当な蓋然性のある理由が存在する者は，以下各号の場合には犯罪の性質にかかわりなく勾留することができる，＊──
　1．彼が未知の者であり，かつ氏名および住所を開示するのを拒否し，またはこれに関する彼の情報が真実でないと考えられうるとき，または
　2．彼が王国内に住所を有さず，かつ彼が王国から離れることによって法的手続または刑罰を免れる危険が存するとき．＊＊

　＊　比例原則は本条の場合にも適用されると解される．そこで，2 号の場合には勾留に代えて，科されるであろう罰金のための担保の供与，旅行禁止その他の選択肢が考えられる．Fitger, s. 24:18.
　＊＊　船員その他の密輸犯罪や外国人旅行者の交通犯罪の場合などが想定されている．Fitger, s.24:17.

第 3 条　犯罪のために合理的に疑われるのみの者も，以下各号の場合には第 19 条による制限をもって勾留することができる＊──
　1．第 1 条第 1 項，第 3 項および第 4 項または第 2 条に述べるところの勾留のためのその余の要件が充足されており，かつ
　2．犯罪に関するそれ以上の調査を行うために彼を拘束することが著しく重要であるとき．（法律 1989:650）

＊　本条はいわゆる調査勾留（utredningshäktning）に関する．この場合の嫌疑の証明度は通常の勾留のそれよりも低い．Fitger, s. 24:19. 1 条の＊も参照．

第 4 条　被疑者の年齢，健康状態またはその他同様の事情＊に基づき，勾留が被疑者にとって重大な不利益を伴う危険がありうる場合，勾留は保全的監視（betryggande övervakning）を実施することができないことが明白なときにのみ行いうる．勾留が子にとって重大な不利益を伴う危険がありうる出産後間もない婦女についても同様である．被疑者が監視に服しようとしないときは，勾留しなければならない．

　18 歳未満の者の勾留に関するそれ以上の制限については特別の定めが存する．＊＊

　勾留の代わりに旅行禁止および届出義務が用いられることについては第 25 章に規定される．

　　＊　その他同様の事情としては，例えば重大な身体障害が挙げられている．Fitger, s. 24:22.
　　＊＊　年少の法違反者についての特則に関する法律（1964:167）23 条．Fitger, s. 24:23.

第 5 条　ある者を勾留する決定は裁判所が発する．勾留決定には嫌疑に係る犯罪および勾留の事由を示さなければならない．

　勾留の取消しについては第 20 条に規定が存する．

第 5 条 a　裁判所はある者の勾留を決定し，ある者が拘置所に留まるべきことを命じ，または訴追提起の期間の延長を認めるときは，同時に検察官の申出に基づき被拘置者の外界との接触を制限すべきか否かについて審査しなければならない．このような制限の許可は，被疑者が証拠を隠滅しまたはその他の仕方で事案の調査を困難ならしめる危険が存するときにのみ与えられる．

　事後に生じた理由に基づき必要な場合は，たとい裁判所が制限の許可を与え

ていないときでも，検察官は被拘置者と外界との接触の制限を意味する決定を発することができる．検察官がこのような決定を発したときは，彼はその日または遅くともその翌日に第1項による裁判所の審査を求めなければならない．このような申出が裁判所に到達した時は，裁判所はできる限り速やかに，かつ遅くとも1週間内にその問題に関する弁論を行わなければならない．裁判所におけるこの取扱いの際は勾留弁論について定めるところが適用される．

制限の許可は，裁判所が，ある者が拘置所に留まるべきことまたは訴追提起の期間の延長を認めることに関連して許可の存続を認めないときは消滅する．（法律 1998:601）

第6条 ある者を勾留すべき理由が存するときは，勾留問題に関する裁判所の審査を行うために彼を逮捕することができる．

勾留のための十分な理由は存しないが，しかし被疑者が犯罪について合理的に疑われる場合，それ以上の調査を行うまで留置する（tas i förvar）ことが著しく重要であるときは，彼を逮捕することができる．

逮捕の決定は検察官が発する．*逮捕決定には嫌疑に係る犯罪および逮捕の事由を示さなければならない．

> *私はかつてこの逮捕（anhållande）を「検察官勾留」と訳し，次条の警察官等による拘束である gripande を「逮捕」と訳した．また検察官勾留と区別するために，裁判所の勾留である häktning には「公判勾留」の訳語をあてた．ボールディング『民事・刑事訴訟実務と弁護士』151頁訳注（5）参照．あるいはこれらの訳語のほうが適切かとも思わないではないが，anhållande の公的英訳が arrest なので（gripande のそれは apprehension），現在では訳語を改めている．『スウェーデン法律用語辞典』の anhållande の項では念のために上記二つの訳語を併記し，逮捕を先に挙げた．

第7条 ある者を逮捕すべき理由が存する場合，警察官は緊急を要するときは逮捕決定なしにも彼を拘束（gripa）することができる．*

拘禁を伴いうる犯罪を行った者に犯行現場で，または彼がそこから逃走中に

出会ったときは，何人でも彼を拘束することができる．また何人も犯罪のために探索・手配（efterlysa）されている者を拘束することができる．被拘束者は速やかに最寄りの警察官に引き渡されなければならない．

　　＊この拘束はわが国における緊急逮捕（刑訴 210 条）に相当するとみてよいと思われる（2 項の拘束が現行犯逮捕（同法 212 条）に相当することは文理上からも分かる）．拘束された者は 9 条の事由のほか捜査令により弁護人選任権についても告知される．Fitger, s. 24:31–32.

第 8 条　ある者を逮捕する決定が彼の不在の場で発せられたときは，決定が執行されるや否や彼は警察官または検察官によって尋問されなければならない．検察官が自由剝奪についてすでに通知されているのでなければ，速やかに彼に対しその旨の届出がなされなければならない．検察官は尋問の後直ちに被疑者が引き続き逮捕されるべきか否かについて決定しなければならない．

　ある者が第 7 条により拘束されたときは，彼はできる限り速やかに警察官または検察官によって尋問されなければならない．検察官が自由剝奪についてすでに通知されているのでなければ，速やかに彼に対しその旨の届出がなされなければならない．検察官は尋問の後直ちに被疑者が逮捕されるべきか否かについて決定しなければならない．＊被疑者が逮捕されないときは，拘束に関する決定は直ちに取り消されなければならない．

　検察官が自由剝奪について通知される前に，自由剝奪を継続すべき理由が存しないことが明らかなときは，拘束の決定は警察機関において取り消すことができる．拘束に近接する場合には，同一の要件のもとにその決定をした警察官も取り消すことができる．

　犯罪について疑われる者が逃亡し，かつ彼を逮捕すべき理由が存するときは，検察官は彼を探索・手配することができる．（法律 1998:24）

　　＊この決定は 23 章 9 条の時間内すなわち 12 時間内に行われなければならない，と

いうのが国会オンブズマンの意見である．Fitger, s. 24: 36 h.

第9条 ある者が拘束もしくは逮捕されまたは第8条第1項による逮捕決定が執行されるとき，被自由剥奪者は彼または彼女が疑われている犯罪および自由剥奪の事由について告知されなければならない．（法律2008:67)＊

＊ Fitger, s. 24:38 a, https://lagen. nu.

第10条 逮捕決定の理由が存しなくなったときは，検察官は直ちにこの決定を取り消さなければならない．

第11条 逮捕決定が取り消されないときは，検察官は第12条に述べる期間内に書面または口頭で裁判所に対し被疑者の勾留に関する申立て（framställning）をしなければならない．

　この申立てにおいては，嫌疑に係る犯罪，勾留の申立ての事由および自由剥奪の時点を示さなければならない．

　被逮捕者および彼の弁護人は，可能であれば検察官の配慮によって勾留の申立てについて直ちに通知されなければならない．

第12条 勾留の申立ては遅滞なく，かつ遅くとも逮捕決定後の3日目の12時までになされなければならない．

　逮捕決定が被疑者の不在の場で発せられたときは，第1項の適用にあたって決定が執行された日が決定の日とみられる．

　所定の期間内に勾留の申立てがなされないときは，検察官は逮捕決定を直ちに取り消さなければならない．（法律1995:1310）

第13条 勾留の申立てがなされたときは，裁判所は遅滞なく勾留問題に関する弁論を行わなければならない．

第 24 章　勾留および逮捕について

勾留弁論は，被疑者が拘束された日または逮捕決定が執行された後4日よりも遅くには決して行うことができない．（法律 1995:1310）

第 14 条　勾留弁論の際は，勾留を申し立てる者および著しい支障がないときは被逮捕者が同席しなければならない．*

勾留を申し立てる者は，その申立てを基礎付ける事実を示さなければならない．第5条aによる制限の許可の申出についても同様である．被逮捕者および彼の弁護人は意見を述べる機会を有しなければならない．特段の理由がなければ，捜査書類が包含するものおよびその他当事者が述べるところ以外の犯罪に関する調査資料を提出することはできない．（法律 1998:601）

　　* 必要であれば，被害者もこの弁論に呼び出すことができる．Fitger, s 24:47.

第 15 条　勾留尋問は，可能であれば勾留問題が判断できるまで中断なしに継続しなければならない．

延期はそのための顕著な理由が存するときにのみ行うことができる．延期は被疑者がそれを求めないときは，4日よりも長くなってはならない．

弁論が延期されるときは，裁判所が異なる定めをしなければ逮捕が存続する．

第 16 条　勾留弁論が終結した後，裁判所は直ちに勾留問題に関する決定を与えなければならない．

裁判所に同席しない被逮捕者の勾留が決定されたときは，第17条第3項および第4項が適用される．

勾留が決定されないときは，裁判所は直ちに逮捕決定を取り消さなければならない．

第 17 条　逮捕されていない者を勾留することに関する問題は，検察官の申立

てに基づき取り上げることができる．訴追後には裁判所は被害者の申立てに基づきまたは職権でこの問題を取り上げることもできる．

　第1項による勾留の問題が提起されたとき，裁判所の前の勾留弁論はできる限り速やかに行われなければならない．このような弁論については，第14条ないし第16条に定めるところの適用できる部分が適用される．ただし，被疑者が弁論に呼出しを受けているとき，または彼が逃亡その他の仕方で身を隠すと考えるべき理由が存するときは，彼の不出頭は弁論のための障害を構成しない．被害者が呼出しを受けているにもかかわらず不出頭のときは，それでも勾留問題を判断することができる．

　裁判所が，裁判所に同席しない者の勾留に関する問題について決定したときは，決定が執行されるか，または同席のための障害が消滅するや否やこれに関する通知が裁判所にもたらされなければならない．*

　第3項による通知がなされた時は，裁判所は遅滞なく勾留問題に関する弁論を行わなければならない．勾留弁論は勾留決定が執行されまたは被疑者の裁判所における同席への障害が消滅した後4日よりも遅くには決して行うことができない．（法律 1995:1310）

　　　* この通知は検察官によってなされる（捜査令（1947:948）29条）．Fitger, s. 24:54.

第18条　裁判所は勾留について決定する場合，訴追がまだ提起されていないときは，訴追が提起されるべき期間を指定しなければならない．この期間はやむを得ず必要とされるものよりも長く定めてはならない．*

　定められた期間が不十分である場合，期間の経過前に期間延長が求められたときは，裁判所はこれを認めることができる．被疑者または彼の弁護人は可能であれば意見を述べる機会を与えられなければならない．

　訴追が2週間内に提起されないときは，裁判所は，被疑者が勾留されている限りかつ訴追が提起されるまで最長2週間の間隔で勾留問題について新たな弁論を行い，その際とりわけ捜査ができる限り迅速に行われるよう監視（se till）

しなければならない．**調査にかんがみまたはその他の理由により上述の期間内における弁論が無意義であることが明らかなときは，裁判所はより長い間隔を定めることができる．

　裁判所が第3条による勾留または裁判所に同席しない者の勾留について決定するときは，訴追提起の期間を定めることを要しない．

> * 理由書によればこの期間は通常1–2週間と解されており，実務上裁判所が2週間を超える期間を認めることは稀である．Fitger, s. 24:55–56.
> ** この再弁論は往々「勾留コントロール弁論」とよばれる．Fitger, s. 24:56 a.

第19条　裁判所に同席する者が第3条の支持をもって勾留されたときは，検察官は被疑者が犯罪を犯したことについて相当な蓋然性のある理由が存すると考えるや否や，その旨を裁判所に通知しなければならない．裁判所はこのような通知の後遅滞なく勾留問題に関する新たな弁論を行わなければならない．弁論は通知にかかわりなく勾留決定の日から1週間内に必ず行わなければならない．*

　弁論が行われる時点において被疑者が罪を犯したことについて相当な蓋然性のある理由が存在しないか，またはその他もはや勾留の理由が存しないときは，勾留に関する決定は直ちに取り消されなければならない．（法律1995:1310）

> * この弁論は，3条によるいわゆる調査勾留に関する決定の再審査のためのものである．言い換えればこの勾留は，原則として最長1週間のみ行われる．Fitger, s. 24:57.

第20条　裁判所は以下各号の場合には直ちに勾留決定を取り消さなければならない，―
　1．第18条に係る期間内に訴追が提起されなかったか，もしくは期間の延

長が求められなかったとき，または

2．もはや決定のための理由が存しないとき．

訴追が提起される前は，勾留決定は検察官によっても取り消されうる．裁判所はこの措置について速やかに通知を受けなければならない．

第21条　被疑者が犯罪について有罪判決を受け，*かつ彼が勾留されているときは，裁判所は本章に述べる勾留の根拠規定により，判決が確定力を取得するまで彼を引き続き勾留すべきか否かについて審査しなければならない．被疑者が勾留されていないときは，裁判所は勾留すべき旨命ずることができる．制限の許可については第5条aの規定が適用される．

第1項の適用にあたって，被疑者が刑罰を免れる危険が存する場合の勾留に関する本章の規定は，被疑者が国外追放を免れる危険が存する場合にも妥当する．裁判所が国外追放を決定したときは，犯罪の法定刑が拘禁1年またはそれを超えるものでないにもかかわらず，勾留に関する命令をすることができる．**

ただし勾留に関する命令は，有罪判決を受けた者がその事件における自由剝奪の制裁として服役している期間については妥当しない．（法律1998:601）

> ＊ 無罪判決を受けたときにはこの問題は生じない．また国会オンブズマンの意見によれば，無罪判決をすべき場合は，すでにその判決前に速やかに釈放を決定すべきである．Fitger, s. 24:61.
> ＊＊ 理由書によれば本項1文は，被告人が国外追放と結合した条件付判決または保護観察を受けた場合，短期の拘禁刑とともに国外追放を命じられた場合に意味がある．Fitger, s. 24:63.

第21条a　ある者が第7条第1項により拘束され，第7条第2項により警察官に引き渡されかつ釈放されず，第17条により逮捕もしくは勾留されることによって自由を剝奪された時は，被自由剝奪者の直近の親族またはその他被自由剝奪者と特別に親しい者の誰かに，調査上支障なく行える限り速やかに自由

剝奪について通知しなければならない．

　被自由剝奪者が，ある者に自由剝奪について通知することに反対する場合，通知は顕著な理由*が存するときにのみ行うことができる．

　通知は，自由剝奪が止んだときは与えることを要しない．** (法律2008:47)***

　　　* 顕著な理由として理由書は，被自由拘束者が未成年者，行方不明の捜索願いが出されている者，重大な精神障害者などの場合を例示する．Fitger, s. 24: 64 b.
　　　** しかし理由書によれば，年少者の自由剝奪の場合などは通知をするのが適切である．Fitger, s. 24: 64 b.
　　　*** Fitger, s. 24:64 a, https://lagen. nu.

第22条　拘束，逮捕または勾留された者は留置されなければならない．ただし拘束された者は，拘束，秩序または安全の目的にかんがみやむを得ないときでなければ留置することを要しない．勾留された者は遅滞なく拘置所に収容されなければならない．

　勾留を起因した犯罪またはその他の疑われている犯罪の調査上，被勾留者を第1項に述べる場所以外に拘置することが著しく重要であるときは，裁判所は検察官の申出に基づき当分の間拘置所に収容されない旨命ずることができる．裁判所または検察官は，被勾留者が拘置所に収容された後に，彼を尋問またはその他の措置のために拘置所以外の場所に移す旨決定することもできる．

　勾留されかつ裁判精神医学的検査を受ける者または受けている者の留置については，特別の規定が存する．* (法律1998:24)

　　　* 裁判精神医学的検査に関する法律 (1991:1137) 8条がそれである．Fitger, s. 24:66.

第23条　犯罪について疑われる者は，その同意〔の有無〕にかかわりなく，本章またはその他の法律の規定による以外には身柄を留置されない．*

犯罪について疑われる者が尋問のために留まるべき義務については，第 23 章に規定が存する．

　　＊ 被疑者の同意は無意味である．Fitger, s. 24:67.

第 24 条　逮捕または勾留された者の処遇，ならびに無実の被逮捕者または被勾留者に対する公費による補償については特別の規定が存する．被勾留者の外界との接触の制限に関する捜査指揮者または検察官の決定に対する裁判所の審査についても同様である．＊（法律 1998:601）

　　＊ 被勾留者および被逮捕者等の処遇に関する法律（1976:371）ならびに自由剥奪およびその他の強制措置の際の補償に関する法律（1998:714）などがそれである．Fitger, s. 24:68. 後者によれば，最低 24 時間連続して逮捕，勾留などされた者は，無罪判決が言い渡された場合に限らず，訴追されなかった場合などにも補償を受ける権利を有する．

第 25 章　旅行禁止および届出義務について＊

＊ 本章の規定に関連して，スウェーデン法には保釈の制度が存在しないことが留意されるべきである．Fitger, s. 25:3. これはわが国の法律家には奇異に思われるかも知れないが，保釈に対しては自由を金で買うことのできる不正義な制度として国民の間に強い反情があるとのことである．ある法学者は私に，この問題は法律問題でなく政治問題で，保釈制度の採用を主張する勇気のある政治家はいないだろう，と語ったことがある．しかしその反面，訴訟手続法は随所で，身柄事件の審理の迅速化に甚大な配慮をしていることに注目すべきである．そして実際にも，長期の夏休みに入る前などは，身柄事件の処理のために深夜近くまで法廷が開かれているのである．わが国などの保釈制度の運用の実態と対比するとき，興味深い比較法的考察のテーマといえよう．

第1条　拘禁を伴いうる犯罪について合理的に疑われ，かつ犯罪の性質，被疑者の行状・環境（förhållande）またはその他の事情にかんがみ，彼が逃亡しまたはその他の仕方で法的手続または刑罰を免れる危険が存するが，しかしその他の点においては彼を逮捕または勾留するまでの理由は存しない場合，それで足りるときは代わりに許可なしに指示された滞在場所を去ることを禁止する旨（旅行禁止），または一定の日時ごとに指示された警察機関に届出をすべき旨（届出義務）を命ずることができる．犯罪の性質にかかわりなく，被疑者が王国から離れることによって法的手続または刑罰を免れる危険が存するときも，旅行禁止または届出義務の決定をすることができる．

　ある者に対して勾留または逮捕の理由が存在するが，しかしその目的が旅行禁止または届出義務によって充足しうると考えられるときは，第1項に係る場合以外においてもこれに関する決定をすることができる．

　旅行禁止または届出義務は，この措置のための理由が，被疑者にとって措置が意味する侵害もしくはその他の不利益または他の対立する利益を超えるときにのみ課することができる．（法律 1989:650）

第2条　旅行禁止または届出義務に関連して，被疑者に対し一定の日時にその住居または執務場所において面接可能でなければならない旨命ずることができる．被疑者の監視のために必要なその他の条件＊を定めることもできる．さらに旅行禁止は届出義務と結合させることもできる．

　届出義務については，その他に本法の適用にあたって旅行禁止について定めるところが妥当する．（法律 1981:1294）

　　＊ その他の条件としては，例えば旅券その他の身分証明書の提出義務を定めることが挙げられる．Fitger, s. 25:8.

第3条　旅行禁止は検察官または裁判所が発する．＊

　旅行禁止の問題は，検察官の申立てに基づき，または裁判所が被疑者の勾留

もしくはその継続〔の可否〕について決定するとき，裁判所によって取り上げられる．訴追後は被害者の申立てまたは職権で取り上げることもできる．

　旅行禁止の問題が裁判所に提起されたときは，できる限り速やかにこれに関する弁論が裁判所の前で行われなければならない．このような弁論については第24章第17条に定めるところの適用できる部分が適用される．遅滞が危険を伴うときは，裁判所は直ちに別に定めるまでの間妥当する旅行禁止を命ずることができる．（法律1981:1295）

　　＊旅行禁止は一般に検察官によって発せられる．Fitger, s. 25:9.

第4条　旅行禁止の決定は，嫌疑に係る犯罪ならびに被疑者が滞在すべき場所の指示およびその他彼が遵守すべき事項に関する情報を包含しなければならない．決定においては，禁止の違反および禁止に結合された条件の不履行に対する制裁について警告がなされなければならない．

　決定は被疑者に送達されなければならない．

第5条　旅行禁止が検察官によって発せられたとき，被疑者はこの禁止に対する裁判所の審査を求めることができる．＊この申出が到達したとき裁判所は，できる限り速やかに，かつ著しい支障がないときは遅くともその後4日目に，第3条に係る弁論を行わなければならない．ただし，この申出が提出された後1週間内に本口頭弁論が行われることが定められている場合，裁判所が特別の弁論を行うべき理由が存すると認めないときは，弁論は本口頭弁論まで延期することができる．（法律1981:1294）

　　＊この申出は書面でなされるべきであるが，口頭でも差し支えない．Fitger, s. 25:.12.

第6条　裁判所が旅行禁止を発し，またはこのような禁止を確認する場合，訴追がまだ提起されていないときは，訴追が提起されるべき期間を定めなけれ

ばならない．この期間はやむを得ず必要と認められるよりも長く定めてはならない．その他の場合においては，訴追は旅行禁止が発せられてから1月内に提起されなければならない．

　第1項に係る期間が不十分と認められる場合，期間の経過前に期間延長に関する申立て（framställning）がなされるときは，裁判所はこれを認めることができる．

第7条　旅行禁止は以下各号の場合には直ちに取り消されなければならない―
　1．第6条に係る期間内に訴追が提起されなかったとき，または裁判所に期間延長に関する申立てが到達しなかったとき，または
　2．もはや旅行禁止が妥当すべきなんらの理由も存在しないとき．
　旅行禁止は裁判所によって取り消される．禁止が裁判所によって発せられたものまたは確認されたものでなく，かつ訴追がまだ提起されていないときは，検察官も取り消すことができる．裁判所は検察官に対し，旅行禁止またはこれに関連してなされた指示からの一時的例外＊について決定することを委ねることができる．
　勾留について第24章第21条に定めるところは，旅行禁止について適用されなければならない．（法律2000:172）

　　＊緊急の旅行の許可や，身分証明のため一時的に旅券を返還することなど．Fitger, s. 25:14.

第8条　上級の裁判所に上訴された事件において旅行禁止の問題が提起されるときは，裁判所は弁論なしにこの問題について決定することができる．弁論が必要と認められるときは，できる限り速やかにこれを行わなければならない．このような弁論については第24章第17条に定めるところの適用できる部分が適用される．

第9条　旅行禁止の違反または禁止に結合された条件の不遵守があったときは，逮捕または勾留のための理由が存在しないことが明らかでなければ，被疑者は直ちに逮捕または勾留されなければならない．

第26章　仮差押えについて*

（第26章は法律1981:828によりこの章名および新たな条文の文言となった．）

* 刑事事件における仮差押えとは奇妙に思われるかも知れないが，罰金，没収されるべき財産価値，被害者の損害賠償請求権などを被保全権利として，その執行の対象となるべき財産を保全するための措置である．Fitger, s. 26:3.

第1条　ある者が犯罪について合理的に疑われ，かつ彼が逃亡もしくは財産の隠匿またはその他の方法によって，犯罪に基づき彼に科せられると考えられる罰金，没収される財産の価値，企業罰金もしくは公共に対するその他の補償，または被害者に対する損害賠償もしくはその他の補償の支払を免れる合理的なおそれがあるときは，差押えの際債権を充足するのに相当すると考えられうる彼の財産の仮差押えを命ずることができる．*

仮差押えは，この措置のための理由が，被疑者にとって措置が意味する侵害もしくはその他の不利益または他の対立する利益を超えるときにのみ決定することができる．（法律1989:650）

* 被害者はその損害賠償請求権等について15章の民事事件における仮差押えを行うこともできる．Fitger, s. 26:5.

第2条　仮差押えに関する決定は裁判所が発する．

仮差押えの問題は，捜査指揮者，検察官または被害者の申立てに基づき取り上げられる．訴追後は裁判所において職権でこの問題を取り上げることもでき

る．*

　被害者の損害賠償またはその他の補償の請求〔による仮差押え〕については，捜査指揮者または検察官は，請求が彼のもとに届け出られているときにのみ仮差押えの申立てをすることができる．裁判所は申立てに基づいてのみそれを命ずることができる．

　仮差押えの問題が提起されるときは，できる限り速やかにそれに関する弁論が裁判所の前で行われなければならない．このような弁論については第24章第17条に述べるところの適用できる部分が適用される．遅滞が危険を伴うときは，裁判所は直ちに別に定めるまでの間妥当する措置を認めることができる．

　　＊　被疑者・被告人以外の者に対する仮差押えの申立ては，15章によりしなければならない．また，裁判所は被害者の権利の保全のために職権で仮差押えの決定をすることはできない．Fitger, s. 26:8.

第3条　裁判所の仮差押えの決定を待つ間検察官は財産を保管することができる．＊

　遅滞が危険を伴うときは，警察官も動産＊＊を保管することができる；ただし，速やかに（skyndsamt）このような措置に関する報告を検察官にしなければならず，検察官は，その財産が引き続き保管されるべきか否かについて直ちに審査しなければならない．

　保管は，この措置のための理由が，決定が関わる者にとって措置が意味する侵害もしくはその他の不利益または他の対立する利益を超えるときにのみ決定することができる．（法律2008:376）＊＊＊

　　＊　かつては動産のみに限られていたが，2008年の法改正で全ての財産が含まれることになった．Fitger, s. 26:8 a.
　　＊＊　動物，金銭なども含まれる．Fitger, s. 26:8 b.

＊＊＊　Fitger, s. 26:8 a, https://lagen.nu.

第3条a　保管されたものが有形物（föremål）であり，かつその物が失われる危険なしに行えるか，およびそうでなくとも適切であるときは，所持人の占有に引き続き委ねることができる．＊債権その他の権利の保管に関する決定に係るときは，債務者またはその他の義務者は，執行官局以外の者にその義務を履行することの禁止を命じられなければならない．＊＊

　財産が保管されたときは，所有者または所持者は財産を譲渡し，または保管決定が保護すべき利益を害するようなその他の仕方でこれに関する処分をしてはならない．保管された財産の差押えについては，債権のために仮差押えを受けた財産の差押えに関する強制執行法第16章第15条に定めるところが適用される．

　保管されたものは，十分に管理されかつ注意深い監視のもとに保持されなければなららない．（法律2008:376）＊＊＊

　　　＊　例えば嵩張る物や動物など．Fitger, s. 26:9.
　　　＊＊　この禁止に対する違反は刑法17章13条によって処罰される．2項1文の違反についても同様である．Fitger, s. 26:10.
　　　＊＊＊　Fitger, s.26:8 a, https://lagen.nu.

第3条b　保管については調書が作成されなければならない．調書においては保管されたもの，この措置がなされた場所および日時，その目的，およびそれがなされた際に同席していた者を精細に表示しなければならない．

　財産を保管された者がこの措置の際に同席していないときは，彼または彼女は遅滞なく保管および保管された財産について生起した事項について通知されなければならない．

　財産を保管された者は申出に基づき，この措置に関する証明書を得ることができる．この証明書は嫌疑に係る犯罪に関する情報も包含しなければならな

い．（2008:376）＊

　　＊ Fitger, s.26:10, https://lagen. nu.

第4条　検察官が動産を保管したとき，またはこのような財産が引き続き保管されるべき旨決定したときは，彼または彼女はできる限り速やかに，かつ遅くともその後5日内に裁判所に仮差押えに関する申立て（framställning）をしなければならない．このような申立てがなされないときは財産は直ちに返還されなければならない．

　この申立てが到達したときは，裁判所はできる限り速やかに，かつ著しい支障がなければ遅くともその後4日内に第2条に係る弁論を行わなければならない．ただし，申立てが到達してから1週間内に本口頭弁論が行われることが定められている場合，裁判所が特別の弁論を行うべき理由が存すると認めないときは，申立ては本口頭弁論の際に審査することができる．

　仮差押えが決定されたときは，裁判所が異なる定めをしなければ直接に保管された（omhändertagen）財産は決定が執行されるまで当該公的機関の管理（vård）に委ねられる．（法律 2008:376）＊

　　＊ Fitger, s.26:11–12, https://lagen. nu.

第5条　裁判所が仮差押えを命ずる場合，訴追がまだ提起されていないときは，裁判所は訴追が提起されるべき期間を定めなければならない．この期間はやむを得ず必要とされるよりも長く定めてはならない．

　定められた期間が不十分と認められる場合，期間の経過前に期間延長に関する申立てがなされるときは，裁判所はこれを認めることができる．

第6条　第5条に係る期間内に訴追が提起されなかったか，もしくは裁判所に期間延長に関する申立てが到達しなかったか，または債務に対する担保が提

供されたか，またはそうでなくとももはや仮差押えの理由が存在しないときは，裁判所は直ちにこの措置〔仮差押え〕を取り消さなければならない．

事件を判断する場合，裁判所はこの措置を存続させるべきか否かについて審査する．裁判所は判決に関連して上述の措置を命ずることもできる．

第7条　旅行禁止に係る第25章第8条の規定も仮差押えについて適用される．

第8条　仮差押えの執行については，強制執行法に規定が存する．*　裁判所は必要なときは執行に関するより詳細な定めをすることができる．

　　　* とくに強制執行法16章10，13条参照．Fitger, s. 26:15.

第27章　押収，*秘密の電信電話聴取等について

　　　* 押収（beslag）は厳密にはわが国の差押え（刑訴99, 218条等）に対応するが，スウェーデン法には日本法でいう領置（刑訴101, 221条）はなく，かつ民事法的な制度である前章の仮差押えとの区別を明確にするために押収と訳した．Fitger, s. 27:5.

第1条　犯罪の調査上有意義であるか，ある者が犯罪により奪われたか，または犯罪に基づき没収されるべきものと合理的に考えられうる物は，押収することができる．*　刑法第36章第1条bにより犯罪的活動の利得の没収に関する調査上有意義と考えられうる物についても同様である．**

本章において物について述べるところは，他に異なる定めが存しない限り文書についても適用される．

本章による強制手段は，この措置のための理由が，措置が被疑者にとって措

置が意味する侵害もしくはその他の不利益または他の対立する利益を超えるときにのみ決定することができる．（法律 2008:376）***

> * 本項は動産のみに関する．押収の目的物が被疑者以外の者によって所有または所持されていることは押収を妨げない．Fitger, s. 27:5.
> ** 理由書によれば，資本財の所有権，外国の銀行における預金口座または外国における不動産の所持を解明できる書類など．Fitger, s. 27:10.
> *** Fitger, s. 27:5, https://lagen. nu.

第2条　その内容について，第36章第5条に係る公務員（befattningshavare）またはその他の者を証人として尋問することができないと考えられ，かつ彼または彼のために守秘義務を有する者によって所持される文書は押収することができない．被疑者または第36章第3条に係る近親者のもとで，被疑者と近親者との間または近親者相互間で交わされた文書について押収することもできないが，しかし問題が拘禁2年よりも軽い刑罰が定められていない犯罪に関するときはこの限りでない．（法律 1964:166）

第3条　手紙，電報またはその他の郵便局もしくは電信電話企業のもとにある送付物は，犯罪の法定刑が拘禁1年またはそれを超えるもので，かつ送付物が名宛人のもとで押収できるときにのみ押収することができる．（法律 1993:602）

第4条　法的に正当に被疑者を拘束もしくは逮捕し，または勾留，家宅捜索，着衣の捜索もしくは身体検査を執行する者は，その際に発見した物を押収することができる．

　その他の場合に発見した物は，捜査指揮者または検察官の決定により押収することができる．遅滞が危険を伴うときは，このような決定なしにも第3条に係る送付物の問題でなければ警察官によってもこの措置がとられる．

捜査指揮者または検察官以外の者によって押収が執行され，かつ捜査指揮者または検察官が押収の決定をしていないときは，この押収を存続させるか否かを直ちに審査すべき彼のもとに速やかな報告がなされなければならない．（法律 1993:1048）

第4条a　被害者またはその地位を引き継いだ者が押収された物に対する請求を提示し，かつ彼または彼女が，そのもとで押収が行われた者（den hos vilken beslaget har gjorts）よりもその物に対する優先権を有することが明らかなときは，捜査指揮者または検察官は訴追提起前に目的物が彼または彼女に返還されるべき旨決定することができる．*

この決定の通知は，直ちにそのもとで押収が行われた者に送付されなければならない．（法律 2003:163）

* 犯罪により奪われた物などの場合．Fitger, s. 27:16.

第5条　裁判所は，裁判所に提出される物またはそうでなくとも押収が可能な物の押収を命ずることができる．

押収の問題は，捜査指揮者または検察官の申立てに基づき裁判所によって取り上げられる．訴追後は，裁判所は被害者の申立ておよび職権でもこれに関する問題を取り上げることができる．

裁判所に押収の問題が提起されたときは，できる限り速やかにこれに関する弁論が裁判所の前で行われなければならない．このような弁論については第24章第17条に定めるところの適用できる部分が適用される．遅滞が危険を伴うときは，裁判所は直ちに異なる定めがなされるまでの間妥当する押収について命ずることができる．

第6条　押収が裁判所の命令なしに執行されたときは，押収により〔権利を〕侵害された者（den som drabbats av beslaget）*は，裁判所にこれに関する審査を

求めることができる．この申出が裁判所に到達したときは，裁判所はできる限り速やかに，かつ著しい支障がなければ遅くともその後4日内に第5条に係る弁論を行わなければならない．ただし，申出が提出されてから1週間内に本口頭弁論を行うことが定められており，かつ裁判所が特別の弁論を行うことを要すると認めないときは，この申出は本口頭弁論の際に審査することができる．

第4条aにより被押収物が返還されるべき旨の決定がなされたときは，押収により侵害された者は，この決定に対する裁判所の審査を求めることができる．この審査については第1項に述べるところが適用される．目的物に対する請求を提示した者は，この弁論について通知されなければならない．（法律2003:163）

　　＊ 押収により〔権利を〕侵害された者と「財産が押収された者（den från vilken egendomen har tagits）」とは同義ではない．前者には押収物について権利を主張する後者のみならず，彼または彼女の所有権が押収によって制限されると主張する者も原則として含まれるべきである．Fitger, s. 27:20–20 a.

第7条 裁判所が押収を命じ，または執行された押収を確認する場合，訴追がまだ提起されていないときは，裁判所は訴追が提起されるべき期間を定めなければならない．この期間はやむを得ず必要と認められるよりも長く定めてはならない．

第1項に係る期間が不十分である場合，期間の経過前に期間延長に関する申立てがなされるときは，裁判所はこれを認めることができる．（法律1994:1412）

第8条 第7条に係る期間内に訴追が提起されなかったか，もしくは期間延長に関する申立てが裁判所に到達しなかったか，またはそうでなくとももはや決定のための理由が存しないときは，決定は直ちに取り消されなければならない．

第4条aにより押収物を返還すべき旨の決定がなされたときは，そのもとで押収が行われた者に対し第4条a第2項による決定の通知が送付されてから3週間後に初めて取り消すことができる．ただし，この者が同意するときは直ちに取り消すことができる．裁判所が第4条aによる目的物を返還すべき旨の決定を確認するときも同様である．
　ある者が押収物に対する請求を提示し，またはこの物についてある措置*がとられるべき旨申し立て，第4条による目的物返還の決定をしないときは，この者に対し押収が取り消されるであろうことを通知してから3週間後に初めて取り消すことができる．ただし，この者が同意するときは直ちに取り消すことができる．通知からはそのもとで押収が行われた者が判明しなければならない．この場合には，そのもとで押収が行われた者に対し通知することを要しない．
　押収は裁判所によって，または裁判所が押収の発令もしくは確認をしていないときは捜査指揮者もしくは検察官によって取り消される．押収により〔権利を〕侵害された者が第4条aによる被押収物が返還されるべき旨の決定に対する裁判所の審査を求めたときは，押収は裁判所によって取り消される．
　事件について判断する時，裁判所は押収を存続させるべきか否かについて審査しなければならない．事件が判決によって判断されるとき，第3項は適用されない．裁判所は判決に関連して押収について決定することができる．（法律2005:282）

　　*例えば，知的財産権を侵害されている者が，その物の破壊を求める請求権を確保する措置．Fitger, s. 7:22 b.

第9条　裁判所は押収することができ，かつ配送企業*に到達することが予期される送付物を，それが到達したとき〔その企業において〕押収に関する問題が判断されるまで保管する（hållas kvar）よう命ずることができる．これに関する問題は，捜査指揮者または検察官の申立てに基づいてのみ取り上げられ

る．

　この命令は，それが配送企業に送達された日から最長１月の一定の期間に妥当するものとして発せられなければならない．命令においては，捜査指揮者または検察官の許可なしにはこの措置の発令を差出人，名宛人またはその他の者に知らせてはならない旨が記載されなければならない．

　送付物がこの命令に基づき保管されたとき，配送企業は遅滞なく命令を申し立てた者に届出をしなければならない．後者は押収が行われるべきか否かについて直ちに審査しなければならない．（法律1993:602）

　　　＊配送企業とは，郵便局，電信電話企業，鉄道企業および陸上運送企業などである．Fitger, s. 27:27.

第10条　押収物は，押収を執行した者によって保管されなければならない．ただし，それが危険なしになされうるか，およびそうでなくとも適切であるときは，その物を所持者の占有に引き続き委ねることができる．所持者の占有に引き続き委ねられる物は，それが明らかに不必要でない限り押収物として封印され，または標識が付されなければならない．

　その物を押収された者（den från vilken beslag har skett）は，その物を譲渡し，または押収の目的に反して他の仕方で処分することができない．保管されていない物または封印されていない物は異なる定めがされていなければ所持者において利用することができる．

　押収された物は十分に管理され，かつ取り替えられたりもしくは変更されたりまたはその他の濫用が行われないよう注意深く監視されなければならない．（法律1981:828）

第11条　その物を押収される者（den från vilken beslag sker）が押収の際同席していないときは，彼は遅滞なく押収の事実および押収に関する状況について通知されなければならない．＊配送企業のもとにある送付物が押収されたとき

は，調査上の不利益なしに可能な限り速やかに，名宛人および差出人が知れているならばこの者にも通知しなければならない．（法律 1993:602）

> * この規定は当該物件を占有しているが，押収の際に同席していない者は通知されるべきことを意味し，また，占有者と所有者またはその他の権利者とが異なることが明白であるときは所有者等に対しても通知を要するものと解すべきだ，というのが国会オンブズマンの意見である．Fitger, s. 27:30, Kristina Boultz och Owe Hultin, JO om förundersökning och tvångsmedel, Stockholm:Publica, 1996, s. 222.

第11条a　そのもとで押収が行われる者（den hos vilken ett beslag görs）は，第4条aによる決定がなされるであろうことについて教示されなければならない．＊このような決定がなされないであろうことが明らかなときは教示を要しない．（法律 2003:163）

> * 理由書は，その物を押収された者（den från viklen beslaget gjorts）に通知がなされる前に4条aによる決定をしてはならないことは事理の当然だとする．Fitger, s. 27:30 a.

第12条　裁判所，捜査指揮者または検察官以外のものは，押収された郵便もしくは電信の送付物，会計帳簿またはその他の私文書を詳細に調査してはならず，また手紙その他の封緘された文書を開封してはならない；ただし，鑑定人もしくは犯罪の調査上用いられるその他の者またはそうでなくともその際に尋問される者は，上述の機関の指示により文書を検討（granska）することができる．押収を執行した者が文書を詳細に調査する権限を有しないときは，文書は彼によって封印されなければならない．

　ここで問題とされる文書はできる限り速やかに調査されなければならない．郵便および電信の送付物の内容の全部または一部を名宛人に交付することが調査上不利益なしに可能であるときは，文書の謄本または抄本が遅滞なく彼に交付されなければならない．

第 27 章　押収，秘密の電信電話聴取等について　153

第 13 条　押収については，押収の目的およびその際に生起した事項を示し，ならびに押収物を正確に記載した調書が作成されなければならない．

　押収により〔権利を〕侵害された者は，その申出に基づき犯罪の嫌疑に係る情報をも包含する押収に関する証明書を受領・保有する権利を有する．*

> * 押収物の所有者およびそのもとで物が押収される者（den hos vilken föremålet tas）はこの権利を有する．国会オンブズマンによれば，その物を押収される者（den från vilken beslag sker）には常に調書を交付するのが適切である．Fitger, s. 27:30 d.

第 14 条　旅行禁止について第 25 章第 8 条に定めるところは押収について準用される．

第 14 条 a　物が刑法第 36 章第 3 条により没収されると合理的に考えられうるときは，その物は押収することができる．その際は押収に関する本章の規定が準用される．（法律 1975:403）

第 15 条　犯罪の調査を確保するために建築物または室を閉鎖し，特定の区域への立入りを禁止し，ある物の移動を禁じ，またはその他同様の措置をとることができる．

　上述の措置については，押収について本章に定めるところの適用できる部分が適用される．

第 16 条　削除（法律 1989:650）

第 17 条　法律または命令において押収について異なる定めがなされているときは，それが適用される．

第 18 条　秘密の電信電話聴取は，電話番号，コードもしくはその他の電信電

話アドレスから，もしくはそれへ送受信されるまたはされた電信電話の意思表現（telemeddelanden）*を，意思表現の内容の再現のために，技術的補助手段によって秘密裏に聴取しまたは録音することを意味する．

　秘密の電信電話聴取は，捜査にあたって以下各号の場合に用いることができる—
　1．拘禁2年よりも軽い刑罰が規定されていない犯罪，
　2．その行為が可罰的であるとき，このような犯罪の未遂，予備または陰謀，または
　3．事情にかんがみ犯罪の刑罰価値が拘禁2年を超えると考えられうるその他の犯罪．（法律2003:1146）

　　＊電話による会話のほか，ファックス，E-メールなどが含まれる．Fitger, s. 27:32.

第19条　秘密の電信電話監視は，ある電信電話アドレスからまたはそれへ送受信されるまたはされた電信電話の意思表現について情報を秘密裏に入手すること，またはこのような意思表現の到達を妨げることを意味する．

　秘密の電信電話監視は，捜査にあたって以下各号の場合に用いることができる—
　1．拘禁6月よりも軽い刑罰が規定されていない犯罪，
　2．刑法第4章第9条cによる犯罪，軽微とみられない刑法第16章第10条aによる犯罪，麻薬刑罰法（1968:64）第1条による犯罪，密輸出入のための刑罰に関する法律（2000:1225）第6条第1項による犯罪，または
　3．その行為が可罰的であるとき，第1号または第2号に係る犯罪の未遂，予備または陰謀．（法律2003:1146）

第20条　秘密の電信電話聴取および秘密の電信電話監視は，ある者が犯罪について合理的に疑われ，かつこの措置が調査上著しく重要であるときにのみ行うことができる．この措置は以下各号の場合にのみ関することができる—

第 27 章　押収，秘密の電信電話聴取等について　155

１．許可に係る期間中，被疑者によって保有されているか，もしくは保有されたことがあるか，または被疑者によって利用されるであろうと考えられうる電信電話アドレス，または

２．許可に係る期間中，被疑者が通話したか，もしくはその他の方法で接触をしたか，または通話もしくはその他の仕方で接触をするであろうと考えられる顕著な理由が存する電信電話アドレス．

聴取または監視は，その限定された範囲およびその他の事情にかんがみ一般のコミュニケーションの見地から意義が乏しいとみられる電信電話網の内部でのみ送受信されるまたはされた電信電話の意思表現に関してはならない．（法律 2003:1146）

第 21 条　秘密の電信電話聴取および秘密の電信電話監視の問題は，検察官の申請に基づき裁判所が審査する．

秘密の電信電話聴取または電信電話監視を許可する決定においては電信電話アドレスおよび許可に係る期間を示さなければならない．期間は必要であるよりも長く定めることができず，かつ決定後に到来する日時に関する限りは決定の日から 1 月を超えてはならない．*

聴取または監視の許可においては，一般に利用できる電信電話網外においてこの措置が執行されるときは，特にそのことを示さなければならない．（法律 2003:1146）

　　* 許可は過去の期間に関することができる．Fitger, s. 27:33, 42-43.

第 22 条　秘密の電信電話聴取は，被疑者と彼の弁護人との間の電話の会話またはその他の電信電話による意思表現については行うことができない．聴取中にこのような会話または電信電話による意思表現の問題が生ずるときは，聴取は中断されなければならない．

録音または録取は，それが禁止の範囲に含まれる限度で直ちに破壊されなけ

ればならない．（法律 1989:650）

第 23 条 秘密の電信電話聴取または秘密の電信電話監視のための理由がもはや存しないときは，検察官または裁判所は直ちにその決定を取り消さなければならない．*（法律 1989:650）

> * 取消しの決定は通例，検察官によってなされる．Fitger, s. 27:46.

第 23 条 a 秘密の電信電話聴取または秘密の電信電話監視の際に聴取または監視の決定の事由とされたもの以外の犯罪に関する情報が現れたときは，この情報はこの犯罪を調査するために用いることができる．ただし，捜査またはこれに相当する犯罪の調査は，以下各号の場合にのみこの情報に基づき開始することができる—
　1．この犯罪のための法定刑が拘禁 1 年またはこれを超えており，かつ罰金のみを起因するとは考えられないとき，または
　2．特段の理由が存するとき．
　切迫した犯罪に関する情報が現れたときは，この情報は犯罪を防止するために用いることができる．（法律 2005:504）

第 24 条 秘密の電信電話聴取または秘密の電信電話監視の際になされた録音または録取はできる限り速やかに検討（granska）されなければならない．このような検討については第 12 条第 1 項が適用される．
　録音および録取は，犯罪の調査の見地から有意義な部分については，捜査が中止されるもしくは終結するまで，または訴追が提起されたときは事件が終局的に判断されるまで保存されなければならない．切迫した犯罪を防止するために有意義な録音および録取の部分については，犯罪を防止するために必要な限り保存されなければならない．これらはその後に破壊されなければならない．

第2項に述べるところにかかわらず，犯罪調査機関は別に法律の定めるところに従い録音および録取からの情報を処理することができる．（法律2007:981)*

* Fitger, s. 27:48 a, https://lagen. nu. 追補．

第25条　裁判所が秘密の電信電話聴取または秘密の電信電話監視の許可を与えたときは，聴取または監視に必要な技術的補助手段を用いることができる．

電信電話通信に関する法律（2003:389）に，同法第6章第19条に係る活動を行う者に適用される秘密の電信電話聴取および秘密の電信電話監視に関する規定が存する．（法律2003:391）

公共代理人 (offentlig ombud)

第26条　公共代理人は秘密の電信電話聴取に関する裁判所のもとでの案件について個人の完全性の利益（integritetsintressen）を擁護しなければならない．

公共代理人は案件について意見を述べ，かつ裁判所の決定に対して上訴するために案件に現れる資料にアクセスする権利を有する．（法律2003:1146）

第27条　政府は3年ごとに公共代理人として執務することができる者（複数）を任命する．3年の期間中に必要があれば残存期間について他の者も任命されうる．

公共代理人はスウェーデン国民であり，かつ弁護士であるかもしくはあった者または正規の裁判官であった者でなければならない．公共代理人は破産状態にある者または親子法第11章第7条による管理人を付されている者であってはならない．

政府は，スウェーデン弁護士会および裁判官委員会（Domarnämnden)*から適切な候補者に関する提案を入手しなければならない．

公共代理人は政府の任命〔期間〕が終了したことにかかわりなく，継続中の職務を完結することができる．（法律 2008:420）＊＊

＊ 従前の裁判所制度のための職務推薦委員会（Tjänsteförslagsnämnden）に代わる機関として 2008 年 7 月 1 日から発足．Fitger, s. 27:50 その他．
＊＊ Fitger, s. 27:50, https://lagen. nu.

第28条　秘密の電信電話聴取の申請が裁判所に到達した時，裁判所はできる限り速やかに案件における公共代理人を選任し，かつ集会をもたなければならない．集会の際には検察官および公共代理人が同席しなければならない．

遅滞がこの強制手段の目的にとって重大な危険をもたらすほど案件が緊急なものであるときは，公共代理人が同席することなく，または意見を述べる機会を得ることなしに，集会をもちかつ決定を行うことができる．

公共代理人としての職務は，上級の裁判所においても妥当する．（法律 2003:1146）

第29条　公共代理人に対する補償については，第 21 章第 10 条第 1 項および第 2 項ならびに第 10 条 a の規定が適用される．（法律 2003:1146）

第30条　案件において公共代理人に任命された者は，彼または彼女が案件について知りえた事項を不当に漏らしてはならない．（法律 2003:1146）

私人に対する通知

第31条　犯罪のために疑われる者または疑われていた者は，第 33 条から異なる結果が生じないときは，彼または彼女が曝されている秘密の電話聴取または秘密の電話監視について通知されなければならない．聴取または監視が被疑者以外の他の者＊によって保有される電信電話アドレスに係る場合，第 33 条

から異なる結果が生じないときは，この保有者にも通知されなければならない．

通知は調査に支障がなければできる限り速やかに与えられなければならない，ただし遅くとも捜査が終結した後1月〔内〕でなければならない．

通知は第23章第18条によりまたはその他の仕方で，すでにこの情報を入手している（har fått del av eller tillgång till uppgifterna）者に対しては与えることを要しない．通知は事情にかんがみ無意義であることが明らかなときも与えることを要しない．＊＊（法律2007:981）＊＊＊

　　＊ 法人を含む．Fitger, s. 27:55.
　　＊＊ 聴取される電信電話アドレスの保有者が，捜査機関を援助する被害者である場合など．Fitger, s. 27:56.
　　＊＊＊ Fitger, s. 27:55, https://lagen. nu. 追補．

第32条　第31条による通知は，用いられている強制措置，聴取または監視に係る電信電話アドレスおよび措置が行われている時期に関する情報を包含しなければならない．犯罪のために疑われる者または疑われていた者は，聴取もしくは監視の基礎となった，または聴取もしくは監視を起因した犯罪の嫌疑に関する情報を得られなければならない．犯罪のために疑われない者または疑われていない者は，このことについて情報を得られなければならない．（法律2007:981）＊

　　＊ Fitger, s. 27:55, https://lagen. nu. 追補．

第33条　第32条に係る情報のために秘密保護法（1980:100）第2章第1条もしくは第2条，第5章第1条または第9章第17条による秘密が問題となるときは，第31条による通知はもはや秘密が問題とならない時まで延期することができる．

第1項による秘密に基づき捜査の終結から1年内に通知を与えることができないときは，通知をしないで済ませることができる．

第31条による通知は，以下各号の捜査に関するときは与えることができない*──

1．刑法第13章第1条，第2条，第3条，第5条aまたは第5条bに係る犯罪──犯罪が同章第4条による重要な公共財産損壊等の罪を包含するとき，

2．刑法第13章第4条または第5条に係る犯罪，

3．刑法第18章第1条，第3条，第4条，第5条もしくは第6条または第19章第1条，第2条，第3条，第4条，第5条，第6条，第7条，第8条，第9条，第10条，第12条もしくは第13条に係る犯罪，

4．刑法第3章または第4章に係る犯罪──犯罪が同法第18章第2条または第19章第11条に述べる種類のものであるとき，

5．テロリスト犯罪についての刑罰に関する法律（2003:148）第2条またはとくに重大な犯罪性のある金融等についての刑罰に関する法律（2002:444）第3条に係る犯罪，または

6．第1号ないし第5号に述べる犯罪の未遂，予備もしくは陰謀，または不作為が可罰的であるときこのような犯罪を告げない不作為の罪．（法律2007:981）**

* 2号以下は，王国の内的および外的安全に対する犯罪ならびにテロリスト犯罪に関する．Fitger, s. 27:58.
** Fitger, s. 27:57–58, https://lagen.nu. 追補．

第28章　家宅捜索ならびに着衣の捜索および身体検査について

第1条　拘禁を伴いうる犯罪が行われたとみられる理由が存在するときは，押収もしくは保管に服する物の探索またはそうでなくとも犯罪もしくは刑法36章第1条bによる犯罪的活動の利得の没収に関する調査上有意義な事実の確証のために，家屋，室または閉鎖された保管場所＊において家宅捜索を行うことができる．

ただし，犯罪のために合理的に疑われうる者以外の者のもとでは，彼もしくは彼女のもとで犯罪が行われ，もしくは被疑者がそこで拘束され，またはそうでなくとも押収に服する物が発見されるかもしくは犯罪もしくは刑法36章第1条bによる犯罪的活動の利得の没収に関するその他の調査資料が得られる顕著な理由が存在するときにのみ家宅捜索を行うことができる．

被疑者のもとでの家宅捜索のために彼または彼女の同意を援用することはできない，ただし，被疑者自身がこの措置を求めるときはこの限りでない．（法律2008:376）＊＊

　　＊　例えば，施錠された自動車，銀行の貸金庫．Fitger, s. 28:6.
　　＊＊　Fitger, s. 28:4 a, https://lagen. nu. 追補．

第2条　拘束，逮捕もしくは勾留されるべき者，裁判所における尋問もしくは出頭のために勾引されるべき者，または着衣の捜索もしくは身体検査に服する者の探索のためには彼のもとで，または探索されている者がそこに滞在するとみられる顕著な理由が存するときは他人のもとで，家宅捜索を行うことができる．送達が功を奏しなかったかまたはその見込みがないと判断されるとき，召喚状〔起訴状〕または弁論への呼出状の送達のために探索される被告人に対する家宅捜索についても同様である．（法律1995:637）

第 2 条 a 拘禁 4 年よりも軽くない刑罰が規定されている犯罪またはこのような犯罪の未遂の嫌疑で拘束，逮捕または勾留されるべき者を探索するためには，探索されている者がその場所を通過するであろうと考えられる特段の理由が存するときは，その場所〔複数〕において交通機関の家宅捜索を行うことができる．（法律 1991:666）

第 3 条 公衆が利用できる場所*においては第 1 条または第 2 条に係る目的のために，同各条に係る場合以外でも家宅捜索を行うことができる．

犯罪的活動に従事するとみられうる者たちによって共用されるのを常とする場所**においては第 1 条または第 2 条に係る目的のために，法定刑が 1 年またはそれを超える拘禁の犯罪が行われたことの理由が存在し，かつ家宅捜索の目的が達成されるであろうと考えるべき特段の理由が存するときは，家宅捜索を行うことができる．ただし，主として住居を構成する場所についてはこの限りでない．

第 2 項の規定はその場所に直結して存する空間または車両で，かつその場所を利用する者によって用いられるものについても適用される．（法律 1999:72）

* 例えば，商店，レストラン，劇場，映画館．Fitger, s. 28:12.
** 理由書は，オートバイ暴走族や人種差別団体が用いる場所を挙げている．Fitger, s. 28:12–13.

第 3 条 a 家宅捜索はそのための理由が，この措置が被疑者にとって意味する侵害もしくはその他の不利益または他の対立する利益を超えるときにのみ決定することができる．*（法律 1989:650）

* とくに教会における人の捜索については，教会の特質にかんがみ配慮が必要だとされる．Fitger, s. 28:14.

第28章　家宅捜索ならびに着衣の捜索および身体検査について

第4条　家宅捜索の命令は，第3項に係る場合のほか，捜査指揮者，検察官または裁判所によって発せられる．送達のための家宅捜索の命令は，常に裁判所によって発せられなければならない．その他の場合における家宅捜索は，その措置が広範囲にわたるか，またはそれを受ける者にとって著しい不利益を伴うと考えられるときは，遅滞が危険を伴わなければ，裁判所の命令なしに行われるべきではない（bör...inte）．

家宅捜索の問題は，捜査指揮者または検察官の申立てに基づき裁判所によって取り上げられる．訴追後は，裁判所は被害者の申立てに基づきまたは職権でこのような問題を取り上げることもできる．送達のための家宅捜索の問題は，職権でまたは警察機関もしくは検察官の申立てに基づき，裁判所によって取り上げられる．

第24章第17条第3項に係る決定により勾留されるべき者，または裁判所への出頭のために勾引されるべき者の探索のための家宅捜索の命令は，警察法（1984:387）の規定により警察機関または警察官によって発せられる．（法律1995:637）

第5条　第4条による命令なしに，警察官は遅滞が危険を伴うときは家宅捜索を行うことができる．ただし，これは召喚状の送達のための家宅捜索には適用されない．（法律1995:637）

第6条　家宅捜索にあたっては，やむを得ず必要とされるところを超える不都合または損害を惹起すべきではない．

必要であるときは，室または保管場所は実力をもって開けることができる．それが行われたときは，その実施後に適切な仕方で再び閉鎖されなければならない．

家宅捜索は，特段の理由がなければ午後9時から午前6時までの間には執行することができない．

第7条　家宅捜索にあたっては，可能な限りその実施者が求めた信頼できる証人が同席しなければならない．実施者は鑑定人またはその他の必要な補佐を用いることができる．

　そのもとで家宅捜索が行われる者，または彼が不在のときは在宅の彼の使用人は，その実施を観察しかつ証人を呼び寄せる機会を与えられなければならない，ただし，それによって捜査が遅延する場合はこの限りでない．彼もしくは彼の使用人または呼ばれた証人のいずれも同席しないときは，被捜索者は，調査上の不利益なしにできる限り速やかに，執行された措置について通知されなければならない．

　その実施の際，被害者または彼の代理人は必要な情報を提供するために同席することを認められうる；ただし被害者または代理人が，その目的上必要な程度を超えて実施の際明らかにされる事情に関する知識を獲得しないよう留意されなければならない．

第8条　郵便もしくは電信の送付物，商業帳簿またはその他の家宅捜索の際に発見された私文書は詳細に調査することができない．手紙またはその他の封緘した文書は，第27章第12条第1項に述べる手続以外によって開封してはならない．*

　　* 本条に係る文書の押収については27章12条が適用される．Fitger, s. 28:22 a.

第9条　家宅捜索については実施の目的およびその際に生起した事項を示す調書を作成しなければならない．

　そのもとで家宅捜索が行われた者は，申立てに基づき嫌疑に係る犯罪に関する情報をも包含する家宅捜索に関する証明書を受領することができる．

第10条　第1条または第2条に述べる目的のために，たといそれが公衆に利用できない場所であるとしても，捜査指揮者または検察官および警察官は，第

1条に係る場所以外で捜査を行うことができる．*

> * 1条以外の場所の家宅捜索は，それが公衆に利用できるものであれば特別の規定なしに行えることは明らかとされる．本条は公衆に利用できない場所についてこのような家宅捜索を認めるものである．例として，中庭，工場区域，材木置場などが挙げられる．Fitger, s. 28:22 b.

第11条　拘禁を伴いうる犯罪が行われたと考えられる理由が存するときは，押収もしくは保管に服しうる物の探索，またはそうでなくとも犯罪もしくは刑法第36章第1条bによる犯罪的活動の利得の没収に関する調査上有意義でありうる事実を確証するために，その犯罪について合理的に疑われうる者に対し，着衣の捜索（kroppsvisitation）を行うことができる．

その犯罪について合理的に疑われうる者以外に対する着衣の捜索は，それによって押収もしくは保管に服しうる物が発見されるであろうことについて，またはそうでなくとも犯罪もしくは刑法第36章第1条bによる犯罪的活動の利得の没収に関する調査上有意義と考えられる顕著な理由が存在するときにのみ行うことができる．

着衣の捜索は，衣服およびその他の着用している物，ならびに鞄，荷物およびその他の携帯する物の検査を意味する．（法律2008:376）*

> * Fitger, s. 28:22 c, https://lagen.nu.

第12条　拘禁を伴いうる犯罪について合理的に疑われうる者に対しては，第11条に掲げる目的のために，または第12条aの規定により身体検査を行うことができる．第12条bに掲げる範囲においてかつその目的のために，他の者の身体検査も行うことができる．

身体検査は人体の外的および内的な検査ならびに人体からの試料の採取およびこのような試料の検査を意味する．身体検査は被検査者に将来の不健康また

は損害の危険を生じないように行われなければならない．

　身体検査を受けるべき者は，この目的のために 6 時間まで，または顕著な理由が存するときはさらに 6 時間留めることができる．＊（法律 2005:878）

　　＊ 本項の支持をもって留置場に収容することはできないであろうとされる．Fitger, s. 28:28.

第 12 条 a 　唾液の採取による身体検査は，拘禁を伴いうる犯罪について合理的に疑われうる者に対し，試料の DNA 分析をすること，および警察データ法（1998:622）により作成される DNA 登録簿または検査登録簿に分析の結果に関する情報を登録することを目的とするときは，これを行うことができる．（法律 2005:878）

第 12 条 b 　唾液の採取による身体検査は，以下各号の場合には犯罪について合理的に疑われうる者以外に対しても行うことができる—
　1．試料の DNA 検査の目的が，拘禁を伴いうる犯罪の調査の際に同一性の確認を容易ならしめ，かつ
　2．犯罪の調査上それが有意義であると考えられる顕著な理由が存するとき．

　分析の結果は，警察データ法（1998:622）により作成される登録簿に記載されている情報と比較してはならず，またはその他試料が採取された目的以外に用いてはならない．
　第 1 項は 15 歳未満の者には適用されない．（法律 2005:878）

第 13 条 　着衣の捜索および身体検査については，第 3 条 a，第 4 条，第 8 条および第 9 条において家宅捜索について定めるところの適用できる部分が適用されなければならない．遅滞が危険を伴うときは，着衣の捜索および身体検査は警察官が決定することもできる．

大規模な（av mera väsentlig omfattning）措置は，屋内または隔離された室において執行されなければならない．医師以外の者によって執行されるときは，可能な限り実施者が求めた信頼できる証人が同席しなければならない．血液検査の試料の採取は医師または資格を有する看護師以外の者が行うことはできない．その他のより詳細な検査は医師のみが行うことができる．

女性の着衣の捜索または身体検査については，女性，医師または資格を有する看護師以外の者が執行し，または証人となることはできない．ただし，女性が携帯している物の検査のみを意味する着衣の捜索および血液検査の試料，アルコール濃度の呼気検査の試料またはDNA分析のための唾液検査の試料の採取のみを意味する身体検査については，男性が執行し，かつ証人になることができる．（法律 2005:878）

第14条　逮捕または勾留された者については，その写真を撮影し，かつ指紋を採取することができる；彼はまた他の同様の措置に服させられる．上述したところは，拘禁を伴いうる犯罪の調査のために必要であるときは，他の者に対しても適用される．

本条に係る措置に関する細則は政府が定める．（法律 1974:573）

第15条　法律または命令において家宅捜索，着衣の捜索または身体検査について異なる定めがなされているときは，それが適用される．

第29章　票決について

第1条*　判決または決定の評議の際に異なる意見が表明されたときは，票決を行わなければならない．

票決の際は裁判所における席次の最も若い者が，最初に意見を述べなければならない．その後に各構成員が裁判所における席次順に意見を述べなければな

らない．事件がある構成員によって準備されたときは，彼がまず意見を述べなければならない．参審員が裁判所に含まれているときは，これらの者は最後に意見を述べなければならない．**

　各自がその意見を根拠付ける理由を述べなければならない．（法律 1983:370）

　　　　* 本条は基本的に民事事件における 16 章 1 条と同一の内容である．実質的に異なるのは参審員の票決の順序に関する点だけである．もっとも，文章表現の点では多くの相違がみられるが，これは本条が 1983 年の法改正における参審員の個別的票決権の導入の際，用語の現代化を行ったことによる．Fitger, s. 29:4.
　　　　** この席次順による票決は参審員にも適用されると解されている．この席次順による意見の表明は票決にのみ関するものであって，それに先行する評議における意見表明の問題ではないことに留意すべきである．Fitger, s. 29:5. 評議のあり方については 17 章 9 条の * を参照．

第 2 条　訴訟手続に属する問題については別個に票決しなければならない．
　責任に関する問題*については一連のものとして（i ett sammanhang）票決しなければならない．**ただし，以下各号の事項が事件の結果に影響しうるときは，別個に票決しなければならない——
　1．被告人が行為を犯したか，およびその場合にはどのように判断されるべきかに関する問題，***
　2．制裁に関しないが，制裁の決定のために直接的意義を有しうる措置に関する問題，****
　3．日数罰金の範囲，指示（föreskrifter），訓告（varning），保護観察，試験期間の延長または制裁の執行以外の制裁に関する問題，
　4．責任に関わるその余の問題．
　ある構成員が，被告人は刑法第 32 章第 5 条に係るもの以外のその他の種類の特別の保護に委ねられるべきであると考えるときは，第 2 項第 3 号による票決の前に，この意見に関する別個の票決がなされなければならない．（法律 2006:890）

＊　これには刑事責任の問題（事実の存否，主観的要件，責任要件等）と制裁の問題との双方を含む．Fitger, s. 29:6.
　　　＊＊　民事事件と異なり，法律事実ごとに別個の票決は行われないことに注意を要する．刑事事件の票決の仕方は，このほうが結果的に被告人に利益であるという見地から採られている．Fitger, s. 29:7.
　　　＊＊＊　これには実に多くの問題が含まれる．例えば，犯行の日時・場所，適用法条，正当防衛その他の緊急行為など．構成員がこれらの問題に関する意見を提示したときには別個の票決がなされるのである．Fitger, s. 29:8.
　　　＊＊＊＊　例えば，外国人法（2005:716）8章8条による国外追放など．Fitger, s. 29:8.

第3条　票決の際は構成員の過半数が有する意見が妥当しなければならない．ある意見が半数の票を得て，かつそれが被告人にとって最も軽いかまたは不利益が少ないときは，この意見が妥当しなければならない．いずれの意見も軽いかまたは不利益が少ないとみることができないときは，半数の票を得た意見で，その中に裁判長の意見が属するものが妥当しなければならない．

　二つよりも多くの意見が表明され，そのいずれも妥当しないときは，被告人にとって最も不利益な票を，彼にとってその次に不利益な票に合算したものが妥当しなければならない．必要なときは，ある意見が妥当するまで合算を続行しなければならない．どの意見も被告人にとってより不利益とみることができないときは，最多数の票を得た意見が妥当しなければならない．複数の意見が同数の票を得たときは，その中に最上席者の票がある意見が妥当しなければならない．

　第2条第3項による票決の際は，いずれの意見も他の意見よりも軽いかまたは不利益が少ないものとみてはならない．（法律 1988:1369）

第4条　票決で敗れた構成員は，その後の票決に関与する義務を負う．ただし，被告人が全く無罪である旨の意見を投票した者は，事後の票決の際，ある意見が被告人にとって最も利益であるかまたは不利益が少ないものとみられるとき，その意見に投票したものとみられる．（法律 1988:1369）

第5条　どのように票決を行うべきかまたはどの意見が妥当すべきかについて争いがあるときは，それについて票決しなければならない．

第6条　訴訟手続に関する問題および責任に関しない問題または私的請求に関する問題ならびに第5条による問題または訴訟費用に関する問題における票決については，第16章に定めるところが適用される．ただし，勾留または第25章ないし第28章に係る措置については，責任の問題の票決に関する本章の規定が適用される．刑事事件において私的請求の事件が追行されるときは，責任問題に関する裁判所の判断は私的請求の審査にあたって拘束的でなければならない．*（法律1983:370）

　　* 被告人が故意を必要とする犯罪について訴追され無罪判決を受けたが，私的請求（損害賠償）のほうは過失に基づくときや，時効を理由に訴追が棄却されたときなどは，刑事判決は拘束的でない．また，特別の証明責任規則が両判決の差異をもたらしうる．Fitger, s. 29:27. なお，22章7条の * も参照．

第7条　削除（法律1983:370）

第30章　判決および決定について

第1条*　裁判所の本案の判断は判決によってなされる．裁判所のその他の判断は決定によってなされる．裁判所がそれによって判決以外の方法で本案を完結する決定および別個に上訴された問題に関する上級の裁判所の決定は，終局的決定である．

　　* 本条は民事事件に関する17章1条と全く同一の規定である．Fitger, s. 30:3.

第2条*　本口頭弁論が行われたときは，判決は弁論に上程されたものに基づ

かなければならない．判決には全ての本口頭弁論に同席した裁判官のみが関与することができる．新たな本口頭弁論が行われたときは，判決はそこに上程されたものに基づかなければならない．第46章第17条第2文に係る場合においては，判決は本口頭弁論の後に収集されたものにも基づくことができる．

　本口頭弁論なしに事件が判断されるときは，判決は訴訟書類が包含するものおよびその他事件において生起したものに基づかなければならない．（法律1987:747）

　　　　　＊ 本条は民事事件に関する17章2条とほとんど同一である．Fitger, s. 30:4.

第3条　判決は適式な手続において責任に関する訴追が提起された行為，またはそうでなくとも法律により裁判所が取り上げることのできる責任に関する問題以外の行為に関わってはならない．裁判所は犯罪の法的名称または罰条の適用に関する申立てには拘束されない．

第4条　一つの訴訟手続において複数の訴追が取り扱われるときは，その余の部分に関する取扱いが終結しないとしても，一部について判決を与えることができる．ただし，訴追が同一の被告人に係るときは，このような判決はそのための顕著な理由が存するときでなければ与えることができない．（法律1956:587）

第5条＊　判決は書面に作成し，かつ分離した部分において以下各号の事項を示さなければならない—
　1．裁判所ならびに判決告知の日時および場所，
　2．当事者ならびにその代理人または補佐人および被告人の弁護人，
　3．判決主文，
　4．当事者の申立ておよびそれらが基づく事実，ならびに
　5．事件において証明された事項に関する情報を有する判決理由．

上級の裁判所の判決は，必要な限度において下級の裁判所の判決に関する説明を包含しなければならない．

当事者が判決に対し上訴する権利を有するときは，判決において彼がその際に遵守すべき事項について教示しなければならない．（法律 1994:1034）

　　* 本条は 17 章 7 条とほとんど同一である．Fitger, s. 30:12.

第 6 条　被告人が行為を自認しており，かつ刑事制裁として拘禁もしくは隔離的少年保護以外のものまたは最長 6 月内の拘禁を科するときは，判決は簡易な形式で作成することができる．下級の裁判所の判決を確認する上級の裁判所の判決も簡易な形式で作成することができる．

事件において犯罪を理由とする私的請求の訴えが提起されるときは，第 1 項第 1 文に述べるところは，被告人が請求を認諾したとき，または裁判所が本案を明白と認めるときにのみ適用される．（法律 1998:605）

第 7 条　判決〔内容〕を決定する前に評議が行われなければならない．裁判所に参審員を含むときは，裁判長または事件が他の法律専門家の裁判官によって準備されたときはその者が，事案およびそれについて法が定めるところを説明する．

本口頭弁論が行われたときは，その同日または次の執務日に評議をし，かつ可能であればその日に判決を決定し，言い渡さなければならない．判決の決定または作成のために時間的余裕がやむを得ず必要とされるときは，裁判所はそのための延期を決定することができる；ただし判決は著しい支障がない限り，被告人が勾留されている場合は弁論終結後 1 週間内に，その他の場合は 2 週間内に書面に作成し，かつ告知しなければならない．判決が本口頭弁論において言い渡されないときは，裁判所の他の集会において言い渡すか，または裁判所の事務局（rättens kansli）において交付する（hålles tillgänglig）ことによって告知しなければならない；本口頭弁論の際に判決告知の日時および仕方に関する

通知が与えられなければならない．

　事件が本口頭弁論なしに判断されるときは，できる限り速やかに評議を行い，判決を決定し，その書面を作成し，告知しなければならない．告知は判決を裁判所の事務局において交付することによって行わなければならない．＊

　判決の言渡しは，判決主文および理由の表明ならびに上訴の教示によって行うことができる．

　少数意見が生じたときは，それは判決と同一の日時および仕方で当事者に告知されなければならない．

　事件が判断されたとき，当事者は事件の結果について速やかに書面で通知されなければならない．（法律 1987:1097）

　　＊ 本項以下は，民事事件に関する 17 章 9 条 4 項以下と同様の規定である．Fitger, s. 30:19．

第 8 条　判決は別個に作成され，かつ判断に関与した法律専門家の裁判官によって署名されなければならない．＊（法律 1996:247）

　　＊ 本条は 17 章 10 条と全く同一の規定である．Fitger, s. 30:19．

第 9 条　上訴期間が経過した後には，判決によって審査された被告人の行為に関する責任の問題について再び取り上げることができない．

　刑事制裁の変更および統合について，特別上訴について，ならびに若干の場合における外国に対する法的手続のための移送（överförande）については，それについて定めるところによる．＊（法律 1976:21）

　　＊ 本項の場合には刑事事件に妥当する既判力の原則に対する例外を成す．刑事制裁の変更および統合については刑法 34 章が主要規定であるが，その他の法律にも定めがある．Fitger, s. 30:33-34．

第10条* 判決について第2条および第7条に述べるところは，終局的決定について適用されなければならない．問題の性質にかんがみ必要であるときは，異なる定めがない限り第5条および第8条もこのような決定に適用されなければならない．終局的決定が判決に関連してなされるときは，それは判決中に掲げられなければならない．

当事者が終局的決定に対し上訴するかまたは訴訟の再開の申立てをする権利を有するときは，決定においてその際に彼が遵守すべき事項について教示されなければならない．（法律1994:1034）

　　* 本条は17章12条と同様の規定である．Fitger, s. 30:34.

第11条* 終局的でない決定は，必要な限度で決定を基礎付ける理由を示さなければならない．

訴訟手続中の決定に対し上訴しようとする者が上訴の通知をしなければならないときは，決定においてその旨を教示しなければならない．このような決定に対し別個に上訴できるときは，このことも教示しなければならない．裁判所は上訴しようとする者に，申出に基づきその他に遵守すべき事項に関する情報を供与しなければならない．

終局的でない決定が判決または終局的決定に関連してなされるときは，それは判決または終局的決定の中に掲げられなければならない．この決定に対し別個に上訴できるときは，裁判所は上訴をしようとする者が遵守すべき事項について教示しなければならない．（法律1994:1034）

　　* 本条は17章13条と全く同一の規定である．Fitger, s. 30:36.

第12条　別個に上訴することができない訴訟手続中の決定は直ちに執行されなければならない．以下各号の裁判所の決定についても同様である—

1．代理人，補佐人または弁護人を排除したこと，*

2．被害者に対する公費からの補償もしくは前払，または補佐人，弁護人，証人，鑑定人もしくはその他当事者でない者に対する補償もしくは前払に関する判断，

3．勾留または第 25 章ないし第 28 章に係る措置に関する判断，

4．当事者が提案した者以外を弁護人に任命したこと，または

5．法律扶助法（1996:1619）による一般法律扶助に関する問題で，第 2 号または第 4 号に係る場合以外における判断，ただし，国に法律扶助の費用を償還すべき義務に関する決定を除く．

当事者またはその他の者に対し文書証拠を提出することまたは検証もしくは見分のための物を提出もしくは用意することを命ずる決定において，裁判所はその理由が存するときは，決定が確定力を有しないまま執行しうる旨定めることができる．

理由が存するときは，裁判所はその際に決定が変更されたとき当事者が支払義務を負うことがありうる損害賠償のための担保の提供について定めなければならない．

確定力を有しない判決または決定が執行しうることについて特段の定めがあるときは，それが適用される．（法律 1996:1624）

　　＊ 49 章 5 条の＊を参照．

第 13 条＊　裁判所が，判決または決定が裁判所またはその他の者による書損，計算違いまたは同様の不注意の結果として明白な過誤を包含すると認めるときは，裁判所は更正の決定をすることができる．

裁判所が不注意により判決または終局的決定に関連して与えるべき決定を行うのを怠ったときは，裁判所は上記の判断が確定力を取得してから 6 月内にその判断を補充することができる．ただし，判断が与えられてから 2 週間よりも後の補充は，当事者がそれを求め，かつ相手方当事者が補充に反対しないときにのみ行うことができる．

裁判を受けた者が，その氏名または個人番号について不正確な情報を与え，それが訴訟手続中に暴露しなかったときは，裁判所は検察官の申出に基づき，その裁判の更正について決定することができる．

更正または補充がなされる前に当事者らは，それが明らかに不必要でないときは第2項第2文に係る場合以外においても意見を述べる機会を与えられなければならない．決定は可能であれば更正される判断の書面の全ての写しに記入されなければならない．（法律1999:84）

　　＊ 1，2，4項は17章15条と全く同一である．Fitger, s, 30:38–39.

第14条　削除（法律1976:567）

第31章　訴訟費用について

第1条　検察官が訴追を提起した事件において被告人が有罪の判決を受けるときは，被告人は裁判所の決定により弁護人への補償として公費から支払われたものを国に償還しなければならない．彼はまた，彼を裁判所に勾引するための費用，ならびに被告人に関しかつ犯罪の調査のために行われた血液検査の試料採取（blodprovtagning）および血液検査（blodundersökning）＊の費用も国に償還しなければならない．

ただし償還義務は，調査上合理的に理由付けられない費用，または被告人，彼の代理人もしくは彼が選任した弁護人以外の者の過失もしくは過怠によって惹起された費用を包含しない．

被告人は第4条第1項に述べる場合以外には，法律扶助法（1996:1619）により法律扶助の際に法律扶助手数料として支払うべきものとされたであろう額を超える弁護人の費用を支払う義務を負わない．同法において法律扶助補佐人の費用について述べるところは，その代わりに公共弁護人の費用について適用

される.

　被告人が支払うべき額は，被告人の犯罪性または彼の人的および経済的関係にかんがみそのための理由が存するときは，調整または免除することができる.

　被告人が支払うべき額が政府の定める限度に達しないときは，償還義務は課されない.＊＊（法律 1996:1624）

　　＊「血液鑑定」という訳語もある.
　　＊＊ 公共弁護人等に関する政令（1997:406）6条によれば，その限度額は 250 クローナである. Fitger, s. 31:10.

第2条　検察官が訴追を提起した事件において被告人が無罪の判決を受けるとき，または検察官の訴追が却下もしくは除去されるときは，裁判所は弁護人，法律扶助法（1996:1619）による相談および捜査中または訴訟手続における証拠調べのための費用について，費用が彼の権利を擁護するために合理的な理由があるものであれば，公費から補償を受けるべき旨決定することができる.

　被告人はまた裁判所への出頭に対する補償も受けることができる. このような補償は政府が定める規定によって支払われる.

　被告人が有罪判決を受けるときは，第1項または第2項に係り，かつ検察官の過誤または過失により彼に惹起された費用について，公費から補償を受けることができる.（法律 1996:1624）

第3条　被害者が理由なく告訴をしまたはその他の仕方＊で公訴を起因したときは，彼は第1条に係る費用および第2条により被告人に補償が認められたものを国に賠償することを，合理的な範囲で義務付けられうる.（法律 1990:443）

　　＊ その他の仕方とは，例えば警察の尋問の際に意図的に間違った情報を提供することである. 被害者の行為が可罰的であることを要しない. Fitger, s. 31:14.

第4条　検察官が訴追を提起した事件において被告人が，裁判所に出頭せず，裁判所の発した命令を遵守せず，正当な理由を欠くと彼が考えたかもしくは考えるべきであった陳述もしくは異議を述べ，またはその他過失もしくは過怠によって国に費用を惹起したときは，他の場合に訴訟費用がどのように分配されるべきかにかかわりなく，彼はこのような費用を償還する義務を負う．

被害者または公共弁護人が過失または過怠により国または被告人に費用を惹起したときは，彼はその費用を償還する義務を負う．

第9章第7条に過料が命じられない場合の費用に関する定めが存する．（法律 2000:564）

第5条　本章により私人の当事者が全部または一部の訴訟費用を償還しなければならず，かつ当事者の法定代理人，当事者の代理人もしくは補佐人または当事者が選任した弁護人が，第3条に係る措置または第4条に述べる過失もしくは過怠によって，このような費用を惹起したと認められるときは，裁判所はこれに関する申立てがなくとも彼に当事者と共にこの費用を償還すべき旨命ずることができる．（法律 1990:443）

第6条　複数の者が同一の犯罪もしくは相互に関連を有する犯罪への共同のために有罪判決を受けるとき，または複数の被害者が訴訟費用を償還すべきときは，彼らはその費用について連帯して責任を負う．ただし，費用が彼らのある者のみに関する事件の部分に属するか，またはある者が第4条に係る過失または過怠により費用を起因した限度において，この費用は彼が単独で負担しなければならない．

ある者が第5条により当事者と共に費用を償還すべき責任を負うときは，彼らは連帯してその責任を負う．（法律 1990:443）

第7条　2人またはより多くの者が訴訟費用について連帯して責任を負わなければならないとき，裁判所は彼らのある者の申立てに基づき，事情にかんがみ

彼らの間でどのように費用を分担すべきか，または彼らのある者が費用の全部を負担すべきかについて審査することができる．*

> * 本条は18章11条と同一の文言である．Fitger, s. 31:20. ただし，原文上コンマの位置がやや異なる（本法制定当初から）．

第8条　第2条ないし第7条に定めるところは，捜査が中止されるか，またはそうでなくとも捜査の結果訴追がなされないとき，捜査中の費用について準用されなければならない；このような費用を償還する義務は国には課せられない，ただし捜査が理由なく開始されたか，またはそうでなくとも顕著な理由が存するときはこの限りでない．
　第20章第9条により検察官が取り下げた訴追を被害者が引き継いだときは，引継ぎ前の費用については第1条ないし第7条に定めるところが適用される．

第9条　検察官が被告人による訴訟費用の償還を義務付けようとするとき，または被告人がこのような費用の償還を受けようとするときは，彼は事件の取扱いが終結する前にこれに関する申立てをし，かつ費用の内訳を示さなければならない．彼がそうしないときは，この裁判所のもとで生じた費用についてその後に訴えを提起することはできない．裁判所は職権で，裁判所の決定によって公費から支払われた費用が被告人もしくはその他の者により償還されるべきか，またはそのまま国に帰するべきかについて審査する．第3条に係る問題も裁判所が職権で審査する．
　裁判所が事件について判断するとき，裁判所は同時に訴訟費用に関する決定を行う．
　捜査が開始されたが訴追が提起されず，かつ被疑者が捜査中の費用の償還を求めようとするとき，またはこのような費用の返還の問題が公共の名において提起されるときは，これに関する申請はその裁判所のもとになされなければな

らない．（法律 1977:430）

第 10 条 下級の裁判所の事件が上訴されるときは，上級の裁判所における訴訟費用を償還する義務は，そこでの訴訟手続にかんがみ決定されなければならない．上級の裁判所の判決は，被告人が下級の裁判所の有罪判決よりも重いと考えられる制裁に処せられたとき，彼が下級の裁判所において無罪の判決を受けた場合は犯罪を犯したと認められたとき，または彼による上訴が下級の裁判所の判決の変更をもたらさないときにのみ，有責（fällande）なものとみられなければならない．第 3 条の規定は，被害者が理由なく検察官によって上訴されるよう起因した場合にも適用されなければならない．

事件中の別個に上訴された問題に関する上級の裁判所における費用については，下級の裁判所に提起された事件について本章に定めるところが準用される．

事件が差し戻されるときは，上級の裁判所における費用の問題は，再開後の事件に関連して審査されなければならない．（法律 1990:443）

第 11 条 被害者のみが訴えを追行する事件における訴訟費用については，第 18 章の適用できる部分が適用される．

ただし，公共弁護人の費用を国に償還すべき被告人の義務については，本章第 1 条第 2 項および第 3 項が適用される．

被害者のみが訴えを追行する事件において，無罪判決がなされた際そのための特段の理由が存するときは，彼または彼女は裁判所の決定によって公費から弁護人への補償として支払われるものを国に償還しなければならない．

被害者が公訴を補佐し，もしくはそうでなくとも検察官と共に訴えを追行し，*または検察官が被害者のために訴えを追行する事件において訴訟費用を償還すべき被害者の義務，およびこのような費用の償還を受ける彼または彼女の権利については，第 3 条および第 4 条の規定のほか，第 18 章第 12 条に述べるところが適用される．**（法律 2005:72）

＊　被害者が明示的に訴追を補佐する旨宣言することは必要でない．例えば裁判所が私的請求をしない被害者に証拠の提出を認めることで足りる．Fitger, s. 31:33.
　　＊＊　18章12条への言及は，本項による被害者の費用責任が非独立的参加人のそれと同様のものであることを意味する．Fitger, s. 31:33.

第12条　訴訟手続に関する費用について法律または命令に異なる定めがあるときは，それが適用される．

Ⅲ．共通規定

第32章　〔期日・〕期間（frister）＊および懈怠の正当な理由（laga förfall）について

　　＊　本章は期日（terminer）および期間（frister）等に関する一般的規定である．Fitger, s.32:3.

第1条　裁判所の決定により，裁判所のもとに出頭すべき，またはそうでなくとも訴訟手続において何事かを履行すべき当事者またはその他の者は，そのための合理的な時間的余裕を与えられなければならない．

第2条＊　召喚状または上訴状が当事者の配慮によって送達されるべき場合，裁判所が事件を取り上げるときに，所定の仕方で送達が行われたという証拠が裁判所に提出されず，かつ相手方当事者が出頭せず，または本案について意見を述べないときは，当事者の訴えは消滅する（är... förfallen）．これに関する教示は，送達に関する承認命令（medgivande）の中に掲げられなければならない．（法律1994:1034）

　　＊　送達は原則として裁判所によってなされるが，当事者が送達を受けるべき者の所

在についてより良く知る可能性を有する場合などには，当事者自身が送達について配慮する正当な利益を有することがありうる．そして当事者が送達について配慮する旨申し出るときは，裁判所はこれを認めることができる（送達法（1970:428）2条2項）．本条はこのような場合に関する．Fitger, s. 32:7.

第3条 裁判所の決定により，裁判所のもとに出頭すべき，またはそうでなくとも訴訟手続において何事かを履行すべき当事者またはその他の者が，そのための合理的な時間的余裕を与えられていないと認められるか，またはそうでなくとも裁判所が定めた日時を延長すべき理由が存在するときは，裁判所は新たな日時を定める．*

　　* 本条は裁判所が定めた期日または期間のみに関する．Fitger, s. 32:9.

第4条 弁論が指定された後，集会前に弁論の実施または必要な程度における (i erforderlig omfattning) その遂行に対する支障を構成すると考えられうる事情が存在するときは，裁判所は弁論のために新たな日時を定めることができる．
　当事者が上述の事情について知ったとき，または弁論のための集会に出頭するよう呼び出された者が，呼出しに応ずることに支障があると認めるときは，彼は直ちに裁判所にそれについて届出をしなければならない．

第5条 事件の審査上，他の訴訟手続における対象もしくは他の手続における処理の対象である問題がまず判断されることが著しく重要であるとき，または事件の取扱いについてその他の障害が長期的に存在するときは，裁判所は障害が除去されるまで事件の手続の中止を命ずることができる．

第6条 裁判所の決定により，裁判所のもとに出頭すべき，またはその他訴訟手続において何事かを履行すべき者が，その懈怠について正当な理由を有することに相当な蓋然性があるときは (sannolikt)，この者はそれについてなんら

制裁を科せられず，またはその他の仕方で訴訟手続における責任を問われない．*

　ある者が第1項に係る懈怠の責めを負うけれども，特別の事情に基づきそれについて正当な理由を有すると考えられうるときは，彼はこれに関する調査資料を提出する機会を与えられなければならない．**この場合裁判所は，懈怠に基づく制裁の告知またはその他の措置に関する判断を延期しなければならない．（法律1987:747）

> ＊　裁判所は職権で正当な理由の存否を審査しなければならない．裁判所が正当な理由について相当な蓋然性があると判断し，それが事後に誤りであることが判明したときは，当事者は不出頭による制裁は問われないけれども，懈怠により惹起した訴訟費用の償還を義務付けられうる．Fitger, s. 32:15.
> ＊＊　本項における正当な理由の蓋然性の程度は1項の場合よりも低い．例えば，悪天候のため交通事情が悪いことが裁判所に知られているとか，当事者が弁論期日の直前に病気で出頭できないと電話をしてきたような場合である．後者の場合には医師の診断書の提出などにより1項の証明をする機会を与えるのである．Fitger, s.32:15.

第7条　集会に呼び出された者が支障を届け出たために集会があらかじめ停止されたとき，それにもかかわらず裁判所は，支障を届け出た者が事後にその正当な理由を相当な蓋然性をもって証する調査資料を提出しないときは，出頭に関する命令中に掲げられた制裁の問題について決定することができる．欠席判決がなされるためにはその申立てが必要とされる．（法律1999:84）

第8条　ある者が公共運輸手段の途絶，病気またはその他の彼が予見しえなかった，もしくはそうでなくとも裁判所が有効な弁明を構成すると認める事情によって，彼に課せられた事項の履行を妨げられたときは，懈怠について正当な理由が存在する．

　当事者に依頼された代理人に上述の支障が存在し，かつ適時に他の代理人を

用いることができないときも，当事者のための懈怠に関する正当な理由とみられなければならない．

第33章　訴訟手続における書面*について，および送達について

　　* 訴訟手続における書面（inlaga i rättegång, rättegångsinlagor）とは，当事者が裁判所に提出する申請書などの書面をさす（1条）．Fitger, s. 33:3.

第1条　申請，届出またはその他の訴訟手続における書面は，裁判所ならびに当事者の氏名および住所に関する情報を包含しなければならない．

　訴訟手続における私人の当事者の最初の書面は，当事者に関する以下各号の事項を包含しなければならない―

　1．職業ならびに個人番号または組織番号,

　2．郵便上の住所および就業場所の住所，ならびにそれが適切な場合には（i förekommande fall）送達執行人による送達の際当事者に出会うことができるその他の住所,*

　3．住居（bostad）および就業場所の電話番号，ただし秘密の電話加入に係る番号については，裁判所がそれを求めるときにのみ開示することを要する，ならびに

　4．その他，彼に対する送達上有意義な事情．

　法定代理人が当事者の事件を追行するときは，同様の情報が彼についても提供されなければならない．当事者が彼〔自己〕を代理する代理人を依頼しているときは，代理人の氏名，郵便上の住所および電話番号が示されなければならない．

　召喚状申請書はその他に，第2項および第3項に述べる事項について，私人の被告に関する情報を包含しなければならない．被告およびその法定代理人の

職業，就業場所，電話番号および代理人に関する情報は，申請人にとって情報が特別の調査なしに入手できるときにのみ提供することを要する．被告が知られている住所を欠くときは，これを確定するための調査を行ったときに情報を提供しなければならない．

当事者が証人またはその他の者の尋問を求めるときは，当事者は第4項に述べる範囲においてこの者に関する情報を提供する義務を負う．

第1項ないし第5項に係る情報は，情報が裁判所に提供される時点の事情に妥当するものでなければならない．これらの事情のいずれかが変更するか，情報が不十分であるか，または誤っているときは，遅滞なく裁判所に届け出なければならない．（法律1985:267）

　　＊この「その他の住所」は，住居である住所（bostad- och besöksadress）と郵便上の住所（postadress）とが一致しない場合などに必要とされる．したがって，郵便上の住所が私書箱になっているときは，送達執行人による送達をすることができるよう番地を表示した住所（gatuadress）などの表示をしなければならない．Fitger, s. 33:5.

第2条　裁判所がある者に文書の内容またはその他の事項について通知すべきときは，送達によって行うことができる．送達がとくに定められているとき，または通知に関する規定の目的にかんがみ送達が行われるべきことが明らかなときは，送達が用いられなければならない，しかし，その他の場合には事情にかんがみそれが要求されるときにのみこれを用いるべきである．

当事者から提出された訴訟書類またはその他の文書が送達されるべきときは，当事者は文書にその認証された謄本を添付しなければならない．送達が裁判所の配慮により行われ，かつ送達のために複数の謄本が必要であるときは，当事者はそれらを用意する義務を負う．当事者が上述の謄本を用意しないときは，裁判所は当事者の費用で謄本の作成について配慮する．（法律1990:1411）

第3条　文書は，文書または文書が同封されている郵券支払済みの郵便物に関

する通知状が裁判所に到着し，または権限を有する職員の手元に達した日に裁判所に到達したものとみられる．裁判所が特別に裁判所宛ての電報が電報取扱企業に到着している旨の通知を受けたときは，電報はすでにこの通知が権限を有する職員に達したときに到達したものとみられる．

　文書またはこれに関する通知状がある日に裁判所の事務局に交付され，または郵便局で裁判所のために分離された*と考えられうる場合，それが直近の執務日に権限を有する職員の手元に達したときは，前者の日に到達したものとみられる．

　必要であれば裁判所は，テレファックスまたはその他の原本に発信人の署名を欠く通知〔書面〕について，署名のある原本による発信人の確証を求めることができる．裁判所がこのような確証を得られないとき，裁判所はこの通知を無視することができる．（法律 1994:1034）

　　*「郵便局で裁判所のために分離された」とは，裁判所の私書箱（postboxen eller postfacket）に置かれたことをいう．Fitger, s. 33:14.

第 4 条　送達一般については，別に定められている．*（法律 1970:429）

　　* 送達法（1970:428）および送達令（1979:101）などがそれである．Fitger, s.33:16.

第 5 条　削除（法律 2000:172）

第 6 条　送達法（1970:428）第 5 条，第 12 条および第 15 条の規定は，刑事事件における召喚状の送達には適用されない．*

　民事事件における召喚状は，被送達者が逃亡したかまたはその他の仕方で身を隠すと考えられる理由が存するときにのみ送達法第 12 条による送達ができる．

　本案について和解が許容される民事事件における召喚状が送達できなかった

とき，裁判所は送達の試みを続行すべきか，または原告自身に送達を行うよう求めるべきかについて審査しなければならない．その際にはそれまでに送達に要した労働および費用，続行される試みが成功するための条件ならびにその他の事情が考慮されなければならない．原告がこの求めに応じないときは，召喚状の申請は却下されなければならない．（法律1995:637）

＊5条は外国法による送達，12条は被送達者の家族，被用者等に対する送達，15条は公告等による送達について規定している．本項はこれらの送達方法が用いられないことを定める．Fitger, s.33:17.

第7条　削除（法律1972:1511）

第8条　王国内に住所を有しない当事者が，裁判所のもとに王国内，ヨーロッパ経済共同地域内の他の国またはスイスに住所を有し，かつ当事者のために事件について送達を受ける権限を有する代理人を示さないときは，裁判所は彼が最初に訴えを追行するときに，このような代理人を選任し，かつその旨を裁判所に届け出るよう命ずることができる．彼がそうすることを怠るときは，彼に対する送達は彼の最後に知られた住所に宛てて郵便で文書を送付することによって行うことができる．（法律2001:57）

第9条＊　裁判所は必要な場合には，裁判所に到達する文書または裁判所から発送する文書を翻訳させることができる．

　裁判所は，文書がヨーロッパ経済共同地域内の他の国もしくはスイスに滞在する者に送付されるべきもので，かつその者が文書における言語を理解できないと考えられる理由が存するときは，刑事事件における文書またはその最も重要な部分を翻訳する義務を負う．

　文書は他の国の言語，または関係公的機関においてその者がこの言語を理解しないことを知るときはその者が理解する他の言語に翻訳されなければならな

い．

　翻訳について裁判所を援助した者は，国から支払われる合理的な補償を受ける権利を有する．

　第1項および第3項は，点字から通常の文字への，またはその逆の反訳についても適用されなければならない．（法律2006:902）

　　　* 明示されていない主要原則は，裁判所に提出される文書はスウェーデン語で作成されなければならないということである．Fitger, s. 33:19.

第10条　召喚状申請書が第1条第1項ないし第4項に規定するところを満たさない場合，欠缺が送達上些細なものでないときは，申請人は申請書を補正することを命ぜられる．この命令が遵守されず，かつ本案が和解が許容されるようなものであるときは，裁判所はそうするのが不相当でなければ申請を却下することができる．（法律1985:267）

第11条　当事者でなくて訴訟手続において尋問されるべき者は，裁判所の求めに基づき第1条第2項および第6項が当事者について述べる事項の範囲で自己に関する情報を裁判所に提供する義務を負う．*（法律1985:267）

　　　* これは事後における呼出状の送達を可能ならしめるためである．Fitger, s. 33:23.

第12条　第1条または第11条により自己に関する情報を提供すべき者に対しては，過料の制裁付きでその情報提供義務の履行を命ずることができる．（法律1985:267）

第13条ないし第27条　削除（法律1970:429）

第34章　訴訟手続障害について*

* 訴訟手続障害は訴訟障害（processhinder）ともよばれる．訴訟手続法において訴訟障害はしばしば事件（målet），原告の請求（käromålet）または問題（frågan）は「取り上げることができない」などという言葉で表現されている．しかし一般に，法律は取り上げることについての障害の代わりに，本案の審理に取り上げるべき要件について述べている．そしてその際には訴訟要件（processförutsättning）——本案審理要件（sakprövningsförutsättning）——が存在するといわれるのが普通である．このような要件の欠缺は訴訟障害の存在に相当する．訴訟要件と訴訟障害とは同じものの両面なのである．Fitger, s. 34:3, Per Henrik Lindblom, Processhinder, Norstedts Juridik, 1974, s. 21, 89. したがって，わが国における訴訟障害（消極的訴訟要件・訴訟条件）とは意味内容が異なることに注意すべきである．ちなみに，わが国において民訴理論では訴訟要件，刑訴理論では訴訟条件と異なる用語を用いるのは，初学者に無用の混乱を生じさせるおそれがあろう（原語のドイツ語はいずれも Prozeßvoraussetzungen）．両訴訟の用語の差異に関する一般論としては，小林秀之・安富潔『クロスオーバー民事訴訟法・刑事訴訟法』（第二版，2002，法学書院）39-40頁参照．

第1条　事件の取上げ（upptagande）に対する障害の問題は，その理由が生ずるや否や裁判所によって扱われなければならない．

　訴訟手続障害は，他に異なる定めがないときは裁判所が職権で顧慮しなければならない．

第2条*　当事者が裁判所は事件を審理する権限を有しない旨の抗弁（invändning）をしようとするときは，裁判所において事件について最初に訴えを追行すべき時にその抗弁を提出しなければならない．彼が正当な理由によりこの抗弁をすることを妨げられたときは，その理由が消滅した後できる限り速やかにこれを提出しなければならない．当事者が上述の日時内にこの抗弁を提出することを怠るときは，彼のこの権利は消滅する．

＊本条は職権審査の事項についてはあまり意味がない．遅れて提出された抗弁も裁判所は顧慮しなければならない．理由書によれば，民事事件の準備が口頭のときは第1回の出頭の際に，書面のときは答弁書において抗弁を主張しなければならない．Fitger, s. 34:14 a–14 b.

第3条 当事者が第2条に係る抗弁を適時にしたときは，裁判所はこれについてできる限り速やかに別個に決定を行う．それ以外の訴訟手続障害の抗弁がなされる場合，その性質が要求するときは，裁判所はこれについて別個に決定を行う．

第3編
証拠調べ（bevisning）*について**

　　* 英・独訳は evidence, Beweis である．わが国の民訴第2編第4章および刑訴第2編第3章第2節も「証拠」と題されている．いささか迷いながら「証拠調べ」という訳語を選んだのは，bevis と異なる語感を出したかったことなどによる．
　　** 本編は全ての審級に，そして民事・刑事両事件に適用される証拠法に関する規定を集めている．Fitger, s. 3:e avd:1. エーケレーヴによれば，bevisning は立証ないし証拠の提出（bevisnings förebringande）と証拠の評価（bevisvärdering）という異質の二つの要素から成る．Ekelöf Ⅳ, 6 uppl. (1992), s.12. 本編については『主張・証明の法理』71頁以下参照．民事・刑事訴訟法の統一法典であるスウェーデン訴訟手続法の最大の特徴は，証拠法規が共通な点にあるといってもよい．私はこのことは，ほとんどの弁護士が民事事件のかたわら刑事事件を扱うわが国（おそらく多くの先進諸国はそうであろう）においては，別して実務的重要性の面で参考に値すると考える．

第35章　証拠調べ一般について

第1条　裁判所は，〔訴訟において〕生起した全てを良心に従って精細に審査した後，事件において何が証明されたかを判断しなければならない．*
　　ある種の証拠について効果が定められているときは，それが妥当する．**

　　* 本項は自由立証主義（fri bevisföring）――証拠方法の利用に関する制限がないこと――と自由心証主義（fri bevisvärdering）とを定めている．英米法と異なり，例えば伝聞証拠も禁止されず証拠として許容されるが，その証拠価値の著しい薄弱さが問題となるのである．両者を含めて自由証拠審査主義（fri bevisprövning）とい

う．Fitger, s. 3:e avd:1-2, 35:8, 29．なお『主張・証明の法理』79 頁参照．
＊＊ 例えば，送達法（1970:428）24 条は送達に関する証明書について，相続法 10 章 2 条は遺言について定めている．このような特則は，ある場合には証拠評価，ある場合には証明責任や証明度に関する．Fitger, s.35:8.

第 2 条　公知の事実については証明（bevis）＊を要しない．
　法規についても証明を要しない．ただし，外国法が適用されるべく，かつ裁判所にその内容が知られていないときは，裁判所は当事者にこれに関する立証を求めることができる．

　　＊ bevis には証拠（evidence）と証明（proof）の両義がある．ドイツ語の Beweis と同様である．

第 3 条　訴訟手続において当事者がある事実を認め，かつ本案がそれについて和解が許容されるようなものであるときは，当事者が認めた事実は彼に対して妥当する．当事者がその自白を撤回するときは，裁判所は撤回のために述べられた理由およびその他の事情にかんがみ，自白に証拠としていかなる効果を帰せしめることができるかを審査する．＊
　本案が第 1 項に述べるようなものでないときは，裁判所は事情にかんがみ当事者の自白が証拠としていかなる効果を有することができるかを審査する．＊＊

　　＊ 判例によれば，法律事実に関する自白の撤回は新たな事実の主張とみられる．Fitger, s. 35:57.
　　＊＊ 2 項は刑事事件または非処分主義訴訟の民事事件の自白に関する．Fitger, s.35:57.

第 4 条　当事者が裁判所の決定により裁判所のもとに出頭すること，もしくはそうでなくとも訴訟手続において何事かを履行すること，または調査上なされた質問に答えることを怠ったときは，裁判所は生起した全てにかんがみ当事者の行動に証拠としていかなる効果を帰せしめることができるかを審査する．＊

＊　本条は当事者の受動性の証明力を扱う．しかし刑事事件とくに重大な事案においては本条の適用について十分に慎重でなければならず，例えば不出頭自体にはなんらの証明力も与えるべきでないとされる．Fitger, s. 35:58-59.

第5条　発生した損害の評価に関する問題で，損害に関する十分な立証が全くできないかまたは著しく困難（endast med svårigheter）であるときは，裁判所は損害を合理的な額に評価することができる．立証が損害の範囲と合理的な関係に立たないほどの費用または不利益を伴うと考えられ，かつ申し立てられた損害賠償が少額＊に係るときも同様である．（法律 1988:6）

　　＊　少額とは，おおむね一般保険の基礎額の半分程度と解されているようである（1章3条d1項参照）．Fitger, s. 35:62.

第6条　立証の責めは当事者に属する．裁判所は，本案について和解が許容されない民事事件および公訴のもとに属する刑事事件においてのみ，職権で証拠を収集することができる．（法律 2005:683）

第7条　裁判所は以下各号の場合には証拠調べ〔の請求〕を却下することができる─
　1．当事者が立証しようとする事実が事件において無意義であるとき，
　2．その証拠が必要でないとき，
　3．その証拠が明らかに証明力を有しないであろうとき，
　4．立証が著しく容易な手数または低額の費用で，他の仕方で行うことができるとき，または
　5．その証拠について合理的な努力をしても取調べを行うことができず，かつ〔事件の〕判断をそれ以上遅延すべきではないとき．（法律 2005:683）

第8条　本口頭弁論が行われるときは，証拠を本口頭弁論外で取り調べること

ができる旨定められていない限り，証拠は本口頭弁論において取り調べなければならない．*本口頭弁論が行われないとき，またはそうでなくとも本口頭弁論外で取り調べるときは，証拠は同じ裁判所または他の裁判所のもとで取り調べることができる．

> * 証拠の取調べ（upptagande）とは，証拠がその本来の状態において裁判所に供給されることを意味する．証拠が提出ないし上程される（läggas fram, förebringas）こととは異なる．後者は証拠の取調べだけでなく，従前の証拠の取調べの調書や録音・録画によってもなされる．Fitger, s. 35:67.

第9条　本口頭弁論外で証拠を取り調べるときは，当事者の呼出しおよび呼出しに対する不服従については，事件の準備の際の集会について定めるところが適用される．当事者が出頭しない場合においても，事件の取扱いを続行すべきときは，それにもかかわらず証拠調べを行うことができる．（法律 2005:683）

第10条　裁判所が他の内国裁判所において証拠が取り調べられる旨決定するときは，裁判所は他の裁判所にこれに関する申出〔嘱託〕をし，かつその際事案に関する簡単な説明をし，証拠およびこれにより証明すべき事項を示さなければならない．この申出の際裁判所はそれが適切と認められ，かつ支障がないときは，事件の記録を添付しなければならない．

第11条　証拠の取調べを嘱託された裁判所は，証拠調べの日時および場所を指定しなければならない．証拠調べの際裁判所は，訴訟が係属している裁判所と同一の権限を有する．

　証拠調べに関する調書は訴訟が係属する裁判所に他の全てのものとともに送付するか，またはそうでなければ案件に属する文書が送付されなければならない．

第 35 章　証拠調べ一般について　*195*

第 12 条　外国における証拠の取調べについては，別に定められている．*

 * 外国裁判所における証拠調べに関する法律（1946:817）がある．Fitger, s. 35:71.

第 13 条　本口頭弁論の際裁判所は，それが事件にとって有意義と認められ，かつ証拠調べに対する支障が存しないときは，本口頭弁論外で取り調べられた証拠を新たに取り調べなければならない．ただし，本案について和解が許容される民事事件においては，当事者のいずれかがそれを求めるときにのみ新たに取り調べることができる．

 高等裁判所に上訴された事件において地方裁判所が証拠調べをしているときは，高等裁判所が事件の調査上有意義と認めるときにのみ新たに証拠を取り調べることを要する．高等裁判所において口頭証拠が地方裁判所における尋問の音声および映像の録音・録画によって提出できるときは，それ以上の発問が必要とされるときにのみ新たに証拠を取り調べることができる．本項に係る証拠は，当事者の申出なしにも新たに取り調べることができる．

 最高裁判所においては，下級の裁判所が取り調べた証拠は，顕著な理由が存するときにのみ新たに取り調べることができる．

 証拠が新たに取り調べられないときは，それは適切な仕方で提出され（läggas fram）なければならない．（法律 2005:683）

第 14 条　ある者がすでに開始された，または予期される訴訟手続に関して書面でした供述，またはある者がこのような訴訟手続に関して検察官もしくは警察機関の面前で，そうでなくともその他裁判所外でした供述を録取したものは，以下各号の場合にのみ訴訟手続において証拠として援用することができる*——

 1．それについてとくに定められているとき，
 2．本口頭弁論の内外またはその他裁判所の前で，供述をした者の尋問を行うことができないとき，**または

3．本口頭弁論の内外での尋問が伴うと考えうる費用または不利益，このような尋問によって得られると考えうる利益，供述の意義およびその他の事情にかんがみ，特段の理由が存するとき．

ただし民事事件においては，第1項に述べる場合以外においても当事者双方が同意し，かつ明らかに不適切でないときは，このような書面による供述または供述を録取したものを訴訟手続において証拠として援用することができる．

第1項および第2項において書面の供述または供述録取書について述べるところは，供述の録音または録音・録画についても適用されなければならない．
（法律 2005:683）

* 証拠直接主義（princip om bevisomedelbarhet）の例外として，いわゆる証人供述書（vittnesattester）の援用を認める規定である．理由書は，このような書面はしばしば信用性に欠け，したがって証拠価値が薄弱であることに注意を喚起している．Fitger, s. 35:77–78.
** 死亡，長期間にわたる尋問不可能な病状などの場合．Fitger, s. 35:79.

第36章　証人について

第1条　事件における当事者でない全ての者は，証人として尋問することができる．ただし刑事事件においては，被害者は事件を追行しないとしても証人になることができない．*

刑事事件においては，尋問が問題となる犯罪行為に共働したため，またはこの犯罪行為と直接に関連する他の犯罪行為のために訴追されている者**についても，証人尋問を行うことができない．

訴追されている者について第2項に述べるところは，以下各号の犯罪行為に係る者についても適用されなければならない—

1．合理的に疑われ，かつ第23章第18条により嫌疑について通知されている者，

第 36 章　証人について　197

　2．刑罰命令または秩序罰金命令が発せられている者，または
　3．訴追猶予または特別の訴追審査に関する規定による決定の結果，訴追されなかった者．

　第 2 項または第 3 項に係る者が，彼自身に対する訴追に関しない訴訟手続において尋問されるときは，弁論への呼出しおよび弁論への不出頭に対する制裁ならびに尋問については，第 31 章第 4 条，第 37 章第 1 条，第 45 章第 15 条，ならびに勾留について述べるところを除き第 46 章第 15 条において被告人について述べるところが適用される．弁論への出頭に対する補償の権利については第 36 章第 24 条および第 25 条が適用される．（法律 2001:235）

> ＊刑事事件においては，被害者はいかなる場合にも証人として尋問することができない．被害者は 37 章の当事者尋問の手続により尋問される．Fitger, s. 36:5.
> ＊＊共同正犯，教唆または幇助のほか，贓物罪のような事後従犯も含む．Fitger, s. 36:9.

第 2 条　裁判所の構成員が証人として援用されるときは，彼は自らの裁判官宣誓に基づき，彼が事件の解明に役立ちうることを知っているか否かについて審査する．彼がそう認めるときは，彼は証人として尋問されうる．＊

> ＊裁判所でなく，当該裁判官個人が証人になるべきか否かの判断権を有するということである．もちろん，証人になった場合は裁判官として事件に関与することはできない（4 章 13 条 9 号）．なお，検察官についても裁判官と同様に除斥・忌避規定が適用されるから（7 章 6 条 1 項），証人となった検察官も訴追側当事者としての職務を行うことができなくなる．Fitger, s. 36:12-13.

第 3 条　当事者と婚姻関係にあるかもしくはあった者，直系の尊属もしくは卑属の血族もしくは姻族の関係にある者，兄弟姉妹，一方が他方の兄弟姉妹と婚姻しているかもしくはしていたことにより姻族関係にある者，または当事者に対する同様の近親者＊は証言をする義務を負わない．

ある者が当事者の法定代理人と上述のような関係にあるときは，彼はこの理由により証言することを免れることはできない．（法律1973:240）

 * 判例によれば，同棲（していた）者のみならず指輪の交換をした婚約者なども含む．Fitger, s. 36:14.

第4条 15歳未満の者または精神的障害を有する者が証人として援用されるときは，裁判所は事情にかんがみ彼を証人として尋問しうるか否かについて審査する．（法律1991:1549）

第5条* 秘密保護法（1980:100）第2章第1条もしくは第2条もしくは第3章第1条もしくは第5章第9条もしくは第10条またはこれらの法文のいずれかに言及する規定により情報を洩らしてはならない者は，その活動において情報を獲得した公的機関の許可なしには，この情報について証人として尋問することができない．**

 弁護士，医師，歯科医師，助産婦，看護師，心理学者，心理療法士，社会福祉サービス法（2001:453）による家族相談士およびこれらの者の補助者は，その職業の遂行上委ねられているか，またはこれに関連して知った事項については，法律において認められているか，または守秘義務がその利益に妥当する者が同意したときにのみ証人として尋問することができる．秘密保護法第9章第4条によりこれに係る情報を供与してはならない者は，法律において認められているか，秘密がその利益に妥当する者が同意したときにのみ証人として尋問することができる．

 訴訟代理人，補佐人または弁護人は，受任事務の遂行のために委ねられた事項については，当事者が同意したときにのみ証人として尋問することができる．

 第2項または第3項に述べるところは，以下各号の者に証言義務が存在することを妨げない—

1．秘密保護法（1980:100）第14章第2条第5項および第6項に係る罪に関する事件における弁護人以外の者，および

2．社会福祉サービス法（2001:453）第14章第1条により，同法第5章第2条もしくは第6章第6条，第13条もしくは第14条，または年少者の保護の特則に関する法律（1990:52）による事件において情報供与義務を有する者．

信仰団体における聖職者またはこのような団体においてこれに相当する地位にある者は，彼または彼女が告解または個人の精神の癒しの間に知った事項について証人として尋問することができない．

出版の自由に関する法律第3章第3条または表現の自由に関する基本法第2章第3条により守秘義務を負う者は，上述の法文に規定されている限りにおいてのみ，守秘義務に係る事項について証人として尋問することができる．

ある者を本条に述べるところによりある事項について証人として尋問することができないときは，守秘義務のもとに通訳または翻訳について補佐した者の証人尋問を行うこともできない．（法律2006:859）

　　＊　本条はいわゆる尋問禁止（frågeförbud）——オリーヴェクルーナ（Olivecrona）の造語——について定める．Fitger, s. 36:18.
　　＊＊　1項はとりわけ王国の安全，外国との関係および王国の財政政策の保護などに関する．Fitger, s. 36:19.

第6条　証人は，証人または彼と第3条に係る近親関係にある者が犯罪的または恥辱的な行為をしたことを暴露するであろう事実に関する供述を拒むことができる．＊

証人は職業的秘密について供述することを拒むこともできる．彼または彼女はさらに，秘密保護法（1980:100）第7章第50条による秘密に包含される個人の人的関係に関する情報を与えることを拒むことができる．

第2項に述べるところは，証人が職業的秘密または情報について尋問される

べき顕著な理由が存するときは適用されない．＊＊（法律 2006:513）

> ＊ 判例によれば，すでに有罪判決を受けた犯罪行為（麻薬犯罪における買受けの相手方について）は含まれない．国会オンブズマンによれば，売春は恥辱的行為とみられる．Fitger, s. 36:27–27 a.
> ＊＊ 2項の拒否の可否は，当該問題に関する各種の利益を裁判所が考量して判断することになる．Fitger, s. 36:28.

第7条 証人として尋問されるべき者は，過料の制裁付きで，弁論の際裁判所の前に出頭するよう呼び出さなければならない．

　証人の呼出状は，当事者および事件に関する必要な情報を与え，かつ尋問事項の概要を示さなければならない．証人は，第20条および第23条ないし第25条による権利および義務についても注意されなければならない．（法律1987:747）

第8条 裁判所は，証人として尋問されるべき者に対し，証言を行うため出頭する前に，著しい支障（avsevärd olägenhet）なしにできるときは，証人に利用できる会計帳簿，覚え書もしくはその他の文書を調査し，または場所もしくは物を見分することによって，証人尋問の事項に関する知識を喚起しておくよう命ずることができる．

　裁判所が，出版の自由に関する法律第3章第3条第2項第4号もしくは第5号，または表現の自由に関する基本法第2章第3条第2項第4号もしくは第5号により，そこに係る情報を秘密裏に保持する義務を負う者について，それにもかかわらず証人として尋問されうるかを審査すべきときは，裁判所はまず，特段の理由が他に導かなければ，彼がこの情報に関する知識を獲得した企業から意見を入手しなければならない．（法律1991:1561）

第9条 証人は，特段の理由がなければ証人尋問が行われる前，事件の弁論に

同席することができない．

　事件において複数の証人がいるときは，彼らは各別に尋問されなければならない．

　証人の供述が不明確であるかもしくは矛盾するか，またはそうでなくとも証人を対質で尋問する特段の理由が認められるときは，これをすることができる．

第 10 条　証言が行われる前に，裁判所は，証人の完全な氏名，ならびに必要であるときは年齢，職業および住所を聞かなければならない．裁判所はまた，証人が当事者または事案との間に証言の信頼性の判断のために重要でありうる関係を有するか，またはそうでなくともこの面で有意義な事情が存在するか否かについて解明するよう努めなければならない．

　証人が当事者との間に第 3 条に係るような関係を有するときは，証人は証言を行う義務がないことを注意されなければならない．

　証人の開示する氏名が特別の同一性保護に関する法律（2006:939）*による特別の同一性保護に含まれるものであるときは，証人はそのことを告げなければならない．（法律 2006:940）

　　＊この法律は諜報的捜査活動に従事する警察官などの別名の使用に関するものである．このような同一性保護のもとに活動することは証人義務の制限を意味しないのである．Fitger, s. 36:34.　同頁では警察官についてのみ言及されているが，必ずしも警察官に限定されない（同法 2 条）．

第 11 条　証人はその供述を与える前に，以下の宣誓をしなければならない：一

　"私何某は，名誉と良心に賭けて，全ての真実を述べ，かつ何事も隠さず，附加せずまたは変更しないことを約束し，かつ保証します．"（法律 1975:1288）

第12条　削除（法律 1975:1288）

第13条　宣誓は，以下各号の者はすることができない—
　1．15歳未満の者；または
　2．精神的障害に基づき宣誓の意味について必要な理解力を欠くと認められる者．
　刑事事件においては第3条に係る被告人の近親者も宣誓をすることができない．（法律 1991:1549）

第14条　証人を尋問する前に裁判所は，彼の真実義務について注意し，かつ宣誓がなされたときは，その重大性について注意する．そのための理由がある時は，証人は第5条および第6条の内容についても同様に注意されなければならない．（法律 1975:1288）

第15条　宣誓は証人ごとに別々にしなければならない．
　事件において再度尋問される証人は，従前にした宣誓に基づき証言することができる；裁判所は証人にこの宣誓がなお彼に対し拘束力を有することを注意しなければならない．（法律 1975:1288）

第16条　証人はその供述を口頭でしなければならない．ただし証人は，裁判所の許可を得て記憶を裏付ける覚え書を用いることができる．
　証人尋問の際，証人が裁判所の前または検察官もしくは警察機関の面前で従前に述べたところは，尋問の際の証人の供述が彼または彼女が従前に供述したところから乖離する時，または尋問の際証人が供述することができないか，もしくはすることを欲しない旨宣言した時にのみ提出することができる．ただし，尋問が裁判所の前で従前に尋問された者に係り，かつ前の尋問が録音・録画によって記録されているときは，尋問は録音・録画の再生で開始することができる．従前の証拠調べが下級の裁判所で行われたときは，上級の裁判所にお

ける尋問は，それが不適切でないときはこのような再生で開始されなければならない．（法律 2005:683）

第17条 証人尋問は，裁判所が異なる定めをしなければ，尋問を援用〔申請〕した当事者によって開始されなければならない．尋問の際証人は最初に自分自身で，必要であるときは質問に助けられて，その供述を一連のものとして（i ett sammanhang）述べる機会を用意されなければならない．*

相手方当事者は，その後に証人を尋問する機会を有しなければならない．相手方当事者が同席しないとき，または他の理由により必要であるときは，裁判所は尋問のこの部分を行うべきである．

その後に裁判所および当事者らは証人に対し，それ以上の質問を発することができる．尋問を援用した当事者が最初にその機会を有すべきである．

尋問を当事者のいずれも援用しないか，または双方が援用した場合，当事者のいずれかが尋問を開始するのが適切でないときは，尋問は裁判所によって開始されなければならない．

その内容，形式または提示の仕方によって特定の答えを誘導する質問は，第2項による尋問の際どの程度証人の供述が現実の事象経過と合致するかを調査するのに必要なとき以外はすることができない．裁判所は明らかに事案に属しないか，または証人を困惑させる，もしくはその他の仕方で不当な質問を却下しなければならない．**,***（法律 1987:747）

* 本項は主尋問に関する規定である．当事者に尋問をゆだねる趣旨は，裁判所は証人の供述および挙動等にその全力を集中することができ，証人に対し次に何を質問すべきかという考慮に煩わされないようにすることにある．Fitger, s. 36:40. なお本項は，英米的尋問方式と大陸法的尋問方式との止揚として比較証拠法的見地から注目に値しよう．
** 本項は誘導尋問等の禁止に関する．
*** 世界的に高名なスウェーデンの供述心理学者アルネ・トランケル（A. Trankell）の著作の邦訳（英語版からの重訳）として，植村秀三『証言のなかの真実—

事実認定の理論』（1975, 金剛書院）がある．このトランケルの「形式的構造分析」の方法がスウェーデンにおける供述心理学を支配しているが，その中でストックホルム学派とルンド学派との対立がみられる．前者はトランケルの方法を忠実に踏襲するのに対し，後者はこれを修正した独自のアプローチを用いる．また両者は，供述心理学者に公認の資格を要求するか否かなどの点においても見解を異にする．
Henrik Edelstam, Sakkunnigsbeviset, Uppsala:Iustus Förlag, 1991, s. 524–527. なお，『主張・証明の法理』122–123 頁も参照．

（日進月歩のわが国の供述心理学界の状況に通ずる読者にとってはこの注記などあるいは旧聞に属するかも知れない．しかし，「法と心理学会」の機関誌『法と心理』7 巻 1 号（2008）には 1948 年刊行の G. ボーネの古典的名著（庭山英雄・田中嘉之訳）の書評（山崎優子）が掲載されていることなどにかんがみ，かつはその生前親しかった植村氏（元裁判官）の先駆的業績を顕彰したいという気持もあって，トランケル関係の情報について言及しておく次第である．）

第 18 条 裁判所は，以下各号の場合には当事者または傍聴人が証人尋問の際に同席してはならない旨決定することができる—

1．証人が当事者もしくは傍聴人の同席に基づく恐怖またはその他の原因から，自由に真実を語ることができないと考えられる理由が存するとき，または

2．当事者もしくは傍聴人が，証人に対し彼もしくは彼女の供述を遮りまたはその他の仕方で妨害行為をするとき．

第 1 項による証人の供述が当事者欠席のままなされるときは，当事者は可能であれば放送または放送・放映によって尋問をフォローすることができる．これを行うことができないときは，証人の供述は必要な範囲でその当事者が再び同席する時に再現されなければならない．*当事者は証人に発問する機会を用意されなければならない．（法律 2005:683）

　　* 理由書によれば，証言調書の朗読または録音の再生のほか，適切な場合はその要約でも足りる．国会オンブズマンによれば，裁判所は証人に，彼の証言が被告人に秘密にされるという見解を抱かせてはならない．Fitger, s. 36:44–45.

第19条　証人の尋問は，以下各号の場合には裁判所外で行うことができる，──
　1．証人が本口頭弁論に出頭することができないとき，
　2．本口頭弁論への出頭が，尋問が本口頭弁論の際に行われることの意義と合理的な関係に立たないほどの費用もしくは支障を伴うであろうとき，または
　3．事件が本口頭弁論なしに判断されるであろうと考えられうるとき．（法律2005:683）

第20条　第7条により呼出しを受けた証人が不出頭の場合，裁判所は，事件について事後の日が指定されるときは新たな過料を命ずるか，または彼が直ちにもしくは事後の日に裁判所に勾引されるべき旨命じなければならない．＊（法律1987:747）

　　＊ 後段は，その期日に尋問するときは直ちに，新期日に尋問するときはその日のために勾引を命ずるという意味である．Fitger, s. 36:47.

第21条　証人が正当な理由なしに宣誓を行うこともしくは証言をすることもしくは質問に答えること，または第8条による命令を遵守することを拒むときは，裁判所は，証人に過料を科し，かつ証人がそれに服しないときは監置（häkte）によってその義務の履行を命ずる（förelägge）＊〔ことができる〕．何人も上述の理由によって3月よりも長く，かつ裁判所が事件を終結する時を超えて監置場に拘束されてはならない．監置場に収容された証人は，遅くとも14日ごとに裁判所に出頭させなければならない．＊＊（法律1975:1288）

　　＊ この動詞によって本文が強行的規定か任意的規定かが争われている（前説は命令形と解する）．多数説は後者をとる（強行的規定の場合は一般にskallを用いる）．すなわち上記規定は，訴訟手続法における他の強制手段に関する規定と同様に理解すべきものとされる．Fitger, s. 36:48–48 a. ちなみに，本書においてskallを「しなければならない」と直訳調で訳しているのはこのような点も考慮したからである．

**　証人が出頭した際，裁判所は彼が依然として拒絶の態度を維持するか否かを審査する．Fitger, s. 36:48 a.

第 22 条　過料の命令および監置に関する本章の規定は，第 13 条第 1 項に係る証人については適用されない．ただしこのような証人は，裁判所に勾引することができる．

　証人を援用〔申請〕した者が，証人の尋問を放棄し，または他の原因により証人尋問の問題が消滅するときは，その後には第 20 条または第 21 条による強制手段を証人に対し用いることはできない．（法律 1987:747）

第 23 条　証人に第 20 条または第 21 条に係る過怠または不遵守の責めがあり，かつそれによって当事者のいずれかに訴訟費用を惹起するときは，裁判所はその当事者の申立てに基づき，証人に合理的な範囲でこの費用を償還するよう命じなければならない．当事者も裁判所から相手方当事者にこのような費用の償還を命じられ，かつその償還をしたときは，彼は証人からその支払義務のあるものの支払を受ける権利を有する．

　当事者の費用を償還すべき証人の義務について上述したところは，国に生じた費用に関しても適用されなければならない．

　第 9 章第 7 条に過料が付されない時の費用に関する規定が存する．（法律 2000:564）

第 24 条　証人は以下に述べるところにより補償を受ける権利を有する．

　私人の当事者の援用〔申請〕による証人に対する補償は，その当事者によって支払われなければならない．*ただし当事者の経済的関係にかんがみ合理的であるときは，裁判所は補償が公費から支払われるべき旨決定することができる．裁判所が職権で証人を呼び出し，かつ本案がそれについて和解が許容されるようなものであるとき，または公訴のもとに属しない犯罪に対する責任の問題であるときは，補償は当事者が連帯して支払わなければならない．その他の

場合には補償は公費から支払われなければならない．

　当事者によって支払われるべき補償は，必要な旅費および滞在費ならびに裁判所が合理的と判断する時間の消費に対する支払を包含しなければならない．**公費によって支払われるべき補償は，政府が定める規定***により裁判所が確定する．（法律 1996:1624）

> ＊ 当事者には刑事事件における検察官によって私的請求を代理されている被害者を含む．Fitger, s. 36:54.
> ＊＊ 補償は常に裁判所によって確定される．証人が要求した額を当事者が認めても，それは裁判所を拘束しない．不当に過大な補償は，容易にその当事者に有利な証言に対する対価になりうるからである．Fitger, s. 36:56 a.
> ＊＊＊ この規定は，証人等に対する公費からの支払に関する政令（1982:805）である．Fitger, s. 36:56 a.

第 25 条　証人として呼び出された者は，旅費および滞在費について前払を受ける権利を有する．前払は第 24 条により証人に対する補償を支払うべき者によってなされなければならない．前払の範囲は裁判所が定める．

　証人に前払をする義務を負う当事者が，申出に基づくこのような前払をするのを怠る場合，これによって事件について延期が生ずるであろうときは，その当事者は事後この証人の尋問を求めることができない．

　前払に関する細則は政府が定める．＊（法律 1974:573）

> ＊ 上述の証人等に対する公費からの支払に関する政令が，前払についても定めている（11 条）．Fitger, s. 36:58.

第37章　当事者および事件を追行しない
　　　　　被害者の尋問について*

　*本章は，1987年の法改正によって刑事事件における被告人および被害者にも適用されるものになった．Fitger, s.37:3.

第1条　当事者または事件を追行しない被害者を立証目的で尋問する際は，第36章第17条が適用されなければならない．ただし，刑事事件における被告人の尋問は，裁判所が異なる決定をしないときは，裁判所によって開始され，その後に尋問の主導権は検察官に移行しなければならない．（法律1987:747）

第2条　民事事件における当事者に対する立証目的の尋問は，真実保証のもとに行うことができる．その際の尋問は，事件においてとくに有意義な事実に制限されるべきである．
　第1項による尋問が行われる前に，当事者は以下の保証をしなければならない：──
"私何某は，名誉と良心に賭けて，全ての真実を述べ，かつ何事も隠さず，附加せずまたは変更しないことを約束し，かつ保証します．"*（法律1987:747）

　*この文言は証人の宣誓のそれと全く同一であるが，当事者に真実保証のもとでの供述をさせるための強制手段は存しない．Fitger, s. 37:9-10.

第3条　本章による尋問の際は，その他に第36章第9条第2項，第10条第1項および第3項，第13条第1項，第16条ならびに第18条および第19条が適用されなければならない．
　真実保証のもとでの尋問の際は，第1項に述べる法文のほか，第36章第5条および第6条，第8条第2項ならびに第14条および第15条が適用されなけ

ればならない．

　刑事事件においては第1項に述べる法文のほか，検察官が提起した事件における尋問のために呼び出された被害者に対する補償については，第36章第24条および第25条が適用されなければならない．これは被害者または被告人以外の他の当事者がこのような尋問に呼び出された時にも妥当する．

　第1項ないし第3項に述べる法文の適用の際は，証人について述べるところは事件を追行しない当事者または被害者に，および宣誓について述べるところは真実保証について妥当する．*（法律 2006:940）

> * 自身で事件を追行できない当事者に対しても本章による尋問を行うことを妨げない．Fitger, s. 37:5.

第4条および第5条　削除（法律 1987:747）

第38章　文書証拠について*

> * スウェーデン法はいわゆる文書の形式的証拠力に関する規定を設けず，その判断を自由心証主義の支配に委ねている（ただし，35章1条2項および同条の ** を参照）．なお，『主張・証明の法理』115-116 頁参照．

第1条　証拠に援用される文書は原本を提出すべきである．このような文書は，それで十分と認められるとき，または原本が用いられないときは，認証謄本を提出することができる．

　文書中に，その所持者が第2条によりそれを開示する権利がないか，もしくはそうする義務を負わないか，またはそうでなくとも開示されるべきでない情報が包含されているときは，彼は文書の代わりにその認証抄本を提出することができる．

第2条* ある者が証拠として有意義と考えられうる文書を所持するときは，彼はそれを提出する義務を負う；ただしこのような義務は，刑事事件においては被疑者・被告人（den misstänkte）または彼と第36章第3条に係るような関係にある者に対し課することができない．

当事者または上述の彼の近親者は，当事者と彼の近親者との間またはこのような近親者相互間の通信文書を提出する義務を負わない．公務員（befattnings-havare）または第36章第5条に係るその他の者は，その内容がそれについて彼を証人として尋問できないと考えられうるようなものであるときは，文書を提出することができない；文書が守秘義務が彼の利益のために妥当する当事者によって所持されるときは，彼は文書提出の義務を負わない．供述を拒む証人の権利に関する第36章第6条の規定は，文書の内容がこの法文に係るようなものであるときは，文書の所持者について準用される．

文書を提出する義務は，備忘録またはその他のもっぱら個人的利用に関わるような文書には妥当しない；ただし，それが提出されるべき顕著な理由が存在するときはこの限りでない．

* 本条は公文書でない文書の訴訟上の提出義務に関する規定である．Fitger, s. 38:6.

第3条 文書の所持者が，彼および当事者との間の法律関係に基づき，またはそうでなくとも法律により文書を交付するかもしくは他人に了知させる義務を負うときは，訴訟手続における文書の提出についてもそれが妥当する．

第4条 ある者が証拠として文書を提出する義務を負うときは，裁判所は彼に文書の提出を命ずることができる．この命令が係る者には意見を述べる機会が与えられなければならない．この問題の審査のためには，第36章または第37章に定めるところによる彼の尋問およびその他の証拠調べを行うことができる．

第38章　文書証拠について　*211*

第5条　文書提出の命令は，どこで，そしてどのように文書が提出されるべきかに関する情報を包含しなければならない．*文書を提出すべき者に対しては，過料付きでその義務の履行を命ずることができる．裁判所はまたより適切と認められるときは，文書が執行官局の配慮によって提出されるべき旨命ずることもできる．（法律 1981:828）

> * 一般には本口頭弁論期日前に，裁判所の事務局に提出すべき旨定められる．また，原本が開示を許されない部分を包含する場合などは，それに代えて認証抄本の提出が定められる．Fitger, s. 38:14 b.

第6条　文書の証拠調べは，以下各号の場合には本口頭弁論外で行うことができる，―
  1．文書を本口頭弁論において提出することができないとき，
  2．本口頭弁論における提出が，証拠調べが本口頭弁論において行われることの意義と合理的な関係に立たないほどの費用または支障を伴うであろうとき，または
  3．事件が本口頭弁論なしに判断されるであろうと考えられうるとき．（法律 2005:683）

第7条　当事者でない者が，当事者または裁判所の求めにより文書を提出したときは，彼は裁判所が合理的と判断するところに従い費用または不便益のための補償を受ける権利を有する．
　文書の提出が私人の当事者によって求められたときは，補償はその当事者が支払わなければならない．その他の場合には補償は公費から支払われなければならない．

第8条　公文書が証拠として有意義であると考えられうるときは，裁判所は公文書の提出を命ずることができる．*

第1項は，以下各号の場合には適用されない——

1．秘密保護法（1980:100）第2章第1条もしくは第2条，もしくは第3章第1条またはこれらの法文のいずれかに言及する規定による秘密が問題となる情報を包含する文書，**ただし，文書の交付の問題を審査する公的機関がそのための許可を与えた文書はこの限りでない；

2．その内容が第36章第5条第2項，第3項，第4項または第6項により文書に関する職務を有する者を尋問することができないような文書；

3．その提出により職業上の秘密が暴露されるような文書，ただし，顕著な理由が存在するときはこの限りでない．（法律 1980:101）

 * 原則として全ての公文書は公開されることが本条の前提にあることに注意すべきである．Fitger, s. 38:17.
 ** これらはとりわけ王国の安全，他国との関係および王国の財政政策に関する文書である．Fitger, s. 38:19.

第9条　文書提出の義務について第1条ないし第8条に定めるところから乖離する規定が存するときは，それが適用されなければならない．*（法律 1980:101）

 * 一般犯歴簿に関する法律（1963:197）8条ないし12条などがある．Fitger, s. 38:19.

第39章　検証について

第1条　不動産もしくは適切に裁判所に移動させることができない物またはある事象が生起した場所の見分のために，裁判所は現場検証を行うことができる．*
　検証の際に職業上の秘密を暴露してはならない，ただし，そのための顕著な理由が存在するときはこの限りでない．

＊　法廷においてその場に持ち込める物の検証ができることは明白であり，そのこと自体についてはとくに規定を要しないと考えられている．Fitger, s. 39:5.

第2条　検証は以下各号の場合には本口頭弁論外で行うことができる，＊―
　1．本口頭弁論において検証を行うことができないとき，または
　2．本口頭弁論における検証が，本口頭弁論において行われることの意義と合理的な関係に立たないほどの費用または支障を伴うであろうとき，または
　3．事件が本口頭弁論なしに判断されるであろうと考えられうるとき．（法律 2005:683）

　　＊　証拠調べにおける直接主義の要請を充足するために，現場検証もできる限り本口頭弁論の際に行われるべきである．このことは原則として全ての取扱いが検証の場所（管轄区域外の場所を含む）で行われることを意味し，これは1章6条および2章5条により可能である．本条はその例外を定めるものである．Fitger, s. 39:5-6.

第3条　削除（法律 1987:747）

第4条　検証の費用は，第41章に係る場合以外は国によって支払われなければならない．＊（法律 1969:244）

　　＊　本条はおおむね裁判所の出張の費用のみに関する．Fitger, s. 39:7.

第5条　ある者が適切に裁判所に移動することができ，かつ証拠として有意義と考えられうる物を所持するときは，彼はそれを検証のために提示する義務を負う；ただしこのような義務は，刑事事件における被疑者・被告人または彼と第36章第3条に係る関係に立つ者には課せられない．証人の供述を拒む権利に関する第36章第6条の規定は，当事者またはその他の者が検証のために物を提示することを拒む権利についても準用される．検証のために文書を提出する義務については，第38章第2条に定めるところが適用される．

第38章第3条ないし第9条に定めるところは，検証のために提出すべき物または文書に関して準用される．（法律 1980:101）

第40章　鑑定人（sakkunnig）について*

＊スウェーデンにおける鑑定（人）制度は，わが国などのそれとはかなり異なる面がある．旧訴訟手続法には鑑定（人）制度に関する一般的規定がなく，裁判（法）医学的検査などとくに必要とされる個別的な鑑定に関する規定を有するにすぎず，鑑定人についても証人に関する規定が適用されていた．

従来の学説は，裁判所が任命する鑑定人すなわち「公的鑑定人」と当事者の依頼による鑑定人すなわち「私的鑑定人」という区別を採用してきた．しかし近時の学説（エーデルスタム（H.Edelstam）㧍）は，前者について「裁判所鑑定人」（その中には公的（に雇用された）鑑定人も私的（に雇用された）鑑定人もありうる）という用語が適切だとする．後者については「鑑定人的証人」または「専門家証人」という名称も用いられてきたが，この学説は，「当事者鑑定人」という用語を提案する（その中には公的鑑定人も含まれうる）．フィットゲルの注釈書は上記のような近時の学説による用語法を採用しているので，以下の注記でもこれにしたがう．

実務においては，裁判所鑑定人よりも規定上は副次的な地位を占める当事者鑑定人のほうがはるかに一般的に利用されている．（当事者鑑定人の利用の盛行は古くからの慣行で，現行法の立法者の意図は裁判所鑑定人の利用の増加を図ることにあったようであるが，結局あまり効果がなかったといえる．）この点においてスウェーデン法の鑑定（人）制度は，英米法系とも独墺仏などの大陸法系とも異なる相貌を示すのである．Fitger, s. 40:3-4, Henrik Edelstam, Sakkunnigsbeviset, Uppsala: Iustus Förlag, 1991, s. 21-23, 105, 224, 395．ちなみに，後者の文献はスウェーデンの鑑定（人）制度に関する最初のモノグラフィー（博士論文）であり，600頁に近い大著である．

第1条　その判断が特別の専門的知識を要求する問題の審査のために鑑定人を用いることが必要と認められるときは，裁判所はこの問題について公的機関，公務員もしくはその他鑑定意見（yttrande）を与えることを授権された（satt att tillhandagå) 者の意見を入手し，または廉潔であり，かつその問題について有能であることを知られた1人または複数の個人に意見を述べるよう委嘱する (uppdraga) ことができる．*, **

> * 前者が公的裁判所鑑定人であり，後者が私的裁判所鑑定人である．後者には例えば公的に雇用されていない建築士や会計士が挙げられる．Edelstam, Sakkunnigsbeviset, s. 227–228.
> ** 本条による裁判所の決定に対しては原則として別個に不服申立てをすることができない（ただし49章7条参照）．Fitger, s. 40:7.

第2条　事案または当事者のいずれかとの間に彼の信頼性を減弱するとみられうるような関係がある者は，鑑定人になることができない．*

> * 本条は裁判所鑑定人について除斥・忌避の性質を有する規定を設けたものである．エーケレーヴは，この鑑定人については裁判官とほぼ同様の除斥・忌避原因が妥当するという．なお，訴訟手続法において鑑定人に対する除斥・忌避の制度が採用されなかったのは，証人に対するそれが廃止されたことによる．Fitger, s. 40:8, Ekelöf Ⅳ, 6 uppl. (1992) s. 231.

第3条　鑑定人が選任される前に，当事者らはこの問題について意見を述べる機会を与えられるべきである．当事者らの意見が鑑定人について一致する場合，この者が適切と認められかつ支障がないときは，彼を用いなければならない；ただし裁判所は彼とともに他の者を選任することができる．

第4条　職務上鑑定人として援助する義務*を負わない者または意見を与えることを授権されていない者は，自らそれを引き受けたときでなければ鑑定の職務を遂行する義務を負わない．ある者がこのような職務を引き受けたときは，彼は正当な理由がなければその遂行を免れることはできない．ただし鑑定人は，職業上の秘密については，それを述べるべき顕著な理由が存在するときで

なければ，暴露する義務を負わない．

　　* 例えば，公的に雇用された医師は職務上支障がない限り鑑定を引き受ける義務を負う（一般医師規則（1963:341）5条）．Fitger, s. 40:11.

第5条* 鑑定人の任務にとって有意義な事情に関する情報を獲得するために，本口頭弁論前に当事者もしくはその他の者を尋問すべきとき，またはその他の調査が裁判所の前でなされるべきときは，裁判所はそれを命ずることができる．証拠の取調べについては，本口頭弁論外の証拠調べについて定めるところの適用できる部分が適用される．

　不動産もしくは適切に移動させることができない物，またはある事象が生起した場所の見分が必要であるときは，裁判所は鑑定人に現場で見分を行うべき旨命ずることができる．見分の際職業上の秘密は，裁判所がそのための顕著な理由が存在すると認めるときでなければ暴露されてはならない．

　裁判所は所持者が第39章第5条により裁判所に提出する義務を負う物を検査のために鑑定人に利用させるよう命ずることができる．

　　* 本条は裁判所鑑定人に調査資料が供給される方法に関する定めを包含する．Fitger, s. 40:12.

第6条 鑑定人が行う見分の際に当事者らが同席することが適切と認められるときは，裁判所は，鑑定人の配慮によって彼らが見分の場に呼び出されるよう命ずることができる．彼らに呼出しがなされたとき，その不出頭は見分の実施に対する障害を構成しない．

　見分の実施については調書を作成し，それにはその実施の際に同席した者および生起した事項を摘示しなければならない．*

　　* この調書は訴訟手続法にいう文書証拠にはならない．Fitger, s. 40:4, 15.

第7条*　公的機関，公務員または意見を与えることを授権されているその他の者の鑑定意見（utlåtande）については，それに関する定めまたはそうでなくとも確立した慣行**が適用される．

　その他の鑑定人は，裁判所が異なる定めをしないときは，書面をもって鑑定意見を提出しなければならない．裁判所は彼に対し鑑定意見が提出されるべき期間を指定しなければならない．

　鑑定意見には，その判断が基づく理由および事情を示さなければならない．

　鑑定意見書が裁判所に到達した後，それは当事者らに利用できるようにされなければならない．***

　　　* 本条は裁判所鑑定人の鑑定意見書に関する規定であるが，当事者鑑定人に準用される（19条）．Fitger, s. 40:15.
　　　** 各公的機関の規則（instruktioner）などの定めや，このような機関における先例をさす．公的鑑定人は大部分の場合には書面で鑑定意見を提出する．Fitger, s. 40:15.
　　　*** 実際には通常，裁判所から当事者に鑑定意見書が送られるようである．Fitger, s. 40:16.

第8条*　書面をもって鑑定意見を述べた鑑定人は，当事者がその尋問を求めかつ尋問が明らかに無意義でないとき，またはそうでなくとも裁判所が必要と認めるときは，口頭でも尋問されなければならない．鑑定意見が中央行政庁（ämbetsverk），学士院（akademi）またはその他の公的団体**から提出されたものであるときは，尋問が必要不可欠と認められなければ意見書の作成に関与した者を口頭で尋問することはできない；この場合複数の者が意見書の作成に関与しているときは，鑑定意見の事項ごとに1人の代表者のみを呼び出すことができる．***

　　　* 本条は裁判所鑑定人の鑑定意見書に関する規定であるが，当事者鑑定人に準用される（19条）．Fitger, s. 40:17.
　　　** 学士院またはその他の公的団体は，スウェーデン国家暦（Sveriges statskalender）

におけるAkademier m m.の項に掲げられているものを指し，その次の項Enskilda institutioner (organisationer) に属する弁護士会，各種の業界団体や労働組合組織などは包含しないと解される．Edelstam, Sakkunnigsbeviset, s. 228.
　＊＊＊　2文の規定は，このような団体の費用と手数を配慮したものであるが，多くの学説の批判を浴びている．Fitger, s. 40:17, Edelstam, Sakkunnigsbeviset, s. 320–321.

第9条　口頭で尋問される鑑定人は，その供述を行う前に，以下の宣誓をしなければならない：—
　"私何某は，名誉と良心に賭けて，最上の理性に従い私に与えられた鑑定人の職務を遂行することを約束し，かつ保証します．"
　尋問される鑑定人がすでに意見書を提出しているときは，宣誓はそれに応じて修正されなければならない．
　鑑定人が宣誓をした後，裁判所は彼に宣誓の重大性について注意する．（法律1975:1288）

第10条　鑑定人が口頭で尋問されるとき，尋問は裁判所が行う．ただし，裁判所の許可を得て当事者は鑑定人を尋問することができる．＊裁判所および当事者は鑑定人に問を発することができる．
　裁判所は明らかに事案に属しないか，または鑑定人を困惑させるか，もしくはそうでなくとも不当な質問を却下しなければならない．
　鑑定人が鑑定意見書を提出している場合，裁判所は適切と認めるときは，意見書の全部または一部を朗読させることができる．

　　＊　当事者の一方の申請に基づき裁判所が鑑定人を任命するときは，裁判所は実務上その当事者に主尋問をゆだねるようである．Fitger, s. 40:19.

第11条　証人について第36章第9条第2項ならびに第15条，第18条および第19条に述べるところは，鑑定人についても適用されなければならない．（法律1987:747）

第12条　鑑定人の職務を引き受けた者が正当な理由なく所定の期間内に鑑定意見書の提出を怠るときは，裁判所は彼に過料の制裁付きで意見書の提出を命ずることができる．*

　　* 本条は私的裁判所鑑定人に対する過料の制裁に関する規定である．しかし通常は，他の鑑定人に代えるほうがベターだとされる．なお，鑑定人が期間の延長を求めるときは，32章3条が適用される．Fitger, s. 40:20–21.

第13条　削除（法律 1987:747）

第14条　鑑定人が正当な理由なく宣誓をすること，または鑑定供述をすることもしくは質問に答えることを拒むときは，裁判所は彼に過料付きでその義務を履行するよう命ずる．*（法律 1975:1288）

　　* 本条は裁判所鑑定人に対する過料の制裁に関する規定であるが，その適用は例外的にのみ現実化しうる．Fitger, s. 40:21.

第15条　削除（法律 1987:747）

第16条*　鑑定人に第12条もしくは第14条に係る過怠もしくは不遵守の責めがあり，または尋問に呼出しを受けた鑑定人が出頭せず，かつこれによって当事者のいずれかに訴訟費用を惹起するときは，裁判所は当事者の申立てに基づき，鑑定人に合理的な範囲でこの費用を償還するよう命じなければならない．当事者も裁判所から相手方当事者にこのような費用の償還を命じられ，かつその償還をしたときは，彼は鑑定人からその支払義務のあるものの支払を受ける権利を有する．
　当事者の費用を償還する鑑定人の義務について上述するところは，国に生じた費用に関しても適用されなければならない．

第9章第7条に過料が付されない時の費用に関する規定が存する．（法律2000:564）

> * 本条は裁判所鑑定人の訴訟費用責任に関するものであるが，稀にのみ適用される．Fitger, s. 40:22.

第17条 公的機関，公務員またはその他鑑定意見を述べることを授権されている者が鑑定意見を与えたときは，補償はそれについて特別に定める限度においてのみ支払われる．*その他の鑑定人はその職務の遂行のために要した費用ならびに裁判所が合理的と判断するところに従い労働および時間の消費に対する補償を受ける権利を有する．**

補償は，本案がそれについて和解が許容されるようなものであるとき，または公訴のもとに属しない犯罪のための責任に関するものであるときは，当事者双方が連帯して支払い，鑑定人の利用が当事者の一方のみによって求められたときはその当事者が単独で支払わなければならない．その他の場合には，補償は公費から支払われなければならない．

> * 例えば当該公的機関の規則の定めるところによる．鑑定人とその雇用主との補償の面における関係は，本条の規整するところではない．Fitger, s. 40:23.
> ** 1項2文の規定は私的裁判所鑑定人に関する．Fitger, s. 40:23.

第18条 鑑定人は，裁判所が合理的と判断するところに従いその補償の前払を受ける権利を有する．前払は第17条により鑑定人に対する補償を支払うべき者が支払わなければならない．

前払に関する細則は政府が定める．*（法律1974:573）

> * この細則としては，裁判所等のもとでの訴訟または案件における補償の支払に関する政令（1973:261）2ないし5条，9条および法律扶助令（1979:938）39条が存する．Fitger, s. 40:24.

第 19 条*　裁判所によって任命されていない者を当事者が鑑定人として援用しようとするときは，このような鑑定人について第 7 条および第 8 条に定めるところの適用できる部分が適用される．

　この鑑定人が口頭で尋問されるときは，その他に証人について定めるところが適用されなければならない；ただし裁判所が適切と認めるときは，鑑定意見書の全部または一部を朗読させることができる．**

> * 本条は当事者鑑定人に関する規定である．前述したように，実際には当事者鑑定人のほうが裁判所鑑定人よりもはるかに多く用いられる．当事者鑑定人を許容する要件は裁判所鑑定人の任命の場合よりも緩やかである．その代わりに 35 章 7 条による却下が問題になりうる．Fitger, s. 40:25.
> ** 証人に関する規定の準用は，当事者鑑定人が証人の性質を有することを意味しない．したがって，彼は鑑定人として呼出しを受ける．当事者鑑定人は証人に関する 36 章 24 条の規定により補償を受ける権利を有するが，その内容には鑑定人の仕事の対価は含まれていない．これについては当事者との合意で決まることになる．そして当事者は勝訴した場合は，鑑定人に支払った全額を訴訟費用に関する規定に従い——すなわち彼の権利の保護にとって合理的に必要とされた限りで（18 章 8 条 1 項参照），かつ審理の終結前に償還を申し立てることによって——，相手方当事者から償還を受けることができる．Fitger, s. 40:28. 実質的な鑑定費用が訴訟に関する費用中の極めて重要な部分を占める事実にかんがみ，以上の記述はわが国における立法政策上も有意義な示唆を与えうると考える．

第 20 条　法律または命令において鑑定人の尋問に関する定めが存するときは，それが適用される．*

> * 裁判精神医学的検査に関する法律（1991:1137），刑事事件における特別の人格調査に関する法律（1991:2041）および血液検査に関する法律（1958:642）などがある．Fitger, s. 40:28.

222　第3編　証拠調べ（bevisning）について

第41章　証拠保全について*

* 本章の規定は民事事件に関し，刑事事件においては用いられない（1条ただし書）．刑事事件では証拠保全の目的のために捜査に関する22章ないし28章の規定が存する．Fitger, s. 41:3.

第1条　ある者の権利にとって有意義な事実に関する証拠が将来失われるか，またはそれを取り調べることが困難となる危険が存在し，かつこの権利について訴訟手続がまだ係属しないときは，下級裁判所*において証拠保全として証人，鑑定人または検証または文書証拠の取調べを行うことができる．**ただし，犯罪に関する調査の目的で本章の規定による証拠調べを行うことはできない．***

* 地方裁判所を意味する（1章1条1項）．
** 当事者尋問は行うことができない．また判例は，訴訟係属後における証拠保全が必要な場合には本口頭弁論外の証拠調べに関する36章19条を適用し，本条の類推適用を認めない．Fitger, s.41:6, Ekelöf IV, 6 uppl. (1992) s. 248-249, 249 not 2 b.
*** 犯罪に関する調査の目的で証拠保全ができないことの理由の一つとしてエーケレーヴは，被疑者が無実である旨の消極的確認の訴えを提起することができないことに合致するという．Fitger, s. 41:6, Ekelöf IV, 6 uppl. (1992) s. 250 not 5.

第2条　証拠保全を求めようとする当事者は，裁判所のもとにこれに関する申請をしなければならない．

申請書*には申請人が証拠によって立証しようとする事実，証拠の性質および申請人がこの取調べを支持するために援用する理由，ならびに可能であればその権利がこの取調べに依存しうる他の者**を示さなければならない．

* 申請は書面ですべきであるが，口頭でも可能でありうる（例えば申請人が遺言証人を同行して裁判所に出頭する場合）．Fitger, s. 41:8.

** この者は一般に将来の訴訟における相手方当事者となるであろう者である．しかし，遺言者が受遺者の利益のために証拠保全を求める場合もありうるとされる．Fitger, s. 41:8.

第3条　証拠保全については本口頭弁論外の訴訟手続における証拠の取調べについて定めるところが準用される；ただし，申請人以外に他の者の権利が証拠の取調べに依存しうるときも，特段の理由が存しなければ，彼の呼出しは必要とされない．何人も証人または鑑定人として彼が住所を有する場所の下級裁判所以外の裁判所に出頭する義務を負わない．

第4条　証拠保全の費用は，申請人が支払わなければならない．*
　その権利が証拠調べに依存しうる者が呼出しにより証拠調べに同席したときは，彼は申請人から必要な旅費および滞在費ならびに裁判所が合理的と判断するところに従い時間の消費のための補償を受けることができる．

　　* 訴訟が係属したときは，申請人が相手方当事者から，その証拠の取調べが起因した費用の償還を受けることができるか否かについて受訴裁判所が判断する．Fitger, s. 41:10.

第4編
下級裁判所における訴訟手続について

I. 民事事件における訴訟手続について*

　＊ 刑事事件（刑事責任に関する事件）および法律により刑事事件として取り扱われる事件を除く全ての事件は民事事件として取り扱われる（ただし，私的請求に関する 22 章を参照）．Fitger, s. 4:e avd. 1:1.

第42章　召喚状（stämning）および準備について，ならびに本口頭弁論なしの事件の判断について

第1条　ある者に対して訴訟手続を開始しようとする者は，裁判所のもとに書面で召喚状〔訴訟開始令状〕を申請しなければならない．*（法律 1987:747）

　＊ 召喚状の申請（ansökan om stämning）が訴えの提起の原則的方式であるが（13 章 4 条 1 項），家族法上の事件などは単なる申請（ansökan）によって開始される．Fitger, s. 42:4. ちなみに，英・独訳は，召喚状が summons, Prozeßladung, Klageerhebung, 召喚状の申請が summons applications, Antrag auf Prozeßladung, Klageschrift などとされている．なお 13 章 4 条の＊を参照．

第2条　召喚状申請書には以下各号の事項を包含しなければならない—
　1．特定の訴えの申立て（yrkande），

2．訴えの申立ての原因として援用される事実の詳細な摘示，

3．援用される証拠および各証拠によって証明すべき事項に関する情報，ならびに

4．裁判所の権限が他の記載から明らかでないときは，その権限を充足する事実に関する情報．

原告が事件の取扱方に関する要望を有するときは，彼は申請書にそれを示すべきである (bör).*

申請書は原告または彼の代理人によって自署されなければならない．

援用される文書証拠は申請書と一緒に提出すべきである．（法律 1987:747）

> * 例えば，答弁を書面でするよう被告に命ずることや，14 章による他事件との併合などに関する要望である．Fitger, s. 42: 10 a.

第3条 召喚状申請書が第2条の規定を充足しないか，またはその他の点で不十分であるときは，裁判所は原告にその欠缺を補正するよう命じなければならない．所定の申請手数料が支払われていないときも同様である．*（法律 1987: 448）

> * 申請手数料については，通常裁判所のもとでの手数料に関する政令（1987:452）が定める．Fitger, s. 42:10 b-11. 通常民事訴訟事件の申請手数料は 2007 年現在 450 クローナである（同政令 別表 1）．訴額とは無関係である．

第4条 原告が第3条による命令を遵守しない場合，申請書が基本的な支障なしに訴訟手続の基礎に置くことができないほど不十分なものであるか，または不遵守が申請手数料に係るときは，申請は却下されなければならない．*

訴訟手続障害に基づき事件を審査に取り上げることができないことが明らかであるときも，申請は却下されなければならない．（法律 1987:448）

第 42 章　召喚状（stämning）および準備について，ならびに本口頭弁論なしの事件の判断について　227

　　＊　申請の却下は終局的決定による．Fitger, s. 42:14.

第 5 条　申請が却下されないときは，裁判所は被告に原告の請求（käromålet）に対し答弁すべき旨の召喚状を発しなければならない．＊ただし，原告の主張が原告の請求のための法的理由を包含しないとき，またはそうでなくとも明らかに理由がないときは，裁判所は召喚状を発することなく直ちに事件について判決することができる．＊＊
　召喚状が発せられるときは，それは被告に召喚状申請書およびこれに添付された書類とともに送達されなければならない．（法律 1984:131）

　　＊　召喚状は，被告に原告の請求に対する答弁をすべき旨の命令を意味する．Fitger, s. 42:16.
　　＊＊　この場合には原告の請求を直ちに棄却（ogilla）できる．ただし，判例は 2 文の適用について制限的であるべきことを指摘する（その理由としてヨーロッパ人権条約 6 条 1 項にも言及）．Fitger, s. 42:17.

第 6 条　召喚状が発せられるときは，事件について準備が行われなければならない．
　準備は以下各号の事項を解明する目的を有する―
　1．当事者の申立ておよび抗弁ならびに当事者がその訴え（talan）の理由として援用する事実，
　2．どの程度当事者間に各自が援用する事実関係について争いがあるか，
　3．提出されるべき証拠および各証拠によって証明すべき事項，＊
　4．事件の判断の前に一層の調査またはその他の措置が必要とされるか，ならびに
　5．和解またはその他の相互理解的解決（samförståndslösning）＊＊のための条件が存するか．
　裁判所は事件の迅速な判断を志向して準備を進めなければならない．それが

適切になされうる限り，裁判所は事件の取扱いに関して当事者らを聴くべきである．

　裁判所は，事件の性質またはその他特段の理由に基づき不必要でないときは，事件の取扱いのための予定計画表を作成しなければならない．当事者らは自己〔の訴訟行為〕および自己の立証に関する限り予定計画表が守られるよう継続的に制御しなければならない．当事者が予定計画表を守ることができないと判断するときは，直ちにそのことを裁判所に届け出なければならない．裁判所が予定計画表を守ることができないと判断するときは，当事者にそのことについて通知しなければならない．（法律 2006:465）

　　＊　ある事実についてどちらの当事者が証明責任を負うべきかは準備手続において確定されるべき問題ではない．それは争いの対象でありうる．しかし，一般的には証明責任規範が議論され，当事者のこれに関する見解が具体化されることは有益である．Fitger, s. 42:20. なお，スウェーデン法における主張責任については『主張・証明の法理』3 頁以下を参照．
　　＊＊　17 条の＊を参照．

第 7 条　準備の際被告は直ちに答弁（svaromål）をしなければならない．＊答弁においては以下各号の事項を述べなければならない—
　1．被告が行おうとする訴訟手続障害の抗弁，
　2．どの程度原告の訴えの申立て＊＊を認諾するかまたは争うか，
　3．原告の訴えの申立てを争うときは，原告がその訴えを理由付ける事実に関する意見，および被告が陳述しようとする事実の表示をもってする争いの理由，ならびに
　4．被告が援用する証拠および各証拠によって証明すべき事項に関する情報．
援用する文書証拠は答弁と同時に提出すべきである．（法律 1987:747）

＊　答弁が書面によるか，口頭によるかは9条が定める．Fitger, 42:24 a.
　　＊＊　原告の訴えの申立てとは，すなわち原告の請求（käromålet）を意味する．Fitger, 42:24 a.

第8条　準備において当事者らは各自，その主張しようとする一層の事実を述べ，かつ相手方の主張した事項に対し意見を述べなければならない．＊また，従前になされていない限り，その援用しようとする証拠および各証拠によって証明しようとする事項を開示しなければならない．まだ提出されていない文書証拠は直ちに提出しなければならない．当事者らは相手方当事者の申出に基づき，自己の所持するその他の文書証拠を開示する義務を負う．

　裁判所は事件の性質に従い，準備の際争点が明確になり，かつ当事者らが事件において援用しようとする全ての事項が述べられるようにしなければならない．裁判所は質問および指摘により当事者らの陳述の不明確性および不十分性を除去するよう努めなければならない．

　裁判所は，各種の問題または事件の一部が準備において各別に処理されるよう定めることができる．（法律1987:747）

　　＊　主張の仕方については「継続的関連性の原則」（オリーヴェクルーナ（Olivecrona）の造語）が適用されるといわれる．Fitger, s. 42:27. この原則はわが国の要件事実論の対応物ともいえるが，主張責任と証明責任との基本的同一性を前提としないなど，内容的には大きく異なる．『主張・証明の法理』とくに16–17頁参照．

第8条a　削除（法律1987:747）

第9条　準備は集会＊の際もしくは書面の交換またはその他の取扱い＊＊によって行われる．それが適切であるときは，準備の各種の方式を併用することができる．＊＊＊

　第7条による答弁は，事件の性質にかんがみ答弁を集会の際に述べるのがよ

り適切でないときは，書面でしなければならない．＊＊＊＊

答弁書が裁判所に到達した場合，事件の性質にかんがみ書面の交換を続行するのがより適切でないときは，できる限り速やかに集会を行わなければならない．＊＊＊＊＊

集会が行われるときは，可能であればその際に準備は終結されなければならない．そうできないときは，準備は書面の交換または新たな集会によって続行しなければならない．（法律1987:747）

    * 集会は電話会議を含む．Fitger, s. 42: 33.
    ** 「その他の取扱い」には集会および書面以外の全ての準備活動が含まれる．電話による一方当事者との接触もこれに含まれる．Fitger, s. 42: 33.
    *** 法文には当事者が準備の形態の選択について影響を与えうるとは述べられていないが，裁判所はその決定にあたって当事者の要望および提案を十分に尊重すべきである．Fitger, s. 42: 33-34.
    **** 本項は，答弁は書面による旨の推定を定める．Fitger, s. 42: 34.
    ***** 本項は，答弁書が提出された後の準備は口頭による旨の推定を包含する．Fitger, s. 42: 35.

第10条　集会は，集会の目的およびその他の事情にかんがみ適切であるとき，または裁判所の前での集会が，裁判所の前で集会を行うことの意義と合理的な関係に立たないほどの費用もしくは支障を伴うであろうときは，電話で行うことができる．電話で行われる集会については，呼出しおよび命令ならびに不出頭に対する制裁に関する本法の規定は適用されない．（法律1987:747）

第11条　本案について和解が許容される事件においては，被告に対し彼がそうしないときは欠席判決＊がなされうるとの制裁付きで，第7条による答弁を書面でするよう命ずることができる．この命令においては彼に対する欠席判決がなされないために第44章第7条aまたは第7条bにより彼が遵守すべき事項について教示しなければならない．この命令においては，欠席判決がなされ

第 42 章　召喚状（stämning）および準備について，ならびに本口頭弁論なしの事件の判断について　231

うる日時を示さなければならない．

　本案について和解が許容される事件においては，原告が事件において共働することを怠るときは，そうしなければ彼に対する欠席判決がなされうるとの制裁付きで，直近の特定の日までに自己の訴えを維持するか否かについて述べるよう命じられうる．この命令においては欠席判決がなされうる日時を示さなければならない．（法律 2000:172）

　　　* 本条の欠席判決については 44 章 7 条 c が定める．Fitger, s. 42:40 a.

第 12 条　本案について和解が許容される事件においては，そうしなければ欠席判決がなされうるとの制裁付きで，当事者らに集会に出頭するよう命じなければならない．また自身出頭すべき当事者には過料付きで出頭を命じなければならない．さらに立証目的で尋問されるべき当事者らには，そうしなければ欠席判決がなされうるとの制裁付きで集会の際に自身出頭するよう命じなければならない．集会が訴訟手続障害の問題に関わるときは，代わりに第 2 項が適用される．

　本案について和解が許容されない事件においては，出頭しないときは事件における訴え（käromålet）が消滅する＊との制裁付きで，原告に集会への出頭を命じなければならない．また彼が自身出頭すべきときは，裁判所は過料付きで出頭を命じなければならない．さらに立証目的で尋問されるべき原告には，そうしなければ原告の訴えが消滅するとの制裁付きで集会の際に自身出頭するよう命じなければならない．被告には過料付きで出頭を命じなければならない．

　必要であるときは，呼出状において集会の際に処理されるべき事項を示さなければならない．（法律 2005:683）

　　　* ここでの käromålet は talan と同義．「訴えが消滅する」とは，事件が除去される（avskrivas）ことを意味する（44 章 3 条 1 項）．Fitger, s. 42:41.

第13条　集会の際当事者らは，裁判所が陳述の理解を容易ならしめるか，またはその他取扱上有益と認めるときにのみ，申請書類またはその他の書面による陳述を提出または朗読することができる．（法律1987:747）

第14条　事件における調査上有益であるときは，裁判所は集会または続行される書面の交換の前に当事者らに，続行される取扱いにおいて取り上げられるべき問題点に関する目録を送付すべきである．*

　当事者らは集会前に，可能であれば準備のための集会がそれ以上必要でないよう事案の調査に努めなければならない．（法律1987:747）

　　　*　エーケレーヴはこの目録を「論点メモ（spörsmålspromemoria）」とよぶ．Fitger, s. 42:44, Ekelöf V, 7 uppl. (1987), s. 50.

第15条　本案がそれについて和解が許容されるようなものである場合，事件の取扱いにおける当事者の従前の訴訟活動（talan）の追行の仕方にかんがみ要求されるときは，当事者に終局的にその訴訟活動を決定し，かつ彼が援用する証拠を開示するよう命ずることができる．このような意見陳述のための期間が経過した後は，彼が事実または証拠を従前援用することを怠ったことについて正当な理由を有していたことを相当な蓋然性をもって証しない（inte gör sannolikt）ときは，当事者は新たな事実または新たな証拠を援用することができない．*（法律1987:747）

　　　*　本条の命令は当事者の申立て，その理由および証拠（立証事項を含む）に関しうるが，最近の判例は，申立てについては失権効を理由付けないとする．もっとも，申立てに関する命令の不遵守は18章6条による訴訟費用責任を惹起しうる．Fitger, s. 42:45.

第15条a　本案について和解が許容される事件においては，地方裁判所は当

事者らに，事後の特定の時点での準備が終結的なものとみられるべき旨通知することができる．このような場合においては，当事者は以下各号の場合にのみ，この時点後に新たな事実または新たな証拠を援用することができる—

1．当事者が従前に事実または証拠を援用しないことについて正当な理由を有したことを相当な蓋然性をもって証したとき，または

2．援用が認められた場合に事件の審査に重大な遅延が生じないとき（inte fördröjs i någon väsentlig mån）．

この通知においては当事者らにこの通知が有する効果について教示しなければならない．（法律2000:172）

第16条　事件の取扱上有益であるときは，裁判所は当事者らの申立ておよび抗弁ならびにそれらが基づく事実の整理（sammanställning）*書面を作成しなければならない．裁判所は当事者らにこの整理の基礎を提供するよう命ずることができる．当事者らは準備が終結する前にこの整理について意見を述べる機会を用意されなければならない．（法律2005:683）

　　* 法律2005:683の改正で，従前の要約（sammanfattning）が整理（sammanställning）に変えられた．必ずしも簡単にするという趣旨ではないというのがその理由である．Fitger, s. 42:47, Nytt juridiskt arkiv Avd. II 2005, s. 422.

第17条　事件の性質およびその他の事情にかんがみ適切であるときは，裁判所は，当事者らが和解するかまたはその他の仕方で相互理解的解決（samförståndslösning）*に達するよう努めなければならない．

　本案について和解が許容される事件において事件の性質にかんがみ特別の調停（medling）を行うことがより適切であるときは，裁判所は当事者らに裁判所が任命する特別の調停人の前の和解集会に出頭するよう命ずることができる．**（法律2006:459）

＊　相互理解的解決（samförståndslösning）は非処分主義的訴訟において行われる．理由書は，子の監護や面接交渉に関する事件においては子の最上の福祉に配慮しなければならないことを指摘する．Fitger, s. 42:50.
　＊＊　法文上は明記されていないが，当事者の双方または一方が特別の調停に異議のないことが事実上の要件とされている．このことはとくに当事者が特別の調停の費用を負担することと関係している．調停人には多くの場合，受訴裁判所以外の裁判所の練達の裁判官が適切であることが経験上証明されているといわれる．また，専門的知識を要する事案については技術的専門家やその分野を専門とする弁護士が適任者として挙げられる．調停人は同一事件において複数任命することができる．Fitger, s. 42:51–52.

第17条a　第56章第13条ないし第15条に，地方裁判所はある問題を最高裁判所の審査のために回付することができる旨の規定が存する．（法律1994:1034）

第18条　事件は本口頭弁論の後に判断される．ただし以下の場合には，このような口頭弁論なしに判断できる―
　１．判決以外の仕方で事件を判断するとき，＊
　２．欠席判決をするとき，
　３．認諾または放棄がなされたことを理由に事件について判決をするとき，
　４．和解を確証する（stadfästa）とき，および
　５．その他の場合においても，事件における調査にかんがみ本口頭弁論を必要とせず，かつ当事者のいずれもそれを求めないとき．
　第1項第5号の支持をもって事件を判断する前に，当事者らがすでにその訴訟活動を終えているとみることができないときは，当事者にその機会を用意しなければならない．＊＊
　第44章第7条aまたは第7条bにより欠席判決によって事件を判断する前に，原告については第2項に述べるところが適用される．
　第44章第7条cにより欠席判決によって事件を判断する前に，被告につい

ては第2項に述べるところが適用される．（法律2000:172）

　　＊　却下および除去の場合である．Fitger, s. 42:53–54.
　　＊＊　判例は，訴訟費用償還の申立書を相手方に送達することなく容認した地方裁判所の除去決定を全部破棄している．Fitger, s. 42:57.

第19条　証拠調べが本口頭弁論の際一度に実施できるために，鑑定人の意見を入手し，文書証拠を提出し，検証もしくは見分する物を用意し，またはその他の準備的措置をとることが要求されるときは，準備中にこれに関する決定がなされなければならない．

　本口頭弁論外で証拠調べが行われるときは，これに関する命令も準備中になされるべきである．

　当事者が上述の措置がとられることを欲するときは，彼はできる限り速やかにこれに関する申立て（framställning）を裁判所のもとにしなければならない．

第20条　訴訟手続問題または別個に判断しうる本案の一部の取扱いに関する本口頭弁論は，たとい事件のその余の部分の準備が終結していないとしても行うことができる．

　第43章第2条の規定にかんがみ可能であるときは，口頭弁論は当事者らの同意を得て簡易な形式で行うことができる．このような口頭弁論は，準備に接続して直ちに，または同一の裁判官が裁判所を構成し，口頭の準備が終結した日から15日内という要件のもとに行うことができる．事案が明白であるときは，＊当事者らの同意にかかわらず準備に接続して直ちに簡易な形式で本口頭弁論を行うことができる．

　簡易な形式における本口頭弁論の際，口頭準備が終結した当時の集会中に生起した事項は，本口頭弁論の際にもそこで反復を要することなく行われたものとみられなければならない．（法律2005:683）

＊ 概して，敗訴すべきだと思われる当事者が自己の側の理由を提出する現実的可能性を有する前には事案を明白と即断してはならない．Fitger, s. 42:62.

第21条　本口頭弁論への呼出しについては第12条が適用される．＊（法律1987:747）

　　＊ 本口頭弁論の日時は，6条3項により事件の取扱いのための予定計画表を作成する際にすでに当事者と協議のうえ定めておくべきである．Fitger, s. 42:63.

第22条　当事者が本口頭弁論の際準備中に開示しなかった証拠を援用しようとするときは，彼は直ちに裁判所および相手方当事者に証拠およびそれをもって証明しようとする事項について通知しなければならない．＊

　　＊ 当然のことながら，新たな申立てまたは法律事実の主張についても同様である．Fitger, s. 42:65.

第43章　本口頭弁論について

第1条　事件が呼び上げられるとき，裁判所は事件を終局的取扱いに取り上げるための障害が存しないか否かに関する情報を獲得しなければならない．

第2条　本口頭弁論は，以下各号の場合には中絶され，かつ他の日に指定されなければならない：—
  1. 自身同席すべき当事者が代理人によってのみ出頭しているとき；
  2. 尋問されるべき証人または鑑定人が出頭しないとき；
  3. 当事者が新たな重要な理由を主張または新たな証拠を援用しようとし，かつ相手方当事者がそれに対応するために延期の必要が認められるとき；または

第 43 章　本口頭弁論について　237

　4. そうでなくとも事件の終局的取扱いを行うための障害が存するとき.

　障害が取扱いの終結前に除去されるであろうと考えられうるときは，本口頭弁論を行うことができる．

第3条　第2条に係るような本口頭弁論に対する障害が存在する場合，第11条第3項により新たな本口頭弁論を行うことを要せずに除去されるであろうと考えられ，かつ弁論の分割が事件の性質にかんがみ不適切でないときは，それにもかかわらず弁論を開始することができる．

　本口頭弁論が中絶される場合，本口頭弁論外の尋問に関する規定により許容され，かつ尋問される者が用いられる（tillgänglig）ときは，*それにもかかわらず裁判所は口頭の証拠調べを行うことができる．

　調査上著しく重要であるときは，その他の取扱いも第2項による証拠調べに関連して行うことができる．

　第2項または第3項の支持をもって証拠調べがなされるときは，本口頭弁論外で取り調べられる証拠について定めるところの適用できる部分が適用される（法律 2000:172）.

　　*証人等が事後の本口頭弁論期日に出頭することができない場合，または再度の出頭が著しく過大な費用や支障を伴う場合がこれにあたる．Fitger, s. 43:9.

第4条＊　裁判所は取扱いの際手続秩序が遵守されるよう配慮しなければならない．裁判所は異なる問題もしくは事件の部分が別個に処理されるべきか，またはその他第7条ないし第9条に定める手続からの乖離がなされるべきかについて決定することができる．

　裁判所はまた，事件がその性質が要求するところに従い調査され，かつ事件に不要なものが導入されないよう配慮しなければならない．裁判所は質問および指摘によって，なされた陳述における不明確性および不十分性を補正させるよう努めなければならない．（法律 1987:747）

* 本条は民事事件の本口頭弁論における裁判所の訴訟指揮に関する規定で，1項は形式的訴訟指揮，2項は実体的訴訟指揮に関する．Fitger, s. 43:10-11.

第5条 弁論は口頭でなければならない．当事者らは裁判所が陳述の理解を容易ならしめるか，またはその他取扱い上有益と認めるときにのみ，申請書類またはその他の書面による陳述を提出または朗読することができる．

　ただし，当事者が口頭弁論において与える情報が，準備中に与えた情報から乖離するか，もしくはそれを陳述しないか，またはその他特段の理由が存するときは，当事者が準備中に陳述したところを朗読することができる．（法律2005:683）

第6条 当事者は真実に従って（sanningsenligt），事件において援用する事実を説明し，および相手方当事者が述べる事実について意見を述べ，ならびになされた質問に答えなければならない．*

　当事者が従前述べたところに反する情報を与えるとき，またはそうでなくとも彼の情報に矛盾が存在するときは，彼はそれについて説明することを要求されなければならない．

 * 当事者は事実について，意識的に不正確な情報を述べ，または相手方の情報の真実性を知りながら争ってはならない．この真実義務は当事者に不利益な事実についても妥当する．もっとも強制手段は存しない（ただし35章4条参照）．Fitger, s. 43:14.

第7条 本口頭弁論の際裁判所は最初に，そうすることが適切であるときは，争いの状況（tvisteläget）および弁論において処理されるべき事項について簡潔に説明しなければならない．

　その後に原告は自己の申立てを提示しなければならない．被告はこの申立てを認諾するかまたは争うかを示さなければならない．それから各当事者は，各

自の主張を展開し（utveckla sin talan），かつ相手方当事者の主張に対する意見を述べなければならない．*

　当事者の一方が不出頭であるにもかかわらず本口頭弁論が行われるときは，裁判所は必要な限度においてその当事者が従前陳述したところが書面から上程されるよう配慮しなければならない．

　第2項および第3項による陳述は，裁判所が適切と認めるときは，事件における書類の引照によってすることができる．（法律2005:683）

　　*　これは事実主張（sakframställning）とよばれる．Fitger, s. 43:16. わが国の刑事訴訟における冒頭陳述をイメージすれば分かりやすいであろう．その実際については，ボールディング『民事・刑事訴訟実務と弁護士』44頁以下参照．

第8条　当事者らが自己の主張を展開してから立証がなされなければならない．

　当事者が立証目的で尋問されるときは，尋問はそれが問題になる事実に関する証人尋問の実施の前に行われるべきである．

　裁判所がそうすることが適切と認めるときは，立証は事件における書類の引照によってすることができる．（2005:683）

第9条　立証がなされてから，当事者らは最終の弁論を行うことができる．*（法律2005:683）

　　*　この最終の弁論（slutanföranden）は最終弁論（pläderingar）とよばれる．Fitger, s. 43:22. その実際については，ボールディング『民事・刑事訴訟実務と弁護士』52頁以下参照．

第10条　当事者が本口頭弁論中に従前に与えた情報を変更し，もしくはこれに附加する場合，または彼が口頭弁論開始前に開示しなかった事実もしくは証

拠を援用する場合，当事者がこの行為によって訴訟手続を遅延させ，もしくは相手方当事者に不意打ちを与え，またはそうでなくとも不当な目的もしくは重大な過失で行為すると考えられるときは，新たな資料は顧慮されないことがある．＊（法律1987:747）

> ＊ いわゆる失権（preklusion）に関する規定である．本条は本口頭弁論が開始された後の新たな裁判資料に関する（より以前の裁判資料に関する失権については42章15条，15条aが適用される）．Fitger, s. 43:23-24.

第11条 本口頭弁論は不必要な中絶なしに，かつ可能な限り一連のものとして（i ett sammanhang）遂行されなければならない．

本口頭弁論が3日よりも多くを要しないときは，それは1週間内に遂行されなければならない．その他の場合においては，弁論は少なくとも1週に3日は継続しなければならない．

事件の範囲，本口頭弁論の長さまたはその他特段の事情にかんがみ特段の理由が存するときは，第2項に定めるところよりも広範囲の中絶をすることができる．弁論の中絶が集中的（sammanhållen）本口頭弁論の目的を基本的に失わせる程度に達したときは，新たな本口頭弁論が行われなければならない．

事後の弁論への呼出しの命令については第42章第12条に述べるところが適用される．事件について続行的本口頭弁論が定められたときは，第12条第1項による命令の代わりに当事者は，そうしなければ彼に対し欠席判決がなされうるかまたは彼の不出頭の妨げなしに事件が判断されうるという制裁付きで出頭を命じられる．（法律2000:172）

第12条 事件について本口頭弁論の続行または新たな本口頭弁論が定められるとき，裁判所は事件がそこで終結することができるために準備が再び行われるべき旨命じ，ならびにこれに関する必要な指示を発することができる．＊

＊この新たな準備については，42章の規定が適用される．Fitger, s. 43:30.

第13条　本口頭弁論の続行にあたっては，従前の弁論において終了したところから取扱いを継続しなければならない．
　新本口頭弁論の際は，事件の完全な取扱いを行わなければならない．従前の取扱いの際に取り調べた証拠は，裁判所が事件において有意義でありかつ証拠調べをすることに支障がないと認めるときは，新たに取り調べなければならない．ただし，本案について和解が許容される事件における新たな証拠調べは，当事者のいずれかがそれを求めるときにのみ行うことができる．証拠が新たに取り調べられないときは，それは適切な仕方で上程されなければならない．（法律 2005:683）

第14条　裁判所は，本口頭弁論が終結してから事件について判断する前に調査の補充を必要と認めるときは，本章の規定による本口頭弁論の続行または新本口頭弁論を行うことができる．ただし補充が単純な性質のものであるときは，裁判所は当事者らと協議のうえ，その代わりに調査が他の適切な仕方でなされる旨決定することができる．＊（法律 1987:747）

　＊その方法としては，例えば電話会議や書面の交換がありうる．Fitger, s.43:33.

第44章　当事者の不出頭（utevaro）＊等について

　＊法文上，当事者の不出頭（utevaro，動詞は uteblir）と欠席（frånvaro）とは使い分けられている．前者は当事者またはその代理人が集会に出頭しないことであるが，後者は当事者が自身出頭を命じられたのにそれに従わない場合である．Fitger, s. 44:3 etc.

242　第4編　下級裁判所における訴訟手続について

第1条　当事者双方が準備の集会に出頭しない（uteblir）ときは，事件は除去されなければならない．＊（法律2005:683）

> ＊第1回期日か，続行期日かにかかわらず，また処分主義訴訟，非処分主義訴訟の両者に適用される．Fitger, s. 44:7.

第2条＊　本案について和解が許容される事件において当事者の一方が準備の集会に出頭せず，かつこの不出頭者がそうしなければ欠席判決がなされうる旨の制裁付きで出頭を命じられている場合，相手方当事者が求めるときは，彼または彼女に対しこのような判決がなされなければならない．欠席判決が求められないときは，事件は除去されなければならない．

　ただし被告が出頭しないときは，原告の申立てに基づき事件について新たな集会〔期日〕を定めることができる．被告がこの集会にも出頭しないときは第1項が適用される．

　第1項および第2項は，欠席判決の制裁付きで集会に自身出頭するよう命じられた当事者がこの命令を遵守しない時にも適用される．

　集会が訴訟手続障害の問題に関わるときは，第1項ないし第3項の代わりに第3条が適用される．（法律2005:683）

> ＊本条は処分主義訴訟に関する．Fitger, s. 44:8.

第3条＊　本案について和解が許容されない事件において原告が準備の集会に出頭せず，かつ彼または彼女がそうしなければ原告の訴え（käromålet）が消滅する旨の制裁付きの命令を受けているときは，事件は除去されなければならない．

　第1項は，そうしなければ原告の訴えが消滅する旨の制裁付きで集会に自身出頭するよう命じられた原告がこの命令を遵守しない時にも適用される．

　被告が出頭せずかつ過料が命じられているときは，裁判所は新たな過料〔付

きの出頭〕を命ずる代わりに，被告が直ちにまたは事後の日に勾引されるべき旨命ずることができる．（法律 2005:683）

　　＊ 本条は非処分主義訴訟に関する．Fitger, s. 44:9.

第 4 条　　本口頭弁論の際当事者が出頭せずまたは自身出頭することを怠るときは，第 1 条ないし第 3 条が適用される．
　当事者がそうしなければ彼に対し欠席判決がなされうることまたは事件はその当事者が不出頭でも判断されうることの制裁付きで出頭または自身出頭を命じられ，かつ欠席判決がなされないときは，裁判所は出頭した当事者の申立てに基づき本口頭弁論を遂行することができる．＊このような申立てがなされないときは，事件は除去されなければならない．（法律 2005:683）

　　＊ 出頭した当事者は，欠席判決を求めるか，通常の判決を求めるかの選択肢を有する．既存の裁判資料に基づく判決を得るほうがより利益だと考えるときは本項 1 文の申立てをする．Fitger, s. 44:12.

第 5 条　　当事者が代理人により出頭する場合，本人が自身出頭するよう過料付きで命じられており，かつ本案がそれについて和解を許容しないようなものであるときは，裁判所は新たな過料〔付きで出頭〕を命ずる代わりに，彼が直ちにまたは事後の日に裁判所に勾引されるべき旨命ずることができる．

第 6 条　　ただし，当事者が過料〔付きで出頭〕を命じられているとき，または当事者が裁判所に勾引されるべきで，かつ勾引を事実上行うことができないと認められるときは，当事者が代理人のみによって出頭しているか，または不出頭であるかにかかわらず，準備を終結しまたは事件について判断することができる．

第7条　当事者が，訴訟手続問題が審査されるべき集会に出頭しない場合，事件の取扱いを続行すべきときは，それにもかかわらず問題を審査することができる．（法律 2005:683）

第7条 a*　被告が彼に対しそうしなければ欠席判決がなされうる旨の制裁付きの答弁書提出命令を遵守することを怠る場合，原告が反対しないときは，このような判決をすることができる．

　被告は，原告の訴えの申立てに対する自己の見解を明らかにし，かつ本案の審査上有意義でありうる理由を述べたときは，答弁書提出命令を遵守したものとみられなければならない．（法律 1987:747）

　　　* 本条は，処分主義訴訟における被告が42章11条による答弁書提出命令に従わない場合に関する．法的に無意味な答弁（例えば，病気のため支払うことができない）は欠席判決を妨げることができない．Fitger, s. 44:16,18.

第7条 b　原告がその申立てを書面による債権証拠または支払以外の他の給付に関する書面による約束で基礎付ける場合，被告が欠席判決の制裁付きの答弁書提出命令の後，第7条 a 第2項に述べるところを充足したが，しかし自己の見解のための相当な蓋然性のある理由を示すことができなかったときにも，欠席判決をすることができる．

　第1項による欠席判決は以下各号の場合にはすることができない—
　1．原告の申立てが双務契約に基づき，かつ被告が対価に関する抗弁をするとき，
　2．欠席判決が本案について従前なされているとき，または
　3．原告がそれに反対するとき．（法律 1996:1024）

第7条 c　原告が第42章第11条第2項による自己の訴えを維持するか否かについて述べるべき旨の命令を遵守しないときは，彼に対し欠席判決がなされう

る．（法律 2000:172）

第8条　欠席判決が原告に対しなされるときは，被告が認諾するか，またはそうでなくとも原告の請求が理由のあることが明らかでない限り，*原告の請求は棄却されなければならない．

　被告に対する欠席判決は，陳述が被告に通知されており，かつ公知の事実に反しない限り，事件における原告の事実の陳述に基づかなければならない．陳述が原告の請求のための法的な理由を包含せず，またはそうでなくとも原告の請求の理由がないことが明らかな限度において，請求は棄却されなければならない．

　この判決には欠席判決と表示しなければならない．

　　＊この二つの例外的場合は「認容ケース」（backlängesfall）とよばれる．この場合には原告の請求が認容される．Fitger, s. 44:24.

第9条　彼に対し欠席判決がなされた当事者は，訴えを提起した裁判所のもとに判決が彼に送達された日から1月内に故障を申し立てる（söka återvinning）ことができる．*故障が申し立てられないときは，判決はその部分について彼に不利益に確定する．

　故障の申立て（ansökan）は書面でしなければならない．欠席判決が本口頭弁論なしになされたときは，この申立書は準備の遂行のために申立人の側から必要とされる全ての事項を包含すべきである．（法律 2000:172）

　　＊故障の申立ては，当事者が不出頭について正当な理由を有することを前提としない．他方，上訴は欠席判決を受けた者の相手方のみができる．故障の申立てと上訴とが併行するときは，50章24条が適用される．Fitger, s. 44:27.

第10条　故障による再審査の際，故障が求められた部分の事件の取扱いは，

欠席判決の問題が取り上げられた時の終結状態から進行しなければならない．*

彼に対し欠席判決が新たになされる当事者は，事件について故障申立ての権利を有しない．（法律 1996:1024）

　　* 旧々日本民訴 260 条参照．

Ⅱ．刑事事件における訴訟手続について

第45章　公訴の提起について，準備についておよび本口頭弁論なしの事件の判断について

（本章は法律 2005:683 によりこの章名となった．）

第1条　訴追は検察官が，裁判所のもとに書面で被告人とされるべき者に対する召喚状の申請をすることによって提起される．訴追は召喚状の申請が裁判所に到達した時に提起されたものとみられなければならない．

裁判所は関係検察官または検察機関との協議のうえ，召喚状の発付を検察官に委ねることができる．*このような場合においては，検察官は召喚状の発付と関連して裁判所に召喚状の写しを提出しなければならない．訴追はこの写しが裁判所に到達した時に提起されたものとみられる．

被告人に対する新たな訴追は，彼または彼女がすでに訴追されている行為について提起することができない．（法律 2002:440）

　　* 訴追時効の完成の危険がある場合や被疑者が通過旅行中の外国人である場合などが想定でき，またこのような場合に制限されるべきである．Fitger, s. 45:6.

第 45 章　公訴の提起について，準備についておよび本口頭弁論なしの事件の判断について　247

第 2 条　訴訟手続に関する軽罪の訴追は，召喚状なしに提起することができる．

　ある者が裁判所の集会においてその前で他の犯罪を行うときは，この犯罪の訴追は，裁判所が犯罪の性質およびその他の事情にかんがみ適切と認めるときは，召喚状なしに提起することができる．＊

　そうでなくとも，訴追が召喚状なしに提起できる旨特別の場合について定められているときは，それが適用される．

> ＊ 罪が民事事件，刑事事件いずれの取扱いの際に犯されたものであるかを問わない．本口頭弁論の際の証人尋問において証人が偽証していることが明白と認められる場合などが挙げられている．Fitger, s. 45:8.

第 3 条　複数の犯罪のためにある者に対し，または同一の犯罪に関与した複数の者に対し訴追が提起された場合，裁判所が別個の取扱いがより適切と認めないときは，訴追は一つの手続において取り扱われなければならない．異なる犯罪のために複数の者に対し提起された訴追は，その調査上便宜であるときは，一つの訴訟手続において取り扱うことができる．

　訴追が同一の裁判所に提起され，およびこの裁判所が権限を有し，ならびに訴追のために同様の訴訟手続形態が適用される場合を除いては，訴追〔事件〕を併合することはできない．

　併合された訴追は，そのための理由があるときは再び分離することができる．（法律 1956:587）

第 4 条　検察官は召喚状申請書に以下各号の事項を示さなければならない：―

1．被告人，
2．被害者，それが存在するときは，
3．行われた日時および場所，および特徴付けのために必要とされるその他の事実に関する記述をもってする犯罪行為，ならびに適用法条，

4．援用される証拠および各証拠をもって証明しようとする事項，ならびに
　5．裁判所の権限が他の陳述から明らかでないときは，その権限を裏付ける事実．

　検察官が訴追の提起に関連して，第22章第2条による私的請求に関する訴えも提起しようとするときは，申請書において請求およびこれを基礎付ける事実ならびに援用される証拠および各証拠によって証明すべき事項を示さなければならない．

　被告人が訴追に包含される犯罪の嫌疑に基づき逮捕もしくは勾留されているかまたはいたときは，検察官は召喚状申請書においてそのことも示さなければならない．さらに，自由剥奪の日時に関する情報も供与しなければならない．

　検察官が事件の取扱方に関する要望を有するときは，それを申請書に述べるべきである．

　申請書は検察官によって署名されなければならない．（法律2005:683）

第5条　提起された訴追は変更することができない．ただし検察官は，裁判所が調査またはその他の事情にかんがみ適切と認めるときは，同一の被告人に対し他の行為についても訴追を拡張することができる．

　検察官または被害者は，訴追が提起されてから，裁判所が調査またはその他の事情にかんがみ適切と認めるときは，召喚状なしに被告人に対し犯罪に基づく私的請求に関する訴えを提起することができる．請求が他の者によって承継されたときも同様である．

　検察官が同一の行為に関して訴追（talan）を減縮し，または召喚状に示されたもの以外の法条，もしくは訴追を支持するための新たな事実を援用することは，訴追の変更とみられない．（法律1969:588）

第6条　検察官が第2条第1項もしくは第2項による犯罪の訴追または第5条による訴追の拡張をしようとするとき，または検察官，被害者もしくは被害者の私的請求を承継した者が後者の法条〔第5条〕による私的請求に関する訴え

を提起しようとするときは，それは裁判所の前において口頭で，または書面ですることができる．被告人はそれについて通知されなければならない．上述の訴えは，裁判所の前にそれが提示されたとき提起されたものとみられなければならない．（法律 1969:588）

第7条　事件について捜査がなされたときは，検察官は訴追が提起される時，またはその後できる限り速やかに，裁判所に捜査記録の謄本または覚え書ならびに証拠として援用しようとする文書および物を提出しなければならない．ただし訴追に関しないようなものは提出すべきでない．＊（法律 1987:747）

　　＊本条の内容に対してはつとに立法準備作業の段階から批判が向けられてきた．批判説（当初の立法提案）は，裁判所に予断を形成させる危険があると主張する．しかし，捜査資料は裁判所が審理計画を立てたりするのに有用などという理由から，批判説は採用されていない．Fitger, s. 45:23. なお，ボールディング『民事・刑事訴訟実務と弁護士』90 頁参照．

第8条　裁判所は，訴追を提起する者がその犯罪についてこれをする権限を有しないこと，＊または事件が他の訴訟手続障害に基づき審査に取り上げることができないことが明白と認めるときは，召喚状の申請を却下しなければならない．

　　＊例えば親告罪において告訴が存しない場合．Fitger, s. 45:24.

第9条　〔召喚状の〕申請が却下されないときは，裁判所は被告人に対し訴追に答弁すべき旨の召喚状を発しなければならない．

　召喚状は召喚状申請書およびこれに添付の書類とともに，被告人に送達しなければならない．訴追のために意義を欠く被害者または証人の年齢，職業および住所に関する情報は，送達される書類から判明してはならない．（法律 1994:

420)

第10条　召喚状において裁判所は，被告人に口頭または書面で彼が援用する証拠および各証拠によって証明しようとする事項を示すことも命じなければならない．ただしこれは，被告人の自白およびその他の事情に基づき立証に関する情報が必要でないと考えられうるときは適用されない．

　援用される文書証拠は，証拠情報の供与と同時に提出されるべきである．

　本口頭弁論が合目的的な仕方で*遂行されうるため必要であるときは，裁判所は被告人に訴追に対する彼の見解およびその根拠を書面で説明するよう命ずることもできる．（法律 1987:747）

　　＊ 公的英訳は in an expeditious way. p.250.

第10条a　事件は本口頭弁論の後に判断されなければならない．ただし裁判所は，以下各号の場合においてはこのような弁論なしに判断できる―
　1．判決以外の仕方で事件を判断すること，
　2．第20章第9条第2項による無罪判決をすること，および
　3．罰金以外の制裁に処する理由が存しない事件において，本口頭弁論が当事者のいずれからも求められないか，または事件における調査にかんがみ必要でないときに判決をすること．
　事件が第1項第3号の支持をもって判断される前に，以下各号の事項が行われなければならない―
　1．被告人に事件が本口頭弁論なしに判断されうること，およびこのような弁論に対する自己の権利について通知すること，および
　2．当事者らがすでにその訴訟活動（talan）を終結しているとみることができないときは，その機会を与えられること．（法律 2005:683）

第11条　事件が本口頭弁論の際一連のものとして終結しうるために，十分な

捜査がなされるべきか，または捜査が行われなかった場合に捜査がなされるべきものと認められるときは，裁判所は検察官にこれに関する命令を発することができる．*

> * 1982年の立法提案は本条の存置に反対したが，法務大臣は極めて例外的な場合にのみ実務上適用される可能性があるに過ぎないことを認めつつも，なおこの可能性を全面的に廃棄すべき十分な理由は見出せないとした．Fitger, s. 45:31.

第12条 証拠調べが本口頭弁論の際一度に実施できるために，鑑定人の意見を入手し，文書証拠を提出し，検証もしくは見分する物を用意し，またはその他の準備的措置をとることが必要とされるときは，これに関する決定が遅滞なくなされなければならない．

証拠調べが本口頭弁論外で行われるときは，これに関する命令も遅滞なくなされるべきである．

当事者が上述の措置がとられることを欲するときは，彼はできる限り速やかにこれに関する申立てを裁判所にしなければならない．

第13条 事件の準備またはその他なんらかの理由によって必要とされるときは，裁判所は当事者らおよびその他の関係者との集会を行わなければならない．当事者らの呼出しについては第15条が適用されなければならない．

集会に呼び出された者が出頭しない場合，それにもかかわらず事件の準備が促進できるときは集会を行うことができる．不出頭者が過料〔付きで出頭〕を命じられているときは，裁判所は新たな過料を命ずる旨または彼もしくは彼女を裁判所に勾引する旨決定することができる．

第24章ないし第27章に強制手段の審査のための集会に関する規定が存する．（法律 2005:683）

第14条 裁判所はできる限り速やかに本口頭弁論の期日を定めなければなら

ない．事件のその余の部分について本口頭弁論の準備ができていないときでも，訴訟手続問題または別個に判断しうる本案の一部の処理のために，本口頭弁論期日を指定することができる．

　被告人が逮捕または勾留されている場合，第 11 条または第 12 条に係る措置，事件の範囲またはその他の事情に基づきより長い延期が必要でないときは，本口頭弁論は訴追が提起された日から 1 週間内に行われなければならない．被告人が訴追後に勾留されたときは，この期間は彼または彼女の勾留の日から算定しなければならない．

　被告人が旅行禁止を課されている場合，第 11 条または第 12 条に係る措置，事件の範囲またはその他の事情に基づきより長い延期が必要でないときは，本口頭弁論は訴追が提起された日から 1 月内に行われなければならない．訴追後に旅行禁止が発せられたときは，この期間はこの決定の送達の日から算定しなければならない．（法律 2001:235）

第 15 条　本口頭弁論には検察官を呼び出さなければならない．被害者が訴追を補佐するか，もしくはそうでなくとも彼もしくは彼女が検察官とともに訴え*を追行するとき，または彼もしくは彼女が検察官の訴えに関連して尋問されるべきときは，被害者も呼び出さなければならない．被害者が自身出頭すべきときは，裁判所は彼または彼女に過料〔付きで出頭〕を命じなければならない．

　被告人は召喚状または別個の呼出状によって本口頭弁論に呼び出さなければならない．彼または彼女が自身出頭すべきか，または他の仕方で同席することを要求されるときは，裁判所は彼または彼女に過料〔付きでそれ〕を命じなければならない．被告人がこのような命令を遵守しないと考えられる理由が存するときは，裁判所は彼または彼女を本口頭弁論に勾引するよう命ずることができる．第 46 章第 15 条 a により被告人が代理人によってのみ出頭しているか，または不出頭であるにもかかわらず事件が判断されうるときは，彼または彼女は呼出状においてこのことを注意されなければならない．裁判所は逮捕または

勾留されている者の出頭について決定する．

　証人および鑑定人の呼出しに関する規定は第36章および第40章に存する．
（法律2001:235）

　　＊私的請求の訴え（22章1条参照）．Fitger, s. 45:45.

第16条　検察官が発する召喚状は，召喚状申請書について第4条に述べる内容を有し，かつ検察官によって署名されなければならない．

　さらに検察官は召喚状において被告人に，検察官が定める一定の期間内に裁判所のもとに口頭または書面で，本口頭弁論の際彼または彼女が援用しようとする証拠，および各証拠によって証明すべき事項を示すよう命じなければならない．ただしこれは，検察官が被告人の自白またはその他のなんらかの事情に基づき，被告人から証拠が示されないであろうことが明らかと認めるときは適用されない．適切であるときは，検察官は召喚状において被告人を本口頭弁論期日に呼び出すことができる．

　事件について本口頭弁論〔期日〕を定める検察官は，裁判所が与えた本口頭弁論期日に関する指示を遵守しなければならない．検察官は第15条に係るような呼出しおよび命令について配慮する（ombesörja）＊ことができる．

　召喚状およびこれに添付の書類は，被告人に送達されなければならない．訴追のために意義を欠く被害者または証人の年齢，職業および住所に関する情報は，送達される書類から判明してはならない．召喚状が送達されてからこれに関する証拠が裁判所に提出されなければならない．第3項に係るような呼出しおよび命令が送達された時は，これらは送達に関する証拠とともに裁判所に提出されなければならない．

　第3項の支持をもつ呼出状において命じられた過料の賦課に関する問題は，特別の申請なしに裁判所によって審査される．（法律2002:440）

　　＊この表現によって，検察官は呼出しおよび命令に関する職務を補助職員に授権で

きることが意味されているといわれる．Fitger, s. 45:48.

第17条　当事者が本口頭弁論の際従前開示しなかった証拠を援用しようとするときは，彼は直ちに裁判所および相手方当事者に，証拠およびそれによって証明しようとする事項について通知しなければならない．

第18条　削除（法律 1976:567）

第46章　公訴が追行される事件における本口頭弁論について

第1条　事件が呼び上げられるとき，裁判所は事件を終局的取扱いに取り上げるための障害が存しないか否かに関する情報を獲得しなければならない．

第2条　本口頭弁論は以下各号の場合には中絶され，かつ他の日に指定されなければならない：—
　1．検察官が出頭しないとき；
　2．被告人が出頭せず，または自身出頭すべき旨命ぜられたのに代理人のみが出頭し，かつ事件がこれらの障害にもかかわらず判断できる場合ではないとき；
　3．法律により被告人に弁護人を付すべき場合，弁護人が同席せず，かつ弁護人が直ちに選任されないとき；
　4．尋問されるべき被害者，証人または鑑定人が出頭しないとき；
　5．当事者が新たな重要な理由を主張または新たな証拠を援用しようとし，かつ相手方当事者がそれに対応するために延期の必要が認められるとき；または
　6．そうでなくとも事件を終局的取扱いに取り上げるための障害が存すると

き．

　障害が取扱いの終了前に除去されるであろうと考えられうるときは，本口頭弁論を行うことができる．

第3条　第2条第1項第4号ないし第6号に係るような本口頭弁論に対する障害が存在する場合，第11条第3項により新たな本口頭弁論を行うことを要せずに障害が除去されるであろうと考えられ，かつ弁論の分割が事件の性質にかんがみ不適切でないときは，それにもかかわらず弁論を開始することができる．

　本口頭弁論が中絶される場合，本口頭弁論外の尋問に関する規定により認容され，かつ尋問される者が用いられるときは，それにもかかわらず裁判所は口頭の証拠調べを行うことができる．

　調査上著しく重要であるときは，その他の取扱いも第2項による証拠調べに関連して行うことができる．

　第2項または第3項の支持をもって証拠調べがなされるときは，本口頭弁論外で取り調べられる証拠について定めるところの適用できる部分が適用される．（法律2000:172）

第4条[*]　裁判所は取扱いの際手続秩序が遵守されるよう配慮しなければならない．裁判所は異なる問題もしくは事件の一部が別個に処理されるべきか，またはその他第6条，第9条および第10条に定める手続からの乖離がなされるべきかについて決定することができる．

　裁判所はまた，事件がその性質が要求するところに従い調査され，かつ事件に不要なものが導入されないよう配慮しなければならない．裁判所は質問または指摘によって，なされた陳述における不明確性および不十分性を補正させるよう努めなければならない．（法律1987:747）

　　[*] 民事事件に関する43章4条と同一内容の規定である．Fitger, s. 46:11.

第5条* 弁論は口頭でなければならない．当事者らは裁判所が陳述の理解を容易ならしめるか，またはその他取扱上有益と認めるときにのみ，申請書類またはその他の書面による陳述を提出または朗読することができる．（法律1987: 747）

> * 民事事件に関する43章5条と全く同一の規定である．Fitger, s. 46:14.

第6条 本口頭弁論の際，検察官は自己の申立てを陳述しなければならない．被告人は自己の見解およびその根拠を簡略に述べることを求められる．*その後に検察官は自己の訴訟活動（sin talan）を展開しなければならない．被害者および被告人は必要な限度において自己の訴訟活動を展開する機会を用意されなければならない．

その後に被害者および被告人が尋問され，かつその他の証拠が提出されなければならない．被害者および被告人の尋問は，尋問が関わる事実に関する証人尋問がなされる前に行われるべきである．

被害者または被告人が同席しないにもかかわらず本口頭弁論が行われるときは，裁判所は必要な限度において彼または彼女が従前陳述したところが書類から上程されるよう配慮しなければならない．

第1項および第3項による陳述ならびに証拠の上程は，裁判所が適切と認めるときは，事件における書類の引照によってすることができる．（法律2005: 683）

> * しかし被告人は，調査の完全性に協力することを要求されず，終始受動的に振る舞うことができる．Fitger, s. 46:15.

第7条 削除（法律2005:683）

第8条 被害者が事件において訴えを追行せず，かつ事情にかんがみ不適切で

ないときは，裁判所は被害者が尋問される前には本口頭弁論の際同席しないよう決定することができる．（法律 1987:747）

第9条　必要な範囲において，有罪判決者等登録簿（belastningsregistret）*および被告人の人的関係に関する調査に関する情報は提出されなければならない．これは事件における書類の引照によってなされる．（法律 2005:683）

　　* 有罪判決者等登録簿に関する法律（1998:620）がある．Nytt juridiskt arkiv II 2005, s. 434.

第10条　立証がなされてから当事者らは最終弁論を行うことができる．（法律 2005:683）

第11条　本口頭弁論は不必要な中絶なしに，かつ可能な限り一連のものとして遂行されなければならない．
　本口頭弁論が3日よりも多くを要しないときは，それは1週間内に遂行されなければならない．その他の場合においては，弁論は少なくとも1週に3日は継続しなければならない．
　事件の範囲，本口頭弁論の長さまたはその他特段の事情にかんがみ特段の理由が存するときは，第2項に定めるところよりも広範囲の中絶をすることができる．弁論の中絶が集中的本口頭弁論の目的を基本的に失わせる程度に達したときは，新たな本口頭弁論が行われなければならない．被告人が勾留されている場合は，特段の事情に基づきより長い中絶がやむをえないときでなければ，それは1週間を超えてはならない．
　事後の弁論への呼出しの命令については第45章第15条に述べるところが適用される．（法律 2000:172）

第12条　事件について続行されたまたは新たな本口頭弁論が定められると

き，裁判所は事件がその弁論で終結することができるために適切と認められる措置を命ずることができる．このような措置については第 45 章第 11 条ないし第 13 条に定めるところが適用される．

第 13 条 本口頭弁論の続行にあたっては，従前の弁論において終了したところから取扱いを継続しなければならない．

　新本口頭弁論の際は，事件の完全な取扱いを行わなければならない．従前の取扱いの際に取り調べた証拠は，裁判所が事件において有意義でありかつ証拠調べをすることに支障がないと認めるときは，新たに取り調べなければならない．証拠が新たに取り調べられないときは，それは適切な仕方で上程されなければならない．（法律 2000:172）

第 14 条 検察官による訴訟活動（talan）に関連して尋問されるべき被害者が，本口頭弁論期日に自身出頭するのを怠るときは，裁判所は新たな過料〔付きで出頭〕を命ずる代わりに，彼を裁判所に直ちにまたは事後の日に勾引すべき旨命ずることができる．

第 15 条 被告人が本口頭弁論期日に出頭しないとき，または彼もしくは彼女が自身出頭を命じられているのに代理人によって出頭するときは，裁判所はまず事件が第 15 条 a により判断することができるか否かを審査しなければならない．事件を判断することが可能でないときは，裁判所は被告人に対し以下各号の決定をしなければならない—

1．新たに過料付きで呼び出すこと，
2．裁判所に直ちにもしくは事後の日に勾引すること，または
3．そのための要件が存するときは勾留すること．（法律 2001:235）

第 15 条 a 事件が十分に調査できるならば，事件は被告人が代理人によってのみ出頭しているか，または不出頭であるにもかかわらず，以下各号の場合に

は判断することができる—

 1．罰金，最長3月の拘禁，条件付判決もしくは保護監督またはこのような制裁を併科するもの以外の制裁を科する理由が存しないとき，

 2．被告人が彼または彼女に召喚状が送達された後，彼または彼女を本口頭弁論に勾引することができないような仕方で逃亡しまたは隠れているとき，または

 3．被告人が重大な精神的障害を蒙っており，かつそのため彼または彼女の同席が必要でないとき．

第1項第1号に述べる制裁と刑法第34章第1条第1項第1号による命令とは同視されなければならない．*ただしこれは，この命令に関連して条件付きで与えられた拘禁刑からの自由が3月を超える刑期について喪失される旨を宣言するものであるときは適用されない．

第1項第2号に係る場合においては，被告人に弁論への呼出状が送達されていないときでも事件について判断することができる．

訴訟手続問題は，被告人の不出頭にもかかわらず判断することができる．
（法律2001:235）

　　*　裁判所は，被告人不出頭の妨げなしに，従前に科された1項1号の制裁が新たな犯罪にも係る旨の判断をすることができるということを意味する．Fitger, s. 46:36 a. なお，坂田仁「スウェーデン刑法典（試訳）」慶応義塾大学『法学研究』79巻12号（2006）82-83頁参照．

第16条　被告人が法律により弁護人を有すべき場合その者が出頭しないときは，裁判所は可能であれば，裁判所に同席し，かつこのような職務を引き受ける資格を有する者を被告人の弁護人として任命する．

第17条*　裁判所は，本口頭弁論が終結してから事件について判断する前に調査の補充を必要と認めるときは，本章の規定による本口頭弁論の続行または新

本口頭弁論を行うことができる．ただし補充が単純な性質のものであるときは，裁判所は当事者らと協議のうえ，その代わりに調査が他の適切な仕方でなされる旨決定することができる．（法律1987:747）

　　＊ 民事事件に関する43章14条と全く同一の規定である．Fitger, s. 46:38.

第47章　私的訴追の提起，およびこのような訴追が追行される事件における本口頭弁論について*,**

　　＊ 私的訴追においては一般に23章による捜査が先行しないので，その調査段階は42章による民事事件に関する準備とほぼ同様の規定が適用され，本口頭弁論段階は46章による公訴のそれとおおむね同様に規整される．Fitger, s. 47:3, Ekelöf Ⅴ, 6 uppl. (1992), s. 160.
　　＊＊ 被害者による私的訴追はきわめて稀である．しかし，エーケレーヴは被害者のこの権利は市民の権利であると指摘する．Ekelöf Ⅱ, 7 uppl. (1985), s. 63, Ⅴ, 6 uppl. (1992), s. 160.

第1条　被害者が訴追を提起しようとするときは，裁判所のもとに訴追されるべき者に対する召喚状の申請を書面でしなければならない．訴追は召喚状申請書が裁判所に到達したときに提起されたものとみられなければならない．
　被告人が同一事件において被害者または検察官に対し，虚偽もしくは不当な訴追，虚偽の告訴またはその他犯罪に関する真実でない非難のための刑事責任＊についての訴追（talan）を提起しようとするときは，それは召喚状の申請を要せず，口頭で裁判所の前においてまたは書面ですることができる．訴追を提起された者はこのことを通知されなければならない．（法律1948:453）

　　＊ 刑法15章5条ないし7条所定の犯罪に関する．Fitger, s. 47:4.

第47章　私的訴追の提起，およびこのような訴追が追行される事件における本口頭弁論について

第2条　召喚状申請書は以下各号の情報を包含しなければならない—
 1．被告人,
 2．行われた日時，場所および特徴付けのために必要とされるその他の事実に関する記述をもってする犯罪行為，ならびに適用法条,
 3．被害者が提起しようとする私的請求およびこの請求の原因として援用される事実の詳細な説明,
 4．援用される証拠および各証拠によって証明すべき事項，ならびに
 5．裁判所の権限が他の陳述から明らかでないときは，その権限を裏付けるような事実.

被害者が事件の取扱方に関する要望を有するときは，彼はそれを申請書に述べるべきである.

申請書は被害者またはその代理人によって自署されなければならない.

犯罪が，検察官が訴追を提起しないときにのみ被害者が訴追を提起できるようなものであるときは，＊申請書とともに，このような決定がなされたことに関する証明書を提出しなければならない．援用される文書証拠も申請書とともに提出すべきである．（法律1987:747）

　　＊20章8条1項をみよ．Fitger, s. 47:6.

第3条　召喚状申請書が第2条の規定を充足しないか，もしくはその他の点で不十分であるとき，または第2条第4項に係る証明書が提出されないときは，裁判所は被害者に欠缺を補正するよう命じなければならない．所定の申請手数料が支払われていないときも同様である．（法律1989:656）

第4条　被害者が第3条による命令を遵守しない場合，申請書が基本的な支障なしに刑事責任問題に関する訴訟手続の基礎に置くことができないほど不十分なものであるときは，申請は却下されなければならない．第2条第4項に係る証明書が提出されなかったとき，または不服従が申請手数料の支払に関すると

きも同様である．（法律 1989:656）

第5条　申請が却下されないときは，裁判所は被告人に訴追に対し答弁すべき旨の召喚状を発しなければならない．ただし，被害者の陳述が訴追のための法的理由を包含しないとき，またはそうでなくとも明らかに理由がないときは，裁判所は召喚状を発することなく直ちに事件について判決することができる．

　召喚状が発せられるときは，それは被告人に召喚状申請書およびこれに添付された書類とともに送達されなければならない．（法律 1984:131）

第6条　召喚状が発せられるときは，事件について準備が行われなければならない．

　準備は以下の事項を解明する目的を有する―
　1．被告人の訴追に対する見解およびその根拠，
　2．提出されるべき証拠および各証拠によって証明すべき事項，ならびに
　3．事件の判断の前に一層の調査またはその他の措置が必要とされるか．

　裁判所は事件の迅速な判断を志向して準備を進めなければならない．それが適切になされうる限り，裁判所は事件の取扱いに関して当事者らを聴くべきである．

　裁判所は，事件の性質またはその他特段の理由に基づき不必要でないときは，事件の取扱いのための予定計画表を作成しなければならない．当事者らは自己〔の訴訟行為〕およびその立証に関する限り予定計画表が守られるよう継続的に制御しなければならない．当事者が予定計画表を守ることができないと判断するときは，直ちにそのことを裁判所に届け出なければならない．裁判所が予定計画表を守ることができないと判断するときは，当事者にそのことについて通知しなければならない．（法律 2005:683）

第7条　準備の際，被告人は答弁をし，かつ彼が行為を認めるかまたは否認するかを示し，ならびに訴追を裏付ける事実について意見を述べなければならな

い．彼はまた，その援用しようとする事実を示すべきである．

　その後に当事者らは各自，その主張しようとする一層の事実を述べ，ならびに相手方当事者の主張した事項に対し意見を述べなければならない．彼らはまた，従前になされていない限り援用しようとする証拠および各証拠によって証明しようとする事項を開示しなければならない．まだ提出されていない文書証拠は直ちに提出しなければならない．

　裁判所は，各種の問題または事件の一部が準備において別個に処理されるよう定めることができる．（法律 1987:747）

第8条　準備は集会の際もしくは書面の交換またはその他の取扱いによって行われる．それが適切であるときは，準備の各種の方式を併用することができる．

　第7条第1項による答弁は，事件の性質にかんがみ答弁を集会の際に述べるのがより適切でないときは，書面でしなければならない．

　答弁書が裁判所に到達した場合，事件の性質にかんがみ書面の交換を続行するのがより適切でないときは，できる限り速やかに集会を行わなければならない．

　集会が行われるときは，可能であればその際に準備は終結されなければならない．そうでないときは，準備は書面の交換または新たな集会によって続行しなければならない．（法律 1987:747）

第9条　準備が集会の際に行われるべく，かつ被告人が勾留されている場合，特段の事情に基づきより長い延期が必要でないときは，集会は彼の勾留の日から1週間内に行われなければならない．被告人が旅行禁止を課されているときは，集会はこの決定の送達の日から1月内に行われなければならない．

　被告人が勾留されており，かつ一層の集会が行われる場合，特段の事情に基づきより長い延期が必要でないときは，先行する集会の終了の日から，または彼がその後に勾留されたときは彼の勾留の日から，1週間内にそれを行わなけ

れ ばならない．（法律 1987:747）

第 10 条　削除（法律 2005:683）

第 11 条　集会の際当事者らは，裁判所が陳述の理解を容易ならしめるか，またはその他取扱上有益と認めるときにのみ，申請書類またはその他の書面による陳述を提出または朗読することができる．（法律 1987:747）

第 12 条　被害者は，そうしなければ彼または彼女は犯罪について訴追を追行する権利を失うという制裁付きで集会に出頭を命じられなければならない．被害者が自身出頭すべきときは，裁判所はまたそれを過料付きで命じなければならない．さらに証拠目的で尋問されるべき被害者は，そうしなければ彼または彼女は犯罪について訴追を追行する権利を失うという制裁付きで集会の際に自身出頭することを命じられなければならない．被告人は過料〔付きで出頭〕を命じられなければならない．裁判所は被勾留者を集会に出頭させるべき旨決定する（法律 2005:683）

第 13 条　当事者双方が準備の集会に出頭しないときは，事件は除去されなければならない．（法律 2005:683）

第 14 条　被害者が準備の集会に出頭せず，かつ彼または彼女はそうしなければ訴追を追行する権利を失う旨宣言されるという制裁付きで出頭を命じられている場合，被告人が申し立てるときは，このような宣言をしなければならない；その申立てがないときは，事件は除去されなければならない．

　第 1 項はまた，彼または彼女はそうしなければ犯罪に関する訴追を追行する権利を失う旨宣言されるという制裁付きで集会の際に自身出頭することを命じられた被害者がこの命令を遵守しない時にも適用される．

　被告人が出頭せず，かつ過料〔付きで出頭〕を命じられているときは，裁判

第47章　私的訴追の提起，およびこのような訴追が追行される事件における本口頭弁論について　265

所は新たな過料を命ずる代わりに，被告人を裁判所に直ちにまたは事後の日に勾引すべき旨決定することができる．（法律 2005:683）

第15条　被害者または被告人が代理人により出頭する場合，本人が自身出頭するよう過料付きで命じられているときは，裁判所は新たな過料〔付きで出頭〕を命ずる代わりに，裁判所に彼を直ちにまたは事後の日に勾引すべき旨命ずることができる．

第16条　ただし，当事者が過料〔付きで出頭〕を命じられているとき，または当事者が裁判所に勾引されるべきで，かつ勾引を事実上行うことができないと認められるときは，当事者が代理人のみによって出頭しているか，または不出頭であるかにかかわりなく，準備を終結することができる．

第17条　当事者が，訴訟手続問題が審査されるべき準備の集会に出頭しない場合，事件の取扱いを続行すべきときは，それにもかかわらず問題を審査することができる．（法律 2005:683）

第18条　裁判所が第14条により被害者は犯罪について訴追を追行する権利を失った旨宣言したときは，彼は裁判所のもとに事件の再取上げ（återupptagande）の申請をすることができる．*
　再取上げの申請は，決定がなされた日から1月内に書面でしなければならない．被害者が再び不出頭のときは，事件の再取上げに関する彼の権利は消滅する．

　　＊ 申請が認容されるために，被害者が不出頭について正当な理由を有したことは要求されない．この申請は民事事件の故障（återvinning）に類する．Fitger, s. 47:19. なお återupptagande は，スウェーデン法律用語辞典では「再開」とのみ訳したが（249頁），ここでは「再取上げ」のほうがより適訳かと考える．

第19条　事件における調査上有益であるときは，裁判所は集会または続行される書面の交換の前に当事者らに，続行される取扱いにおいて取り上げられるべき問題点に関する目録を交付すべきである．

当事者らは集会前に，可能であれば準備のための集会がそれ以上必要でないよう事案の調査に努めなければならない．（法律1987:747）

第20条　事件の取扱上有益であるときは，裁判所は準備の終結前に当事者らの見解の整理書面を作成しなければならない．裁判所は当事者らにこの整理の基礎を提供するよう命ずることができる．当事者らは準備が終結される前にこの整理について意見を述べる機会を用意されなければならない．（法律2005:683）

第21条　準備中に事件の却下に関する決定をすることができる．

第22条　訴訟手続問題または別個に判断しうる本案の一部の取扱いに関する本口頭弁論は，たとい事件のその余の部分の準備が終了していないとしても行うことができる．

被告人が勾留されているときは，本口頭弁論は準備の終結の日から，または彼が事後に勾留されたときは彼の勾留の日から1週間内に行わなければならない．

被告人が旅行禁止を課されているときは，本口頭弁論は準備の終結の日から1月内に行わなければならない．旅行禁止が事後に発せられたときは，この期間はこの決定の送達の日から算定されなければならない．（法律2000:172）

第23条　本口頭弁論への呼出しについては第12条が適用されなければならない．

被告人が自身出頭すべき旨の過料付きの命令を遵守しないであろうと考えるべき理由が存するときは，裁判所は彼が本口頭弁論に勾引されるべき旨決定す

ることができる．（法律 1987:747）

第24条　私的訴追の際は，その他に第45章第1条第3項ならびに第2条，第3条，第5条，第6条，第8条，第10条a，第12条および第17条が適用される．

　私的訴追の事件における本口頭弁論に関しては，第46章の規定が以下の乖離をもって適用される：――
　1．中絶後に再開される本口頭弁論への呼出し，および当事者に対する命令については，本章第23条に述べるところが適用される．
　2．両当事者が本口頭弁論に出頭しないときは，事件は除去されなければならない．出頭しないかまたは自身出頭すべき旨の命令を遵守しない被害者に対する制裁ならびに事件の再取上げについては，本章第14条ないし第16条および第18条の規定が適用される．当事者が訴訟手続問題を審査すべき本口頭弁論に出頭しない場合，事件の取扱いを続行すべきときは，問題はそれにもかかわらず審査することができる．
　3．事件について本口頭弁論が続行されるかまたは新たな本口頭弁論が行われるときは，裁判所は第46章第12条に係る措置の代わりに準備が新たに行われるべき旨決定し，ならびにこれに関する指示を発することができる．
（法律 2005:683）

第48章　刑罰命令および秩序罰金命令について

（第48章は法律1968:193により変更された章名および条文の文言となった．）*

＊刑罰命令（および秩序罰金命令）の制度は一種の略式訴訟（summarisk process）であり，民事事件における支払命令制度と同様の役割を刑事事件において担うもの

である．Ekelof Ⅴ, 6 uppl. (1987), s. 213.

総則

第1条 公訴のもとに属する犯罪のための責任は，本章に定める条件のもとに検察官が刑罰命令によって，警察官が秩序罰金命令によって取り上げることができる．上述の命令は第3条から明らかになる範囲で訴追に代わる効力を有する．

　本章の適用に関する細則は，政府または政府が定める公的機関が発する．＊
（法律 1974:573）

　　＊ 重要なものとしては，刑罰命令令（1970:60）および秩序罰金令（1968:199）がある．Fitger, s. 48:7.

第2条 本章による刑罰命令は，直ちにまたは一定の期間内に，検察官が犯罪に相応すべきものと考えるところに従い罰金刑を命ずることに対する被疑者の承諾を意味する．刑罰命令においては第4条第2項に述べる要件のもとに，条件付判決を科しまたはこのような判決と罰金との併科をすることができる．刑罰命令はまた，支払義務に係る私的請求を包含することが第5条aから明らかである．

　本章による秩序罰金命令は，直ちにまたは一定の期間内に，第14条により定められたところに従い罰金刑を命ずることに対する被疑者の承諾を意味する．

　犯罪が財産の没収その他のこのような特別の法効果，＊ または犯罪被害者基金に関する法律（1994:419）による手数料の形態における特別の法効果と結合しているときは，これらもまた被疑者に対しその承諾のために命じられなければならない．被疑者および犯罪に関する調査をされた者の血液採取および血液検査の費用についても同様である．＊＊このような費用については，特別の法効

果に関する規定が適用される．

　犯罪が企業罰金と結合するときもまた，被疑者に対しその承諾のために刑罰命令が発せられなければならない．（法律 2006:284）

> ＊ 理由書によれば，この特別の法効果は没収類似のものに限られ，刑法 36 章 11 条の定める特別の法効果一般のように広範なものではないと解されている．Fitger, s. 48:8-9.
> ＊＊ 例えば酒酔い等運転の罪の調査の際の費用．刑事事件における若干の感染症に関わる調査に関する法律（1988:1473）による血液検査の費用は含まれない．この費用は国が負担する（3 条）．同法の旧称は「刑事事件における HIV 感染者に関わる調査に関する法律」．Fitger, s. 48:9.

第 3 条　本章による命令が一定の期間内の承諾のために発せられた場合は，被疑者がこの命令を承諾しない旨表明したときにのみ，この期間の経過前に犯罪に関する責任の問題を新たに取り上げることができる．

　命令が承諾されたときは，確定力を取得した判決と同様の効力を有する．＊（法律 2000:299）

> ＊ 刑罰および特別の法効果に関する承諾は本案の処分を意味せず，検察官はその職務責任として命令およびその同意の内容を審査すべきである．Ekelöf V, 6 uppl. (1987), s. 213.

刑罰命令について

第 4 条　罰金刑は，刑罰の法定刑の中に罰金を含む犯罪に関して刑罰命令によって科することができる，ただし標準化罰金を除く．18 歳未満の者が犯した罪のために罰金刑を科することについては特別の規定が存する．＊刑法第 34 章第 1 条第 1 項第 2 号の規定は罰金刑を科するにあたって適用される．

　条件付判決または罰金と併科されるこのような制裁は，裁判所がこのような

制裁の判決をするであろうことが明白な場合においては，刑罰命令によって科することができる．ただしこれは，18歳未満の者が犯した罪であるか，または条件付判決を社会奉仕命令と結合させる理由が存するときは適用されない．

　企業罰金は，罰金額が50万クローナを超えない場合においては刑罰命令によって科することができる．（法律 2006:284）

　　　＊　年少の法違反者に対する特則に関する法律（1964:167）15条がそれである．Fitger, s. 48:13.

第5条　刑罰命令は以下の場合には発することができない，―
　公訴のための要件が存在しないとき，
　検察官の知るところによればその判断のために存在する被疑者の全ての犯罪を命令において取り上げないとき，または
　被害者が，彼または彼女は支払義務以外に関する犯罪を理由とする私的請求の訴えを提起することを意図している旨表明しているとき．（法律 2006:284）

第5条ａ　被害者が検察官に犯罪を理由とする支払義務に関する私的請求の届け出をしており，かつ検察官が第22章第2条第1項により被害者の訴えを追行する義務を有するような事情が存するときは，私的請求も被疑者による承諾のために命じられなければならない．＊（法律 1994:1412）

　　　＊　私的請求を刑罰命令の中に包含する点は，被害者の権利の迅速な救済という見地から注目に値しよう．

第6条　刑罰命令は以下各号の情報を包含しなければならない―
　1．刑罰命令を発した検察官，
　2．被疑者，
　3．犯行の日時および場所ならびに特徴付けのために必要とされるその他の

事実に関する記述をもってする犯罪，
 4．適用法条，
 5．被疑者に科される刑罰または特別の法効果，ならびに
 6．被害者および私的請求が基づく事実に関する情報を有する，被疑者に命じられる私的請求．（法律 2000:299）

第7条　刑罰命令が一定の期間内の承諾のために発せられるときは，被疑者は以下各号の事項について知らされなければならない—
 1．承諾の仕方およびこれが確定される日時に関する情報，ならびに
 2．承諾がなされないときは，確定のための期間の経過後に訴追が行われうる旨の情報．（法律 2000:299）

第8条　刑罰命令の内容および第7条に述べるような事項に関する書面の情報は，被疑者に手交または送付されなければならない．（法律 2000:299）

第9条　刑罰命令は被疑者が行為を自認し，刑罰および特別の法効果ならびに命令に記載された私的請求を受け入れる旨表明した書面に署名し，かつこれを権限を有する受領官に交付することによって承諾される．このような宣言を受領すべき者が誰であるかに関する細則は政府が定める．*（法律 2000:299）

　　* 刑罰命令令（1970:60）がそれである．同令によれば，権限を有する受領官は検事総長または関税庁（Tullverket）が定める（7条）．Fitger, s. 48:27.

第10条　条件付判決に関しない刑罰命令の書面による承諾は，検察官に代理権授与の書面の原本が提出されるときは，被疑者に代わって彼の代理人が与えることができる．代理権授与の書面は第12章に定めるところのほか，以下各号の事項を包含しなければならない—
 1．代理人が被疑者の名において刑罰命令を承諾する権利を有することの表

明，
　２．承諾に係る犯罪に関する情報，それには犯罪の種類ならびに犯行の日時および場所を示すべきである，ならびに
　３．被疑者が承認しようとする罰金の制裁の最高額，特別の法効果および私的請求に関する情報．
　このような代理権授与の書面が検察官に提出されたときは，代理人は被疑者の名において事案に関する書類を受領することができる．（法律 1996:1462）

第11条　刑罰命令はまた，命令が罰金のみに関するか，または罰金および支払義務を意味する特別の法効果に関するときは，書面による承諾を行うことなく，政府が定める公的機関＊に全額を支払うことによって承諾することができる．
　第1項による支払は，被疑者が命令を承諾することを意図していないことが明らかであるときは承諾とみてはならない．（法律 2000:299）

　　＊刑罰命令令（1970:60）によれば警察庁である（7条）．Fitger, s. 48:30

第12条　検察官が以下各号の措置をとった後になされた承諾は効果を有しない―
　１．召喚状，召喚状の申請または新たな刑罰命令を発したとき，
　２．その犯罪のための訴追を提起しないことを決定したとき，または
　３．捜査を中止することまたは開始しないことを決定したとき．（法律 2000:299）

第12条 a　検察官が，承諾された刑罰命令が検察官またはその他の者による書損，計算違いまたは同様の不注意の結果として明白な過誤を包含すると認めるときは，彼は刑罰命令を承諾した者に意見を述べる機会を与えた後，命令の更正について決定しなければならない．

命令を承諾した者が反対するときは，更正をしてはならない．
刑罰を重くすることを意味する更正をしてはならない．（法律 1990:443）

秩序罰金命令について *

> * 秩序罰金命令の制度は 1966 年に交通違反犯罪の迅速な処理などを目的として創設され，当初は別個の法律において規定されていたが，1968 年に本章に導入されたものである．Fitger, s. 48:3.

第 13 条 秩序罰金命令は，金額罰金以外の刑罰および標準化罰金が定められておらず，かつ第 14 条の規定するところにより秩序罰金が決定される犯罪に関して発することができる．

公訴のために特別の条件が定められているときは，秩序罰金の規定は適用されない．

第 14 条 政府は秩序罰金で決定することのできる罰金の最高額，および秩序罰金命令の利用のためのその他の制限に関する規定を発することができる．

検事総長は警察庁と協議のうえ，秩序罰金が決定されるべき犯罪を選択する．

検事総長は各種の犯罪のための秩序罰金の額を定める．*その際には複数の犯罪のために共通する算定の根拠も示される．特段の理由が存するときは，検事総長は検察制度内における機関の長である上級検事**に対し，若干の犯罪について秩序罰金の額を定めることを委ねることができる．（法律 2001:280）

> * 刑罰命令の場合と異なり，秩序罰金命令においては命令を発する者の自由な判断で刑罰を定めることができない．秩序罰金は，他に異なる定めがない限り罰金に関する一般規定が適用される罰金刑の特別形態を成す．Fitger, s. 48:34.
> ** わが国でいえば，高等検察庁の検事長に相当する．

第15条　秩序罰金命令は以下の場合には発することができない―

被疑者が行為を否認するとき，

警察官の知るところによればその判断のために存在する全ての犯罪を命令において取り上げないとき，または

私的請求に関する訴えがなされるであろうと考える理由が存在するとき．

その他，検察官が犯罪のための刑罰命令または公訴の問題を審査することが要求されると考えられうる場合については，秩序罰金命令を発すべきでない．
（法律 1986:649）

第16条　秩序罰金命令は被疑者が同席する場で発せられるべきであり，その際に警察官は被疑者に直ちにこの命令を承諾する機会を与えなければならない．

この命令が被疑者の不在の場で発せられるとき，または命令が発せられる時同席する被疑者が〔承諾のための〕時間的余裕を要するときは，警察官は彼または彼女に事後に承諾の問題に関する見解を決定するための機会を与えることができる．（法律 2006:501）

第17条　秩序罰金命令は，この命令を発した警察官に関する情報ならびに第6条第2号，第3号および第5号に関する情報を包含しなければならない．第7条ないし第9条，第11条および第12条aの規定も秩序罰金命令について適用される．その際は第12条aにおいて検察官について述べるところは代わって警察官に関する．（法律 2006:501）

第18条　警察官が，秩序罰金命令が発せられかつ承諾されたことに直接に関連して，この命令が明らかな過誤を包含し，かつそれが秩序罰金の額が低過ぎること以外の点に関わると認めるときは，直ちにできるならば警察官は，第3条第2項の妨げなしに被疑者に承諾を抹消する機会を用意しなければならない．それがなされるときは命令を撤回しなければならない．その後に新たな命

令を発することはできる．

第 19 条　検察官が召喚状または召喚状の申請を発した後に秩序罰金命令が承諾されるときは，承諾は効力を有しない．刑罰命令が発せられた後に承諾がなされる場合も，刑罰命令を発した検察官が承諾は有効である旨宣言しかつ刑罰命令を撤回しないときは，承諾は効力を有しない．

第 20 条　秩序罰金命令は検察官，税関職員または沿岸警備隊職員も発することができる．

　警察官に適用される本章の規定は，秩序罰金命令を発することができるその他の者についても適用されなければならない．（法律 2006:83）

第5編
高等裁判所における訴訟手続について[*]

[*] 1994年の法改正（法律1994:1034）により本編以下は大きく改められた（58章を除く）．とくに用語については，控訴人（vadekärande），被控訴人（vadesvarande），上告（revision），上告人（revisionskärande），被上告人（revisionssvarande），抗告（besvär）等は廃止された．新しい用語では，控訴，上告および抗告に共通する名称として上訴（överklagande）が用いられ，控訴人，上告人，抗告人はすべてklagande，その相手方はmotpartとよばれることになった．この改正の理由としては，vad, revision, besvärという用語があまりにも古色蒼然たるものであることが挙げられている．すなわち，控訴を意味するvadは中世地方法の時代から用いられており，本来，原告と判決裁判官との間の判決の正当性をめぐる賭けを意味し，revisionやbesvärもその始期が17世紀にまでさかのぼる用語なのである．Fitger, s. 5:e avd:1 –2 etc., Nytt juridiskt arkiv II 1994, s. 658, Welamson, s. 16–17.

　以下においてはklagandeを上訴人と訳する．なお，motpartは被上訴人と訳するのが適切かとも思われるが，これまでの訳語との統一を優先して「相手方当事者」としてある．

第49章　地方裁判所の判決および決定に対する上訴[*]の権利について，ならびに審査許可について

（本章は法律1994:1034および2005:683により変更された条文の文言および章名（章名は後者による）となった．）

[*] överklagandeは上訴された事件と上訴状の両者を包括する概念である．したがって，上訴状（skrivelsen med överklagandet）というような表現は正確でないとされ

る．Fitger, s. 5:e avd:2, 51:3.

第1条 地方裁判所の判決に対しては，異なる定めがなければ上訴することができる．

　第17章第5条第2項に係る場合において地方裁判所が判決をする時は，裁判所は事情にかんがみ判決に対する上訴が別個に，または地方裁判所の終局的判断に対する上訴に関連してのみなされるべきかについて定めなければならない．*

　欠席判決を与えられた者は，判決に対し上訴することができない．このような判決を理由とする故障を申し立てる彼の権利に関する規定は第44章第9条に存する．（法律 1994:1034）

　　* 本項は中間判決に対する上訴に関する規定である．Fitger, s. 49:5. 中間判決については17章5条の*ないし****を参照．

第2条 当事者らが口頭で裁判所の前においてまたは書面で，既存の紛争または一定の法律関係に起因しうる将来の紛争に関してなされる判決に対し上訴しない旨契約した場合，本案について和解が許容されるときは，この契約は効力を有する．

　判決後になされた上訴しない旨の約束（utfästelse）*は，本案について和解が許容されるときは効力を有する．（法律 2005:683）

　　* これは一方的な約束である．Fitger, s. 49:9.

第3条 地方裁判所の終局的決定に対しては，異なる定めがなければ上訴することができる．ただし，当事者が終局的決定によって判断された事件の再取上げに関する申請をする権利を有するときは，*彼は決定に対し上訴することができない．

第49章　地方裁判所の判決および決定に対する上訴の権利について，ならびに審査許可について　279

　その他の決定に対しては，異なる定めがなければ，判決または終局的決定に対する上訴に関連してのみ上訴することができる．（法律 1994:1034）

> ＊ 47章 14, 18, 24条の場合である（刑事事件における被害者の私的訴追に関する）．Fitger, s. 49:15.

第4条　地方裁判所が訴訟手続中の決定において裁判官に対する除斥・忌避の申立てもしくは訴訟手続障害に対する抗弁を棄却したとき，または第1章第3条dに係る問題について決定したときは，決定に対する上訴をしようとする当事者は，まず上訴の通知をしなければならない．このような通知は，決定が集会の際になされたときは直ちに，そうでないときは当事者が決定を受領した日から1週間内にしなければならない．当事者がこれを怠るときは，彼はもはや決定に対し上訴する権利を有しない．当事者が上訴の通知をするときは，裁判所は事情にかんがみ上訴が別個に，または判決もしくは終局的決定に対する上訴に関連してなされるべきかについて定めなければならない．（法律 1994:1034）

第5条　地方裁判所の決定は，以下各号の決定の場合には別個に上訴することができる―

　1．代理人，補佐人もしくは弁護人を排除し（avvisat）＊またはこれに関する申立てを棄却したとき，

　2．参加人もしくは被害者として訴訟手続に関与すること，または第13章第7条により原告の請求の引受けに関する問題を審査することを求める第三者の申立てを棄却したとき，

　3．当事者もしくはその他の者に対し文書証拠の提出，検証もしくは見分のための物の用意に関する命令，または出版の自由に関する法律第3章第3条第2項第4号もしくは第5号もしくは表現の自由に関する基本法第2章第3条第2項第4号もしくは第5号による審査の際それに係る情報が証人尋問も

しくは真実保証のもとでの当事者尋問にあたって供与されることが著しく重要であると認める命令をしたとき，

4．命じられた過料の賦課もしくは監置（häkte）**または訴訟手続に関する軽罪のための責任，またはある者が訴訟費用を償還すべき義務に関する問題を審査したとき，

5．被害者もしくは私人の当事者に対する公費による補償もしくは前払または補佐人，弁護人，証人，鑑定人もしくはその他の者に対する補償もしくは前払に関する問題を審査したとき，

6．民事事件において仮差押えもしくはその他の第15章による措置，または刑事事件において勾留，第24章第5条aによる制限の許可，第25章ないし第28章に係る措置もしくは刑法第28章による戒護（omhändertagande）***に関する問題を審査したとき，

7．補佐人もしくは弁護人に関する申請を棄却し，または当事者が提案した者以外をこのような職務に任命したとき，

8．第5号または第7号に係る場合以外において法律扶助法（1996:1619）による法律扶助に関する問題を審査したとき，

9．第36章第24条第2項により公費から支払われるべき，私人の当事者が援用した証人に対する補償に関する申請を棄却したとき，または

10．刑法第33章による自由剥奪の期間の控除に関する問題について審査したとき．（法律1998:601）

　　＊　理由書によれば，却下のみならず，12章5条の無権限宣言等を含む．Fitger, s. 49: 24．
　　＊＊　36章21条参照．Fitger, s. 49:27．
　　＊＊＊　「引致」という訳語もある．

第6条　第5条第1号，第2号，第3号，第7号，第8号または第9号に係るような決定に対し上訴しようとする者は，決定が訴訟手続中になされたもので

あるときはまず上訴の通知をしなければならない．通知は，決定が集会の際になされたときは直ちに，そうでないときは彼が決定を受領した日から1週間内にしなければならない．これを怠る者はもはや決定に対し上訴する権利を有しない．

　法律または法律の支持をもって定められた規定により第1項に係る決定に対し上訴する権限を有する公的機関は，決定がその公的機関が代理されていない集会の際になされたときは，決定の日から遅くとも1週間内に上訴の通知をしなければならない．（法律 1994:1034）

第7条　当事者が地方裁判所の決定によって事件の不必要な遅延が生ずると考えるときは，彼は決定に対し別個に上訴することができる．＊（法律 1994:1034）

　　＊ 通例，本条の支持をもって攻撃される決定は，裁判精神医学的検査や手続の停止に関するものである．Fitger, s. 49:34.

第8条　地方裁判所が，ある裁判官に除斥・忌避原因がある旨宣言し，被害者補佐人を任命し，私人の当事者の出頭のための費用が公費から支払われるべき旨決定し，または私人の当事者が援用する証人に対する補償が公費から支払われるべきことを求める申請を認容したときは，地方裁判所の決定に対して上訴することができない．

　第56章第13条による最高裁判所への問題の回付に関する決定に対しては上訴することができない．（法律 1999:84）

第9条　上訴人の変更申立てに対する反駁として相手方当事者は，上訴できない決定がそれにもかかわらず，別個に審査されるよう求めることができる．＊

　裁判所が過料またはその他の制裁を命じた決定に対し別個に上訴できないときは，決定に不服がある者は，その命令が適用された決定に対する別個の上訴に関連して，有効性の審査を求めることができる．＊＊（法律 1994:1034）

＊ 例えば，本案について勝訴したが，仮執行の宣言を認められなかった当事者は，本来は別個に上訴できない仮執行の宣言に関する審査を求めることができる．Fitger, s. 49:37.
＊＊ 例えば過料付きの命令の有効性は，実際に過料を賦課する命令に対する上訴において審査されるということである．Fitger, s. 49:37.

第10条　上訴の通知，故障もしくは事件の再取上げの申立て・申請または上訴を却下した地方裁判所の決定に対しては上訴することができる．その他の場合には，このような通知もしくは申立て・申請がなされたか否か，または上訴が正当な期間内になされたか否かに関する問題は，高等裁判所によって審査されない．（法律 1994:1034）

第11条　第4条により訴訟手続中における地方裁判所の決定に対し上訴の通知をした当事者が，決定に対し別個の上訴をするよう指示されたときは，その上訴の審査が終わるまで事件〔本案訴訟〕を停止しなければならない．ただし，裁判所は事件の準備を続行すべき旨定めることができる．
　ある者が第6条による上訴の通知をする場合，特段の理由が存するときは，裁判所はその上訴の審査が終わるまで事件を停止する旨宣言することができる．
　上述の場合以外においては訴訟手続中における地方裁判所の決定に対する上訴は事件の処理（behandling）の延期を起因しない．（法律 1994:1034）

第12条　高等裁判所が地方裁判所の判決または決定を審査するためには，他の定めがなければ審査許可が要求される．（法律 2005:683）

第13条　高等裁判所が刑事事件における地方裁判所の判決を審査するためには，私的請求以外に関する限り，被告人は以下各号の判決に対し上訴するとき以外の場合には審査許可が要求されない—

第49章　地方裁判所の判決および決定に対する上訴の権利について，ならびに審査許可について　283

　1．制裁が罰金のみに処する判決，または
　2．拘禁6月よりも重い刑罰が定められていない犯罪のための責任に関する無罪判決．
地方裁判所が刑事事件における判決において被告人に対する私的請求も審査した場合，以下各号の部分については審査許可が要求されない—
　1．上訴が，私的請求を起因する（hänför sig till）訴追された行為について被告人が有罪判決を受けるべき問題に係り，かつ
　2．この問題について審査許可が与えられているとき，またはこのような審査許可が要求されないとき．
第1項による審査許可の要求は，法務監察長官または司法オンブズマンが判決に対し上訴するときは適用されない．
第1項ないし第3項に述べるところは，判決に対する上訴に関連してのみ上訴できる決定にも適用される．
高等裁判所が刑事事件において地方裁判所の終局的決定または訴訟手続中になされた決定および別個に上訴できる決定を審査するためには，審査許可は要求されない．（法律 2005:683）

第14条　審査許可は以下各号の場合には与えられなければならない—
　1．地方裁判所が達した判決主文の正当性を疑う理由が存するとき，
　2．このような許可が与えられることなしには地方裁判所が達した判決主文の正当性を判断することができないとき，
　3．上訴が上級の裁判所によって審査されることが法適用の指導のために重要であるとき，または
　4．そうでなくとも上訴を審査する顕著な理由が存するとき．（法律 2005:683）

第14条a　審査許可は，当該部分の結果が上訴された判断の他の部分に影響することができないものであるときは，判決または終局的決定の一部に妥当す

るよう制限することができる．

　第1項に係るような制限なしに与えられた審査許可は，以下各号のものについて妥当する—

　1．当事者が上訴した判断の範囲における判決または終局的決定，

　2．判決または終局的決定の中に掲げられ，かつ地方裁判所における代理人，証人，鑑定人，またはその他当事者もしくは参加人でない者に関しない上訴された決定，および

　3．判決または終局的決定が上訴されることに関連してのみ上訴できる，上訴された決定．

　審査許可が与えられないときは，地方裁判所の判断は確定する．これに関する情報は高等裁判所の決定の中に掲げられなければならない．（法律2005:683）

第15条　高等裁判所における審査許可が要求されるとき，地方裁判所の判決または決定はこのことおよび第14条の内容に関する情報を包含しなければならない．（法律1994:1034）

第50章　民事事件における判決に対する上訴について

　（本章は法律1994:1034および2005:683により変更された条文の文言および章名（章名は前者による）となった．）

第1条　民事事件における地方裁判所の判決に対し上訴しようとする当事者は，書面でこれをしなければならない．この書面は地方裁判所に提出しなければならない．この書面は判決が告知された日から3週間内に裁判所に到達しなければならない．（法律1994:1034）

第2条*　当事者の一方が地方裁判所の判決に対し上訴したときは，相手方当

事者は第 1 条に述べる期間が経過した日から 1 週間内に判決に対し上訴する権利を有する．このような期間内になされた上訴は，最初の上訴が取り下げられ，またはその他の理由により消滅するときは消滅する．（法律 1994:1034）

　　* 本条は附帯上訴に関する規定である．Fitger, s. 50:19.

第 3 条　遅れて到達した上訴は，地方裁判所によって却下されなければならない．ただし，上訴が上訴期間内に高等裁判所に到達しているときは却下してはならない．（法律 1994:1034）

第 4 条　上訴状は以下各号の情報を包含しなければならない—
　1．上訴される判決，
　2．上訴される判決の部分および申し立てられる判決における変更，
　3．上訴の理由および上訴人の見解によれば不当である地方裁判所の判決理由の部分，
　4．審査許可が要求される時は，このような許可が与えられるべきことを支持するために援用する事実，ならびに
　5．援用する証拠および各証拠によって証明すべき事項．
　高等裁判所において援用する事実または証拠が従前提出されていなかったときは，本案について和解が許容される事件の上訴人は，その理由を説明しなければならない．従前提出されていなかった文書証拠は上訴状と同時に提出しなければならない．上訴人が新たな尋問または新たな現場検証が行われることを欲するときは，彼または彼女はその旨およびその理由を述べなければならない．上訴人はまた，彼または彼女が高等裁判所における本口頭弁論の際相手方当事者が自身出頭することを欲するか否かについて述べなければならない．（法律 2005:683）

第 5 条　上訴が第 3 条により却下されないときは，地方裁判所は第 2 条に述べ

る期間の経過後上訴状および事件に関するその他の書類を高等裁判所に送付しなければならない．

　上訴人が仮差押えの申立て，またはこのような措置に関する決定もしくは判決が確定力を有しないにもかかわらず執行できる旨の決定の取消しの申立てのように即時の審査を要する申立てをしているときは，書類は直ちに送付されなければならない．ただし，第2条に述べる期間が経過するまでの間上訴状の謄本は地方裁判所のもとで利用しうるよう保有（finns tillgänglig）しなければならない．（法律 1994:1034）

第6条　上訴を審査に取り上げることに上訴が遅れて到達したこと以外の障害が存するときは，高等裁判所は直ちに上訴を却下することができる．（法律 1994:1034）

第7条　上訴状が第4条の規定を充足しないとき，またはその他の仕方で不十分であるときは，高等裁判所は上訴人に欠缺を補正するよう命じなければならない．ただし上訴状が，第4条第1項第4号に係るような情報についてのみ不十分であるときは，この命令を発することを要しない．

　上訴人がこの命令を遵守しない場合，上訴状が基本的な支障なく高等裁判所における訴訟手続の基礎に置くことができないほど不十分なものであるときは，上訴は却下されなければならない．（法律 2005:683）

第7条a　上訴が第6条または第7条第2項により却下されない場合，審査許可が要求される時は，高等裁判所はこのような許可が与えられるべきか否かについて決定しなければならない．必要であるときは，この決定は書面の交換によって先行されなければならない．

　特段の理由が存するときは，審査許可の問題が判断される前に集会を行うことができる．このような集会には当事者らを呼び出さなければならない．当事者が出頭しないときは，それにもかかわらずこの問題を判断することができ

る．（法律 2005:683）

第 8 条 審査許可が認められるか（beviljas）またはこのような許可が要求されない場合，それ〔送達〕がすでになされているのでないかまたは第 2 項により不要でないときは，上訴状は相手方当事者に一定の期間内に書面で答弁すべき旨の命令とともに送達されなければならない．

　上訴が明らかに理由がないときは，高等裁判所は直ちに事件について判決を与えることができる．

　地方裁判所が仮差押えもしくはその他の第 15 章による措置に関する申立てを拒否し，またはこのような措置に関する決定を取り消したときは，高等裁判所は当分の間妥当する措置を直ちに認可することができる．地方裁判所がこのような措置を認可したとき，または判決が確定力を有しないにもかかわらず執行できる旨宣言したときは，高等裁判所は，地方裁判所の決定は当分の間執行してはならない旨直ちに決定することができる．（法律 2005:683）

第 9 条 上訴人の申立てが認諾されないときは，相手方当事者は答弁書において，上訴人が主張した上訴の理由に関する意見を述べ，かつ彼または彼女自身が主張しようとする事実を述べなければならない．

　答弁書はこの当事者が援用する証拠および各証拠によって証明すべき事項に関する情報を包含しなければならない．高等裁判所において援用される事実または証拠が従前提出されていなかったときは，本案について和解が許容される事件の当事者は，その理由を説明しなければならない．従前提出されていなかった文書証拠は答弁書と同時に提出されなければならない．この当事者が新たな尋問または新たな現場検証が行われることを欲するときは，彼または彼女はその旨およびその理由を述べなければならない．この当事者はまた，高等裁判所における本口頭弁論の際上訴人が自身出頭することを欲するか否かについて述べなければならない．（法律 2005:683）

第10条　高等裁判所は答弁書を上訴人に送付しなければならない．

　必要であるときは，高等裁判所は準備における一層の書面の交換を決定することができる．高等裁判所はまた，書面交換に関する詳細な指示を与え，かつその際いかなる点に関し当事者が意見を述べるべきかについて定めることができる．当事者は特段の理由が存するときにのみ1通よりも多くの書面の提出を命じられる．

　事件の合目的的な取扱いのため必要であるときは，準備において集会を行うことができる．このような集会については第16条第1項および第2項第1文，第21条第1項第1文ならびに第22条が適用される．（法律2005:683）

第11条　削除（法律2005:683）

第12条　高等裁判所が必要と考えるときは，高等裁判所は鑑定人の意見の聴取，文書証拠の提出，検証もしくは見分のための物の用意，本口頭弁論外の証拠の取調べまたはその他の準備的措置をとることを決定しなければならない．

　当事者が第1項による措置がとられることを欲するときは，彼はできる限り速やかに高等裁判所のもとにこれに関する申請をしなければならない．

　準備中における高等裁判所の義務については，第42章第8条第2項が適用されなければならない．（法律1994:1034）

第12条a　事件の取扱上有益であるときは，高等裁判所は当事者らの申立ておよび抗弁ならびにそれらが基づく事実の整理（sammanställning）書面を作成すべきである．裁判所は当事者らにこの整理の基礎を提出するよう命ずることができる．当事者らは準備が終結する前にこの整理について意見を述べる機会を用意されなければならない．（法律2005:683）

第13条　高等裁判所は，上訴人の変更の申立てが認諾されたとき，または上訴が明らかに理由がないときは，本口頭弁論なしに事件を判断することができ

る．

　本案が十分に調査されうるときは，高等裁判所はその他以下各号の場合においても本口頭弁論なしに事件を判断することができる，—
　1．事件が本口頭弁論なしに判断されることを当事者らが求めたとき，
　2．本口頭弁論なしの判断に関する問題が提起されてから当事者らのいずれもこれに対する異議を述べないとき．
　事件は本口頭弁論が不要であることが明らかなときは，常にこのような弁論なしに判断することができる．*
　本案自体に関しない審査のためには本口頭弁論を行うことを要しない．（法律 1999:84）

　　* 純粋な法適用の問題に関し，しかもそれが地方裁判所または高等裁判所の準備において十分に解明されている場合が挙げられている（学説）．理由書によれば，高裁は通常，当事者双方が本口頭弁論を望むときはそれに反対すべきでない．Fitger, s. 50:75.

第 14 条　事件が本口頭弁論なしに判断される前に，当事者らはすでにその訴訟活動を終えていることが明らかでないときは，それを行う機会を用意されなければならない．（法律 1994:1034）

第 15 条　事件が第 13 条により本口頭弁論なしに判断されないときは，高等裁判所はこのような口頭弁論の期日を定めなければならない．期日は可能であれば当事者らと協議のうえ定めなければならない．訴訟手続問題または別個に判断しうる本案の一部の処理のためには，事件のその余の部分について本口頭弁論の準備が整っていないとしても，本口頭弁論〔期日〕を指定することができる．（法律 1994:1034）

第 16 条　本口頭弁論には当事者らを呼び出さなければならない．

上訴人はそうしなければ上訴が消滅するとの制裁付きで出頭を命じられなければならない．彼が自身出頭すべきときは，高等裁判所はまた彼に第 21 条第 1 項第 2 文の規定について教示しなければならない．相手方当事者が出頭することが事件の取扱いもしくは調査のために有意義であるとき，またはこの者が自身出頭する義務を負うときは，彼は過料〔付きで出頭〕を命じられなければならない．相手方当事者が過料を命じられないときは，彼が不出頭でも事件は判断されうるということを教示されなければならない．

高等裁判所はまた，本口頭弁論に呼び出すべき証人および鑑定人を定めなければならない．当事者らはこの決定について通知されなければならない．（法律 1999:84）

第 17 条 その他，高等裁判所における本口頭弁論については第 43 章第 1 条ないし第 6 条，第 8 条第 2 項および第 10 条ないし第 14 条に述べるところが適用されなければならない．ただし本章第 16 条の規定は，中絶後に再開される（återupptas）＊本口頭弁論への呼出しおよび当事者らへの命令について適用されなければならない．（法律 2005:683）

＊ återupptas は名詞 återupptagande のもとになった動詞 återuppta(ga) の現在受動態の形である．ここでは「再取上げ」されるよりも，「再開」されるのほうが適訳である．この訳語については 22 条の＊などを参照．

第 18 条 本口頭弁論の際，上訴された判決は必要な範囲において提示されなければならない．上訴人は判決の上訴がなされる部分および申し立てられる判決における変更について述べなければならない．相手方当事者はこの申立てを認諾するかまたは争うかを述べなければならない．

その後に，高等裁判所が他の手順がより適切と認めないときは，まず上訴人が，続いて相手方当事者がその主張（talan）を展開しなければならない．各当事者は他の当事者が主張したところについて意見を述べなければならない．上

訴人の相手方当事者が不出頭であるにもかかわらず弁論が行われるときは，高等裁判所は必要な限度において書類からこの者の主張が上程されるよう配慮しなければならない．*

　第1項および第2項による陳述は，裁判所が適切と認めるときは，事件における書類の引照によってすることができる．（法律2005:683）

　　　* 本項は高等裁判所における事実主張（sakframställning）について定める．Fitger, s. 50:90. 43章7条の*を参照．

第19条　当事者らが主張を展開してから証拠調べが行われなければならない．上訴人の相手方当事者が不出頭であるにもかかわらず本口頭弁論が行われるときは，高等裁判所は地方裁判所において彼または彼女が提出した証拠が，高等裁判所における事件にとって有意義な限度において書類から弁論に上程されるよう配慮しなければならない．

　特段の理由が他に導かないときは，第35章第13条により新たに取り調べるべきでない地方裁判所が取り調べた証拠は，同一の事実に関する証拠が高等裁判所によって直接取り調べられる前に提出されるべきである．同一の事実に関する証拠が複数存するときは，一連のものとして提出されるべきである．（法律2005:683）

第20条　証拠を提出してから当事者らはその訴訟活動を終結する機会を与えられなければならない．*（法律1994:1034）

　　　* いわゆる最終弁論のことである．第一審に関する43章9条に相当する．Fitger, s. 50:94.

第21条　上訴人が本口頭弁論のための集会に出頭しないときは，上訴は消滅する．*自身出頭すべきことを命じられた上訴人が代理人によってのみ出頭

し，かつ高等裁判所がそれでは事件を判断することができないと考えるときも同様である．

　上訴人の相手方当事者が出頭せず，かつ彼に過料〔付きで出頭〕が命じられていた場合，本案について和解が許容されない時は，高等裁判所は新たな過料付き命令に代えて，彼を直ちにまたは事後の日に勾引すべき旨命ずることができる．上訴人の相手方当事者が過料付きで自身出頭を命じられた時，彼が代理人によってのみ出頭するときも同様である．

　上訴人の相手方当事者が過料〔付きで出頭〕を命じられたか，または裁判所に勾引されるべきであるのに勾引できないときは，彼が代理人によってのみ出頭しているか，または不出頭であるかにかかわりなく事件を判断することができる．事件はまた，上訴人が自身出頭することを命じられたのに代理人によってのみ出頭しているときも判断することができる．（法律1999:84）

　　＊地裁の判決が確定することを意味する．Fitger, s. 50:95.

第22条　第21条により上訴が消滅した場合，彼が適時に届け出ることができなかった不出頭または自身出頭することの懈怠のための正当な理由が存するときは，高等裁判所は上訴人の申請に基づき事件を再び取り上げなければならない．

　再取上げ（återupptagande）＊の申請は，〔消滅の〕決定が告知された日から3週間内に書面でしなければならない．上訴人が事件の再取上げの後に出頭せず，または自身出頭すべき命令を遵守しないときは，彼は事件の再取上げを得る権利を有しない．（法律1999:84）

　　＊『スウェーデン法律用語辞典』では「再開」とのみ訳したが（249頁），ここでは「再取上げ」のほうがより適訳かと考える．47章18条の＊を参照．

第23条＊　地方裁判所における本口頭弁論の際，ある事実に関する裁判所の

前の尋問または現場検証が行われ，かつ高等裁判所の判断もこの証拠の信頼性に依存するときは，この証拠が地方裁判所における尋問の音声・画像の録取によって高等裁判所に提出されるか，または高等裁判所における本口頭弁論の際新たに取り調べられることなしには，地方裁判所の判決はこの部分について変更してはならない．ただしこのような変更は，証拠の価値が地方裁判所が認めたものと異なるための顕著な理由が存するときは行うことができる．（法律 2005:683）

 * 本条は 51 章 23 条とともにいわゆる信頼規定（tilltrosparagraferna）について定める．Welamson, s. 84–85.

第 24 条 上訴された判決が欠席判決であり，かつ地方裁判所が上訴人の相手方当事者によりなされた故障の申立てを取り上げるときは，事件は故障申立事件に関連して取り扱うため高等裁判所によって地方裁判所に差し戻されなければならない．*（法律 1994:1034）

 * 一部勝訴の当事者が欠席判決に対して上訴し，欠席当事者が故障の申立てをした場合の処理である．Fitger, s. 50:111.

第 25 条 上訴は高等裁判所の判決または終局的決定がなされる前には取り下げることができる．

 上訴人は上訴状に述べた部分以外の地方裁判所の判決に関する上訴の変更（ändra sin talan）をすることはできない．

 本案について和解が許容される事件については，当事者は高等裁判所において自己の事件を支持するために従前提出しなかった事実または証拠を，以下各号の場合にのみ援用することができる—

 1．彼が地方裁判所においてその事実または証拠を援用することができなかったことを相当な蓋然性をもって証したとき，または

2．そうでなくとも彼がそうしなかったための正当な理由（giltig ursäkt）*を有するとき．

高等裁判所において相殺の申立てが初めて提出され，かつそれが事件において支障なしに審査することができないときは，申立てを却下することができる．（法律 1994:1034）

　　* 公的英訳は a valid excuse. p.296.

第26条　申立てなしにも高等裁判所は，地方裁判所のもとで第59章第1条第1号ないし第3号に述べる重大な訴訟手続違反が存在しているときは，地方裁判所の判決を破棄（undanröja）*しなければならない．

破棄は判決の全部または一部のみに関わることができる．訴訟手続の瑕疵が上訴されていない判決の部分にも関わるときは，高等裁判所は事情にかんがみこの部分を破棄すべきか否かについて審査しなければならない．（法律 1989:656）

　　* 破棄という用語については29条の * を参照．

第27条　地方裁判所において裁判官に対する除斥・忌避に関する事件が提起され，かつ高等裁判所が除斥・忌避の原因が存在すると考えるときは，高等裁判所は上訴された部分に関する地方裁判所の判決を破棄しなければならない．（法律 1994:1034）

第28条　地方裁判所のもとに第26条または第27条に係るもの以外の訴訟手続における瑕疵が存在しているときは，高等裁判所はこの瑕疵が事件の結果に影響したと考えられ，かつ基本的な支障なしには高等裁判所において補正できないときにのみ，地方裁判所の判決を破棄することができる．当事者らはそれが明らかに不必要でないときは，破棄の問題について意見を述べる機会を得な

ければならない．（法律 1989:656）

第 29 条　高等裁判所が，地方裁判所は無権限であったか，またはその他の理由により事件を審査に取り上げるべきでなかったという理由以外に基づき地方裁判所の判決を破棄するときは，高等裁判所は同時に処理（behandling）の続行のために，事件を地方裁判所に差し戻さなければならない．＊

　地方裁判所が無権限であった時，事件を他の地方裁判所に差し戻す高等裁判所の権限に関する規定は第 10 章第 20 条に存する．（法律 1994:1034）

　　＊ 破棄（undanröjande，動詞は undanröja）という用語は，上級の裁判所が本案について自判することなく下級の裁判所の裁判の効力を剥奪することを意味する．したがって差戻しが必要になるわけである．Welamson, s. 119.

第 30 条　削除（法律 1994:1034）

第51章　刑事事件における判決に対する上訴について＊

（本章は法律 1994:1034 および 2005:683 により変更された条文の文言および章名（章名は前者による）となった．）

　　＊ 本章における多くの規定は，50 章のそれと同文である．

第 1 条　刑事事件における地方裁判所の判決に対し上訴しようとする当事者＊は，書面でこれをしなければならない．この書面は地方裁判所に提出しなければならない．この書面は判決が告知された日から 3 週間内に裁判所に到達しなければならない．（法律 1994:1034）

* 弁護人は上訴権を有しない．もっとも，代理人である弁護人は上訴権を有する．検察官は被告人の利益のために上訴権を有する（20章2条3項）．Fitger, s. 51:10, 15, Welamson, s. 43.（わが国でも被告人の利益のための検察官の上訴権は解釈論として認められている（団藤重光『新刑事訴訟法綱要』（七訂版，1967，創文社）506頁，など参照）.）

第2条　当事者の一方が地方裁判所の判決に対し上訴したときは，相手方当事者は第1条に述べる期間が経過した日から1週間内に判決に対し上訴する権利を有する．このような期間内になされた上訴は，最初の上訴が取り下げられ，またはその他の理由により消滅するときは消滅する．（法律 1994:1034）

第3条　遅れて到達した上訴は，地方裁判所によって却下されなければならない．ただし，上訴が上訴期間内に高等裁判所に到達しているときは却下してはならない．（法律 1994:1034）

第4条　上訴状は以下各号の情報を包含しなければならない—
　1．上訴される判決，
　2．上訴される判決の部分および申し立てられる判決における変更，
　3．上訴の理由および上訴人の見解によれば不当である地方裁判所の判決理由の部分，
　4．審査許可が要求される時は，このような許可が与えられるべきことを支持するために援用する事実，ならびに
　5．援用する証拠および各証拠によって証明すべき事項．

従前提出されていなかった文書証拠は上訴状と同時に提出しなければならない．上訴人が新たな尋問または新たな現場検証が行われることを欲するときは，彼または彼女はその旨およびその理由を述べなければならない．上訴人はまた，彼または彼女が高等裁判所における本口頭弁論の際相手方当事者が自身出頭することを欲するか否かについて述べなければならない．

被告人が逮捕または勾留されているときは，そのことを述べなければならない．（法律 2005:683）

第 5 条 上訴が第 3 条により却下されないときは，地方裁判所は第 2 条に述べる期間の経過後上訴状および事件に関するその他の書類を高等裁判所に送付しなければならない．

被告人が勾留されているか，または上訴人が被告人の勾留の請求，第 25 章ないし第 28 章に係る措置もしくはこのような措置に関する決定の取消しの申立てのように即時の審査を要する申立てをしているときは，書類は直ちに送付されなければならない．ただし，第 2 条に述べる期間が経過するまでの間上訴状の謄本は地方裁判所のもとで利用しうるよう保有しなければならない．（法律 1994:1034）

第 6 条 上訴を審査に取り上げることに上訴が遅れて到達したこと以外の障害が存するときは，高等裁判所は直ちに上訴を却下することができる．（法律 1994:1034）

第 7 条 上訴状が第 4 条の規定を充足しないとき，またはその他の仕方で不十分であるときは，高等裁判所は上訴人に欠缺を補正するよう命じなければならない．ただし上訴状が，第 4 条第 1 項第 4 号に係るような情報についてのみ不十分であるときは，この命令を発することを要しない．

上訴人がこの命令を遵守しない場合，上訴状が基本的な支障なく高等裁判所における訴訟手続の基礎に置くことができないほど不十分なものであるときは，上訴は却下されなければならない．（法律 2005:683）

第 7 条 a 上訴が第 6 条または第 7 条第 2 項により却下されない場合，審査許可が要求される時は，高等裁判所はこのような許可が与えられるべきか否かについて決定しなければならない．必要であるときは，この決定は書面の交換に

よって先行されなければならない．

　特段の理由が存するときは，審査許可の問題が判断される前に集会を行うことができる．このような集会には当事者らを呼び出さなければならない．当事者が出頭しないときは，それにもかかわらずこの問題を判断することができる．（法律 2005:683）

第 8 条　審査許可が認められるかまたはこのような許可が要求されない場合，それ〔送達〕がすでになされているのでないかまたは第 2 項により不要でないときは，上訴状は相手方当事者に一定の期間内に書面で答弁すべき旨の命令とともに送達されなければならない．ただし公訴に関する事件においては，上訴状は送達なしに検察官に送付することができる．訴追のために意義を欠く被害者または証人の年齢，職業および住所に関する情報は，公訴に関する事件において被告人に送達される書類から明らかにされてはならない．

　上訴が明らかに理由がないときは，高等裁判所は直ちに事件について判決を与えることができる．

　地方裁判所が第 26 章ないし第 28 章に係る申立てを拒否したとき，またはこのような措置に関する決定を取り消したときは，高等裁判所は当分の間妥当する措置を直ちに認可することができる．地方裁判所がこのような措置を認可したときは，高等裁判所は地方裁判所の決定は当分の間執行してはならない旨直ちに決定することができる．地方裁判所がこのような決定を認可したときは，高等裁判所は，地方裁判所の決定は当分の間執行してはならない旨直ちに決定することができる．勾留，旅行禁止または刑法第 28 章による戒護については，高等裁判所は相手方当事者を聴かないでも地方裁判所の決定を変更することができる．

　高等裁判所が裁判所に自身同席しない者を勾留することを決定したときは，第 24 章第 17 条第 3 項および第 4 項が適用されなければならない．（法律 2005:683）

第9条　相手方当事者は答弁書において，上訴人が主張した上訴の理由に関する意見を述べ，かつ彼または彼女自身が主張しようとする事実を述べなければならない．

答弁書はこの当事者が援用する証拠および各証拠によって証明すべき事項に関する情報を包含しなければならない．従前提出されていなかった文書証拠は答弁書と同時に提出されなければならない．この当事者が新たな尋問または新たな現場検証が行われることを欲するときは，彼または彼女はその旨およびその理由を述べなければならない．この当事者はまた，彼または彼女が高等裁判所における本口頭弁論の際被害者または被告人が自身出頭することを欲するか否かについて述べなければならない．（法律 2005:683）

第10条　高等裁判所は答弁書を上訴人に送付しなければならない．訴追のために意義を欠く被害者または証人の年齢，職業および住所に関する情報は，公訴に関する事件において被告人に送付される書類から明らかにされてはならない．

必要であるときは，高等裁判所は準備における一層の書面の交換を決定することができる．高等裁判所はまた，書面交換に関する詳細な指示を与え，かつその際いかなる点に関し当事者が意見を述べるべきかについて定めることができる．当事者は特段の理由が存するときにのみ1通よりも多くの書面の提出を命じられる．

事件の合目的的な取扱いのため必要であるときは，準備において集会を行うことができる．このような集会については第16条第1項および第2項第1文，第21条第1項第1文ならびに第22条が適用される．高等裁判所は逮捕または勾留されている者を集会に出頭させるよう決定することができる．（法律 2005:683）

第11条　削除（法律 2005:683）

第12条　高等裁判所が必要と考えるときは，高等裁判所は鑑定人の意見の聴取，文書証拠の提出，検証もしくは見分のための物の用意，本口頭弁論外の証拠の取調べまたはその他の準備的措置をとることを決定しなければならない．

当事者が第1項による措置がとられることを欲するときは，彼はできる限り速やかに高等裁判所のもとにこれに関する申請をしなければならない．

公訴に関する事件において第23章による措置をとることが必要であるときは，高等裁判所は検察官にこれに関する命令を発することができる．*（法律1994：1034）

　　＊45章11条参照．Fitger, s. 51:43.

第13条　高等裁判所は，上訴が明らかに理由がないときは，本口頭弁論なしに事件を判断することができる．

事案が十分に調査されうるときは，高等裁判所はその他以下各号の場合においても本口頭弁論なしに事件を判断することができる，—

1．検察官が被告人の利益のためにのみ上訴したとき，

2．被告人のみが上訴し，かつ彼の変更の申立てが相手方当事者によって是認（godtas）されたとき，

3．被告人を有罪とする理由もしくは彼に制裁を科する理由，または彼に罰金もしくは条件付判決もしくはこのような制裁の併科以外の制裁を科する理由が存しないとき，

4．事件が本口頭弁論なしに判断されることを当事者らが求めたとき，または

5．本口頭弁論なしの判断に関する問題が提起されてから当事者のいずれもこれに対する異議を述べないとき．

第2項第1号ないし第3号に係る場合において当事者が本口頭弁論を求めたときは，明らかに不必要でないならばそれを行わなければならない．

第2項第3号に掲げる制裁と，過料の賦課，および同時に仮釈放の取消し

(förverkande av villkorligt medgiven frihet från fängelsestraff)＊の問題がない刑法第34章第1条第1項第1号による命令とは同視される．条件付判決について第2項第3号において述べるところは，社会奉仕命令と結合する条件付判決には適用されない．

　上訴が〔刑事〕責任以外のものにも関わるときは，事件はこの訴えが第50章第13条により本口頭弁論なしに審査できるときにのみ本口頭弁論なしに判断することができる．

　本案自体に関しない審査のためには本口頭弁論を行うことを要しない．（法律1999:84）

　　　＊「没収」という訳語もある．ただ，日本語として財産（権）以外の没収という用
　　　法は異例と思われる．（「没収試合」という言葉もあるが.）

第14条　事件が本口頭弁論なしに判断される前に，当事者らはすでにその訴訟活動を終えていることが明らかでないときは，それを行う機会を用意されなければならない．（法律1994:1034）

第15条　事件が第13条により本口頭弁論なしに判断されないときは，高等裁判所はこのような口頭弁論の期日を定めなければならない．期日は可能であれば当事者らと協議のうえ定めなければならない．訴訟手続問題または別個に判断しうる本案＊の一部の処理のためには，事件のその余の部分について本口頭弁論の準備が整っていないとしても，本口頭弁論〔期日〕を指定することができる．

　被告人が勾留されているときは，第12条に係る措置またはその他の事情の結果としてより長い延期が必要でないならば，本口頭弁論は第2条に述べる日の経過後4週間内に行わなければならない．被告人が第2条に述べる日の経過後に勾留されたときは，期間は彼が勾留された日から算定しなければならない．（法律1994:1034）

＊ 刑事事件における本案（saken）とは，検察官または被害者が事件を追行する〔刑事〕責任問題ということができる．Fitger, s. 51:8.（もっとも，文脈上 saken を「事案」と訳した箇所も少なくない．）

第 16 条　本口頭弁論には当事者らを呼び出さなければならない．

　私人の上訴人はそうしなければ上訴が消滅するとの制裁付きで出頭を命じられなければならない．彼が自身出頭すべきときは，高等裁判所はまた彼に第 21 条第 1 項第 2 文の規定について教示しなければならない．私人の相手方当事者が出頭することが事件の取扱いもしくは調査のために有意義であるとき，またはこの者が自身出頭する義務を負うときは，彼は過料〔付きで出頭〕を命じられなければならない．被告人について彼がこのような命令を遵守しないであろうと考える理由が存するときは，高等裁判所は彼を裁判所に勾引すべき旨決定することができる．高等裁判所が相手方当事者に過料を命じないか，または彼を勾引すべき旨決定しないときは，高等裁判所は彼に事件は彼が不出頭でも判断されうるということを教示しなければならない．高等裁判所は逮捕または勾留されている被告人を本口頭弁論に出頭させるよう決定しなければならない．

　公訴に関する事件において検察官の訴訟活動に関して被害者が尋問されるべきときは，彼は過料付きで自身出頭するよう呼び出されなければならない．

　高等裁判所はまた，本口頭弁論に呼び出すべき証人および鑑定人を定めなければならない．当事者らはこの決定について通知されなければならない．（法律 1994:1034）

第 17 条　その他，高等裁判所における本口頭弁論については第 46 章第 1 条ないし第 5 条，第 6 条第 2 項，第 8 条，第 9 条，第 11 条，第 13 条，第 16 条および第 17 条に述べるところが適用されなければならない．ただし本章第 16 条の規定は，中絶後に再開される本口頭弁論への呼出しおよび当事者らへの命令について適用されなければならない．

　事件について続行されたまたは新たな本口頭弁論が指定される時，高等裁判

所は事件がこの弁論で終結できるために適切な措置について決定することができる．

このような措置については，本章第10条および第12条が適用される．（法律 2005:683）

第18条　本口頭弁論の際，上訴された判決は必要な範囲において提示されなければならない．上訴人は判決の上訴がなされる部分および申し立てられる判決における変更について述べなければならない．相手方当事者はこの申立てに対して意見を述べる機会を与えられなければならない．

その後に，検察官が上訴の審査に必要な範囲において主張（åtalet）を展開しなければならない．訴えが被害者によってのみなされるときは，このことは代わりにこの者に妥当する．ただし高等裁判所がより適切と認めるときは，上訴した被告人が検察官または被害者よりも前に自己の主張（talan）を展開することができる．各当事者は他の当事者が主張したところについて反駁する機会を得なければならない．上訴人の相手方当事者が不出頭であるにもかかわらず弁論が行われるときは，高等裁判所は必要な限度において書類からこの者の主張が上程されるよう配慮しなければならない．

第1項および第2項による陳述は，裁判所が適切と認めるときは，事件における書類の引照によってすることができる．（法律 2005:683）

第19条　当事者らが主張を展開してから証拠調べが行われなければならない．上訴人の相手方当事者が不出頭であるにもかかわらず本口頭弁論が行われるときは，高等裁判所は地方裁判所において彼または彼女が提出した証拠が，高等裁判所における事件にとって有意義な限度において書類から弁論に上程されるよう配慮しなければならない．

特段の理由が他に導かないときは，第35章第13条により新たに取り調べるべきでない地方裁判所が取り調べた証拠は，同一の事実に関する証拠が高等裁判所によって直接取り調べられる前に提出されるべきである．同一の事実に関

する証拠が複数存するときは，一連のものとして提出されるべきである．（法律 2005:683）

第 20 条 証拠を提出してから当事者らはその訴訟活動を終結する機会を与えられなければならない．（法律 1994:1034）

第 21 条 私人の上訴人が本口頭弁論のための集会に出頭しないときは，上訴は消滅する．自身出頭すべきことを命じられた私人の上訴人が代理人によってのみ出頭し，かつ高等裁判所がそれでは事件を判断することができないと考えるときも同様である．

　私人の相手方当事者が出頭せず，かつ彼に過料〔付きで出頭〕が命じられていた場合，高等裁判所は，新たな過料を命じまたは彼を直ちにもしくは事後の日に勾引すべき旨命ずることができる．私人の相手方当事者が過料付きで自身出頭を命じられたのに，彼が代理人によってのみ出頭するときも同様である．

　公訴に関する事件において検察官の訴訟活動に関して尋問されるべき被害者が自身出頭することを怠るときは第 2 項が適用される．

　上訴人の相手方当事者が過料付きで出頭を命じられたか，またはこの者が裁判所に勾引されるべきであるのに勾引できないときは，彼が代理人によってのみ出頭しているか，または不出頭であるかにかかわりなく事件を判断することができる．事件はまた，私人の上訴人が自身出頭することを命じられたのに代理人によってのみ出頭しているときも判断することができる．（法律 1994:1034）

第 22 条 第 21 条により上訴が消滅した場合，彼が適時に届け出ることができなかった不出頭または自身出頭することの懈怠のための正当な理由が存するときは，高等裁判所は上訴人の申請に基づき事件を再び取り上げなければならない．

　再取上げの申請は，〔消滅の〕決定が告知された日から 3 週間内に書面でし

なければならない．上訴人が事件の再取上げの後に出頭せず，または自身出頭すべき命令を遵守しないときは，彼は事件の再取上げを得る権利を有しない．（法律 1994:1034）

第23条*　地方裁判所における本口頭弁論の際，ある事実に関する裁判所の前の尋問または現場検証が行われ，かつ高等裁判所の判断もこの証拠の信頼性に依存するときは，この証拠が地方裁判所における尋問の音声・画像の録取によって高等裁判所に提出されるか，または高等裁判所における本口頭弁論の際新たに取り調べられることなしには，地方裁判所の判決はこの部分について変更してはならない．ただしこのような変更は，以下各号の場合にはすることができる—
 1．被告人の利益であるとき，または
 2．証拠の価値が地方裁判所が認めたものと異なるための顕著な理由が存するとき．（法律 2005:683）

　　* 刑事事件における信頼規定である．50章23条参照．

第23条a　地方裁判所が被告人を訴追された行為のために有罪と認め，かつ判決がこの問題以外のものに関してのみ上訴されるときは，高等裁判所は以下各号の場合にのみこの問題を審査しなければならない—
 1．この部分において第58章第2条による再審の事由を構成しうる事情（förhållande）または重大な訴訟手続違反に基づき判決の破棄を伴いうる事情が存在するとき，または
 2．同一の部分において地方裁判所における事件の結果が明らかに見落としまたは錯誤によるとき．
　第1項第1号または第2号に係る問題については当事者が援用した事実のみを斟酌することが要求される．（法律 1989:656）

第5編　高等裁判所における訴訟手続について

第24条　上訴は高等裁判所の判決または終局的決定がなされる前には取り下げることができる．高等裁判所において被告人に対し上訴（talan）を追行する検察官は，被告人の利益に自己の上訴を変更する（ändra sin talan）ことができる．*

　上訴人は上訴状に述べたもの以外の行為に妥当するよう上訴の変更をすることはできない．（法律1994:1034）

　　* 本文の talan は上訴を意味する．公的英訳は appeal. p.309.

第25条*　高等裁判所は被告人の上訴または彼もしくは彼女の利益のための検察官の上訴に関して，地方裁判所が判決したものよりも重いか，または被告人にとってより干渉的と考えられる刑事制裁を科してはならない．ただし高等裁判所は，刑法第31章もしくは第32章による特別保護への委託を決定し，または地方裁判所がこのような保護について決定しているときはその他の制裁を科することができる．

　第1項の適用の際，刑法第32章第5条による隔離的少年保護は拘禁と同視されなければならない．

　地方裁判所が条件付判決または保護監督を同意が前提とされる指示（föreskrift）** と結合しており，かつ有罪判決を受けた者がこの指示にもはや同意しないときは，高等裁判所は第1項にかかわらずより重いかまたはより干渉的な制裁を科することができる．***

　高等裁判所は第1項に述べる上訴に関して，地方裁判所が決定していないときは国外追放を決定すること，または地方裁判所が定めた被告人のスウェーデンへの再入国禁止期間をより長く決定することはできない．（法律2006:890）

　　* 本条は不利益変更（reformatio in pejus）の禁止に関する．民事事件については17章3条，50章1,2条から不利益変更禁止が導かれる．しかし本条は，刑事事件における被告人の利益のために不利益変更禁止について特別に規定を設けたのである．

Fitger, s. 51:94, Welamson, s. 64.（わが国でも解釈論として被告人の利益のための検察官の上訴が認められているが，通説・判例はこの場合における不利益変更禁止の適用を否定する（団藤重光『新刑事訴訟法綱要』（七訂版，1967，創文社）506頁，監修松尾浩也，編集松本時夫・土本武司『条解刑事訴訟法』（増補補正第二版，1992，弘文堂）830–831頁，など）．解釈論の限界であろうか．1条の＊，20章2条の＊＊を参照．）

＊＊　「遵守事項」という訳語もある．

＊＊＊　本項は，高裁において被告人が同意を撤回した場合とそもそも同意を与えていないと主張する場合の双方に適用される．Fitger, s. 51:103.

第26条　申立てなしにも高等裁判所は，地方裁判所のもとで第59章第1条第1号ないし第3号に述べる重大な訴訟手続違反が存在しているときは，地方裁判所の判決を破棄しなければならない．

　破棄は判決の全部または一部のみに関わることができる．訴訟手続の瑕疵が上訴されていない判決の部分にも関わるときは，高等裁判所は事情にかんがみこの部分を破棄すべきか否かについて審査しなければならない．（法律 1989:656）

第27条　地方裁判所において裁判官に対する除斥・忌避に関する事件が提起され，かつ高等裁判所が除斥・忌避の原因が存在すると考えるときは，高等裁判所は上訴された部分に関する地方裁判所の判決を破棄しなければならない．（法律 1994:1034）

第28条　地方裁判所のもとに第26条または第27条に係るもの以外の訴訟手続における瑕疵が存在しているときは，高等裁判所はこの瑕疵が事件の結果に影響したと考えられ，かつ基本的な支障なしには高等裁判所において補正できないときにのみ，地方裁判所の判決を破棄することができる．当事者らはそれが明らかに不必要でないときは，破棄の問題について意見を述べる機会を得なければならない．（法律 1989:656）

第29条　高等裁判所が，地方裁判所は無権限であったか，またはその他の理由により事件を審査に取り上げるべきでなかったという理由以外に基づき地方裁判所の判決を破棄するときは，高等裁判所は同時に処理の続行のために，事件を地方裁判所に差し戻さなければならない．

地方裁判所が無権限であった時，事件を他の地方裁判所に差し戻す高等裁判所の権限に関する規定は第19章第11条に存する．（法律1994:1034）

第30条　地方裁判所の判決が〔刑事〕責任以外の問題についてのみ上訴されたときは，事件は高等裁判所において民事事件として処理されなければならない．*（法律1994:1034）

　　* 訴追に関連してなされる私的請求については主として刑事事件に関する規定が適用されるが（22章1条），本条は判決が私的請求の部分についてのみ上訴された場合に関する規定である．ちなみに，「〔刑事〕責任問題（ansvarsfrågan）」は，罪責問題（skuldfrågan），制裁問題，没収，国外追放などを包含する広範な概念であるが，損害賠償責任の問題を含まない．Fitger, s. 51:7, 107.

第31条　削除（1994:1034）

第52章　決定に対する上訴について

（本章は法律1994:1034および2005:683により変更された条文の文言および章名（章名は前者による）となった．）

第1条　地方裁判所の決定に対し上訴しようとする者は，書面でこれをしなければならない．この書面は地方裁判所に提出しなければならない．

この書面は決定が告知された日から3週間内に地方裁判所に到達しなければならない．ただし，訴訟手続中の決定が集会の際に告知されず，かつ決定が何時告知されるかが集会の際に通知されなかったときは，上訴期間は上訴人が決

定を受領した日から算定されなければならない．ある者の勾留，勾留の継続，第24章第5条aによる制限の許可，旅行禁止の命令または第49章第7条に係る問題に関する決定に対する上訴には期間の制限がない．

　決定に対し上訴しようとする者は，若干の場合にはまず上訴の通知をしなければならないことに関する規定が第49章に存する．（法律 1994:1034）

第2条　遅れて到達した上訴は，地方裁判所によって却下されなければならない．ただし，上訴が上訴期間内に高等裁判所に到達しているときは却下してはならない．（法律 1994:1034）

第3条　上訴状は以下各号の情報を包含しなければならない―
　1．上訴される決定,
　2．申し立てられる決定における変更,
　3．上訴の理由,
　4．審査許可が要求される時は，このような許可が与えられるべきことを支持するために援用する事実，ならびに
　5．援用する証拠および各証拠によって証明すべき事項．
　従前提出されていなかった文書証拠は上訴状と同時に提出しなければならない．（法律 1994:1034）

第4条　上訴が第2条により却下されないときは，地方裁判所は高等裁判所に上訴状および上訴の審査上有意義な事件におけるその他の書類を送付しなければならない．（法律 1994:1034）

第5条　上訴を審査に取り上げることに上訴が遅れて到達したこと以外の障害が存するときは，高等裁判所は直ちに上訴を却下することができる．（法律 1994:1034）

第6条　上訴状が第3条の規定を充足しないとき，またはその他の仕方で不十分であるときは，高等裁判所は上訴人に欠缺を補正するよう命じなければならない．ただし，上訴状が第3条第1項第4号に係るような情報についてのみ不十分であるときは，この命令を発することを要しない．

　上訴人がこの命令を遵守しない場合，上訴状が基本的な支障なしに高等裁判所における訴訟手続の基礎に置くことができないほど不十分なものであるときは，上訴は却下されなければならない．（法律 2005:683）

第6条a　上訴が第5条または第6条第2項により却下されない場合，審査許可が要求される時は，高等裁判所はこのような許可が与えられるべきか否かについて決定しなければならない．必要であるときは，この決定は書面の交換によって先行されなければならない．

　特段の理由が存するときは，審査許可の問題が判断される前に集会を行うことができる．このような集会には当事者らを呼び出さなければならない．当事者が出頭しないときは，それにもかかわらずこの問題を判断することができる．（法律 2005:683）

第7条　高等裁判所が上訴，および審査許可が認められるべきか，またはこのような許可が要求されないかに関して上訴人の相手方当事者を聴くべものと認める場合，すでにそれがなされていないときは，上訴状は一定の期間内に書面で答弁すべき旨の命令とともに彼に送達されなければならない．ただし，検察官が相手方当事者である事件においては，送達なしに検察官に送付することができる．

　相手方当事者の権利に関わる限り，彼または彼女に意見を述べる機会を与えることなしには，上訴された決定を変更することはできない．

　地方裁判所が民事事件において仮差押えもしくはその他の第15章による措置に関する申立てを拒否し，もしくはこのような措置に関する決定を取り消し，または刑事事件において第26章ないし第28章に係る措置に関する申立て

を拒否し，もしくはこのような措置に関する決定を取り消したときは，高等裁判所は当分の間妥当する措置を直ちに認可することができる．地方裁判所がこのような措置を認可し，またはこの決定が確定力を有しないにもかかわらず執行できる旨宣言したときは，高等裁判所は，地方裁判所の決定は当分の間執行してはならない旨直ちに決定することができる．高等裁判所はまた勾留，第24章第5条aによる制限の許可または旅行禁止の問題については，相手方当事者を聴くことなしに地方裁判所の決定を変更することができる．（法律2005:683）

第8条 相手方当事者は答弁書において，上訴人が主張した上訴の理由に関する意見を述べ，かつ彼〔自分〕自身が主張しようとする事実を述べなければならない．

　答弁書はこの当事者が援用する証拠および各証拠によって証明すべき事項に関する情報を包含しなければならない．従前提出されていなかった文書証拠は，答弁書と同時に高等裁判所に提出しなければならない．（法律1994:1034）

第9条 必要であるときは，高等裁判所は一層の書面の交換を決定することができる．高等裁判所はまた書面交換に関する詳細な指示を与え，かつその際いかなる点に関して当事者が意見を述べるべきかについて定めることができる．当事者は特段の理由が存するときにのみ1通よりも多くの書面の提出を命じられる．（法律1994:1034）

第10条 審査許可が必要とされ，かつ上訴に関して相手方当事者が聴かれたときは，高等裁判所は書面の交換が終了してから審査許可が与えられるべきか否かについて決定しなければならない．そのための理由が存するときは，書面の交換が行われることなしに問題を判断する（ta upp）ことができる．（法律1994:1034）

第11条 事件における調査上当事者またはその他の者を口頭で尋問すること

が必要（nödvändigt）であるときは，高等裁判所はそれについて適切な仕方で決定することができる．高等裁判所は逮捕または勾留されている者を尋問に出頭させるよう決定しなければならない．

　高等裁判所が裁判所に自身同席していない者を勾留することを決定したときは，第24章第17条第3項および第4項が適用されなければならない．（法律2005:683）

第12条　上訴は高等裁判所の終局的決定がなされる前には取り下げることができる．（法律1994:1034）

第13条　当事者または参加人が，判決の中に掲げられた決定または判決に対する上訴に関連してのみ上訴することができる決定で，かつ判決に対する上訴もなされているものに対し上訴したときは，高等裁判所における事件は第50章または第51章により一緒に取り扱われなければならない．

　第1項は，代理人，弁護人，証人，鑑定人またはその他地方裁判所における当事者もしくは参加人でなかった者に関する決定については適用されない．（法律1994:1034）

第53章　直接に取り上げられる事件について

　（本章は法律1994:1034により変更された条文の文言および章名となった．）

第1条　高等裁判所によって直接に取り上げられるべき民事事件については，第42章ないし第44章における地方裁判所のもとでの訴訟手続に関する規定が適用される．（法律1994:1034）

第2条　高等裁判所によって直接に取り上げられるべき刑事事件について

は，第 45 章ないし第 47 章における地方裁判所のもとでの訴訟手続に関する規定が，以下各号の乖離をもって適用される：—

1．高等裁判所は召喚状の発付を検察官に委ねることができない．

2．高等裁判所は召喚状において被告人に一定の期間内に書面で答弁するよう命じなければならない．高等裁判所は答弁書を検察官に送付しなければならない．必要であるときは，高等裁判所は一層の書面の交換を決定することができる．高等裁判所はまた書面交換に関する詳細な指示をし，かつその際いかなる点に関し当事者が意見を述べるべきかについて定めることができる．

3．若干の場合における本口頭弁論の施行については，第 45 章第 14 条，第 46 章第 11 条および第 47 章第 22 条が定める 1 週間の代わりに，2 週間の期間が妥当しなければならない．

4．罰金以外の制裁を科する理由が存しないときは，高等裁判所は本口頭弁論なしに事件について判断することができる．このような場合においては第 51 章第 14 条が適用される．（法律 1994:1034）

第6編
最高裁判所における訴訟手続について

第54章 高等裁判所の判決および決定に対する上訴の権利について，ならびに審査許可について

（本章は法律1994:1034および2005:683により変更された条文の文言および章名（章名は後者による）となった．）

第1条　高等裁判所の判決に対しては，異なる定めがなければ上訴することができる．*

　第17章第5条第2項に係る場合において高等裁判所が判決をする時は，高等裁判所は事情にかんがみ判決に対する上訴が別個に，または高等裁判所の終局的判断に対する上訴に関連してのみなされるべきかについて定めなければならない．

　欠席判決を与えられた者は，判決に対し上訴することができない．このような判決を理由とする故障を申し立てる彼の権利に関する規定は第44章第9条および第53章第1条に存する．（法律1994:1034）

　　＊ 最高裁判所に対する上訴については附帯上訴の制度は存しない．Fitger, s. 54:3, 55:3.

第2条　当事者らが口頭で裁判所の前においてまたは書面で，既存の紛争または一定の法律関係に起因しうる将来の紛争に関してなされる判決に対し上訴しない旨契約した場合，本案について和解が許容されるときは，この契約は効力を有する．

判決後になされた上訴しない旨の約束は，本案について和解が許容されるときは効力を有する．（法律 2005:683）

第3条 高等裁判所の終局的決定に対しては，異なる定めがなければ上訴することができる．ただし，当事者が終局的決定によって判断された事件の再取上げに関する申請をする権利を有するときは，彼は決定に対し上訴することができない．

高等裁判所が事件を地方裁判所に差し戻す決定に対しては，高等裁判所の審査が事件の結果に影響する問題の判断を包含するときにのみ上訴することができる．

公共弁護人への補償に関する上訴された問題についての高等裁判所の決定に対しては上訴することができない．ただし，高等裁判所は第10条第1項第1号により許可が与えられるべきか否かを審査するための特段の理由が存するときは，決定に対する上訴を認めることができる．（法律 1994:1034）

第4条 地方裁判所の決定に対する上訴の問題について第49章第4条ないし第6条，第8条および第11条に定めるところは，終局的でない高等裁判所の決定に対する上述の法条に係り，かつ高等裁判所において生じた，またはそこに上訴された問題について適用されなければならない．＊（法律 1994:1034）

＊ やや晦渋な文章であるが，高等裁判所の訴訟手続中またはその終局的判断中でなされた決定に関する．例えば，高等裁判所の裁判官に対する除斥・忌避や訴訟障害の抗弁の棄却など．Fitger, s. 54:13.

第5条 第3条または第4条に述べる場合以外における高等裁判所の決定については第49章第3条第2項および第9条が適用される．（法律 1994:1034）

第6条 高等裁判所が勾留，第24章第5条aによる制限の許可もしくは旅行

禁止の申立てを棄却し，または勾留，第24章第5条aによる制限の許可もしくは旅行禁止に関する決定を取り消したときは，この決定に対しては高等裁判所の判決または終局的決定に対する上訴に関連してのみ上訴することができる．（法律 1994:1034）

第7条　高等裁判所が，地方裁判所が事件を取り上げる権限を有したと認めたときは，地方裁判所の権限に対する抗弁が上訴の際上級の裁判所において職権で顧慮すべき事実に基づくときにのみ，高等裁判所のこれに関する決定に対し上訴することができる．（法律 1994:1034）

第8条　決定に対しては，高等裁判所が以下各号の事項に関する決定をしたときは上訴することができない—
　1．地方裁判所の裁判官に対する除斥・忌避の問題を審査したとき，*
　2．高等裁判所に上訴された第49章第5条第7号もしくは第9号または第7条に係る問題を審査したとき，または
　3．審査許可を与えたとき．（法律 1994:1034）

　　* しかし判例によれば，地裁の裁判官に対する除斥・忌避の異議の提出権が消滅したという高裁の決定に対しては，高裁の事件における終局的判断に関連して上訴することができる．Fitger, s. 54:19. なお，4章14条および同条の*を参照．

第9条　審査許可は，最高裁判所が地方裁判所のもとに提起された訴訟または案件において高等裁判所の判決または終局的決定を審査するために要求される．このような訴訟または案件と直接に関連する案件における高等裁判所の終局的決定についても第17条に係る決定を除き同様である．
　第1項は公訴が追行される事件における法務監察長官または司法オンブズマンによる上訴については適用されない．（法律 2004:402）

第10条 審査許可は以下各号の場合にのみ与えられる—

1．上訴が最高裁判所によって審査されることが法適用の指導のために重要であるとき；または

2．再審の事由が存在するかもしくは重大な訴訟手続違反が生じているか，または高等裁判所における事件の結果が明らかに重大な見落としもしくは重大な錯誤に基づくものであるような最高裁判所における審査のための顕著な理由が存在するとき．

審査許可が二つまたはより多くの同種事件について要求され，かつ最高裁判所がその一つについて審査許可を与えるときは，審査許可はその余の事件についても与えることができる．（法律1994:1034）

第11条 審査許可は，法適用の指導のためにその審査が重要な事件における若干の問題（先例問題）または事件の一部に妥当するよう制限することができる．

第1項により制限された審査許可に従って審査が行われる間，最高裁判所は事件のその余の部分に関する審査許可の付与の問題の全部または一部を停止する旨宣言することができる．

第1項に係るような制限なしに与えられた審査許可は，以下各号の事項に妥当する—

1．当事者が判断に対し上訴した範囲における判決または終局的決定，

2．判決に掲げられた決定か，または代理人，証人，鑑定人もしくはその他の高等裁判所における当事者もしくは参加人でなかった者に関しない終局的決定で上訴されたもの，

3．上訴される判決または終局的決定に対する上訴に関連してのみ上訴することができる上訴された決定．

審査許可が与えられず，かつ許可の問題に関する停止が宣言されない範囲において高等裁判所の判決または終局的決定は確定する．これに関する情報は最高裁判所の決定の中に掲げられなければならない．（法律1994:1034）

第12条　第9条第2項に係る上訴の際，事件が地方裁判所のもとに提起されたものであるときは，最高裁判所は事件の審査をある先例問題に制限する旨決定することができる．

　第1項に係る決定は，これに異なる定めがなされるまでの間妥当するものとして発することができる．このような決定は，審査許可に関する決定のために適用される規定によりなされる．本項による決定が発せられるときは，事件のその余の部分は停止されなければならない．

　最高裁判所が事件を審査しない範囲において高等裁判所の判決または終局的決定は確定する．これに関する情報は審査を拒否する決定の中に掲げられなければならない．（法律 1994:1034）

第13条　審査許可を与えるべきか否かの判断にあたっては，上訴人が援用した事実のみを斟酌することを要する．（法律 1994:1034）

第14条　上訴が，終局的でない高等裁判所の決定で，かつ地方裁判所のもとに提起された訴訟または案件においてなされたものに係るときは，第9条ないし第13条が適用されなければならない．＊ただしこれは，最高裁判所が高等裁判所の判決または終局的決定に対する上訴（talan）に関連して第11条第3項によりこの決定にも妥当する審査許可を与えたときは適用されない．（法律 1994:1034）

　　＊9条ないし13条は直接的には判決または終局的決定のみに関する．本条はそれを終局的でない決定にも適用するものである．Fitger, s. 54:38.

第15条　高等裁判所の決定が第3条第2項または第6条，第7条もしくは第8条により上訴することができないときは，決定はこれに関する情報を包含しなければならない．

　最高裁判所における審査許可が要求されるときは，高等裁判所の判決または

決定はこのことおよび第 10 条の内容に関する情報を包含しなければならない．（法律 1994:1034）

第 16 条　当事者が第 15 条第 1 項による情報が誤っていると考えるときは，彼は決定に対する上訴に関連して，最高裁判所が上訴する権利の問題について審査するよう求めることができる．その他の場合においては，この問題は最高裁判所によって審査されない．（法律 1994:1034）

第 17 条　高等裁判所が上訴の通知，故障の申立てもしくは事件の再取上げに関する申請，または高等裁判所の判決もしくは決定に対する上訴を却下する決定に対しては，上訴することができる．＊その他の場合には，このような通知もしくは申立て・申請がなされたか否か，または上訴が正当な期間内に提起されたか否かに関する問題は，最高裁判所によって審査されない．（法律 1994:1034）

　＊ この場合には審査許可は要求されない（9 条 1 項 2 文参照）．Fitger, s. 54:41.

第 18 条および第 19 条　削除（法律 1971:218）

第 55 章　判決に対する上訴について

（本章は法律 1994:1034 および 2005:683 により変更された条文の文言および章名（章名は前者による）となった．）

第 1 条　高等裁判所の判決に対し上訴しようとする当事者は，書面でこれをしなければならない．この書面は高等裁判所に提出しなければならない．この書面は判決が告知された日から 4 週間内に高等裁判所に到達しなければならない．（法律 1994:1034）

第55章　判決に対する上訴について　321

第2条　遅れて到達した上訴は，高等裁判所によって却下されなければならない．ただし，上訴が上訴期間内に最高裁判所に到達しているときは却下してはならない．（法律 1994:1034）

第3条　上訴状は以下各号の情報を包含しなければならない—
 1．上訴される判決,
 2．上訴される判決の部分および申し立てられる判決における変更,
 3．上訴の理由および上訴人の見解によれば不当である高等裁判所の判決理由の部分,
 4．審査許可が要求される時は，このような許可が与えられるべきことを支持するために援用する事実，ならびに
 5．援用する証拠および各証拠によって証明すべき事項．
　最高裁判所において援用する事実または証拠が従前提出されていなかったときは，民事事件における上訴人は，その理由を説明しなければならない．従前提出されていなかった文書証拠は上訴状と同時に提出しなければならない．上訴人はまた，彼が最高裁判所における本口頭弁論の際相手方当事者または刑事事件における被害者もしくは被告人が自身出頭することを欲するか否かについて述べなければならない．
　刑事事件において被告人が逮捕または勾留されているときは，そのことを述べなければならない．（法律 1994:1034）

第4条　上訴が第2条により却下されないときは，高等裁判所は上訴期間の経過後上訴状および事件に関するその他の書類を最高裁判所に送付しなければならない．刑事事件において被告人が勾留されているとき，または上訴人が民事事件における仮差押えの申立て，もしくはこのような措置に関する決定もしくは判決が確定力を有しないにもかかわらず執行できる旨の決定の取消しの申立て，もしくは刑事事件における被告人の勾留，第25章ないし第28章に係る措置もしくはこのような措置の取消しに関する申立てのように即時の審査を要す

る申立てをしているときは，書類は直ちに送付されなければならない．（法律 1994:1034）

第5条 上訴を審査に取り上げることに上訴状が遅れて到達したこと以外の障害が存するときは，最高裁判所は直ちに上訴を却下することができる．（法律 1994:1034）

第6条 上訴状が第3条第1項第1号ないし第3号もしくは第5号もしくは第2項の規定を充足しないとき，またはその他の仕方で不十分であるときは，最高裁判所は上訴人に欠缺を補正するよう命じなければならない．

　上訴人がこの命令を遵守しない場合，上訴状が基本的な支障なく最高裁判所の審査の基礎に置くことができないほど不十分なものであるときは，上訴は却下されなければならない．（法律 1994:1034）

第7条 上訴が第5条または第6条第2項により却下されない場合，審査許可が要求される時は，最高裁判所はこのような許可が与えられるべきか否かについて決定しなければならない．必要であるときは，この決定は書面の交換によって先行されなければならない．（法律 2005:683）

第8条 審査許可が認められるかまたはこのような許可が要求されない場合，それ〔送達〕がすでになされていないときは，上訴状は相手方当事者に一定の期間内に書面で答弁すべき旨の命令とともに送達されなければならない．ただし，公訴に関する事件においては上訴状は検察官に送達なしに送付することができる．訴追のために意義を欠く被害者または証人の年齢，職業および住所に関する情報は，公訴に関する事件において被告人に送達される書類から明らかにされてはならない．

　高等裁判所が，民事事件において仮差押えもしくはその他の第15章による措置に関する申立てを拒否し，もしくはこのような措置に関する決定を取り消

し，または刑事事件において第26章ないし第28章に係る措置に関する申立てを拒否し，もしくはこのような措置に関する決定を取り消したときは，最高裁判所は当分の間妥当する措置を直ちに認可することができる．高等裁判所がこのような措置を認可したとき，または判決が確定力を有しないにもかかわらず執行できる旨宣言し，もしくは地方裁判所のこれに関する決定を確認したときは，最高裁判所は，高等裁判所の決定は当分の間執行してはならない旨直ちに決定することができる．勾留または旅行禁止については，最高裁判所は相手方当事者を聴かないでも高等裁判所の決定を変更することができる．（法律2005: 683）

第9条　相手方当事者は答弁書において上訴人が主張した上訴の理由に関する意見を述べ，かつ彼〔自分〕自身が主張しようとする事実を述べなければならない．上述したところは民事事件において上訴人の申立てが認諾された場合には適用されない．

　答弁書はこの当事者が援用する証拠および各証拠によって証明すべき事項に関する情報を包含しなければならない．最高裁判所において援用される事実または証拠が従前提出されていなかったときは，民事事件における当事者はその理由を説明しなければならない．従前提出されていなかった文書証拠は答弁書と同時に最高裁判所に提出しなければならない．この当事者はまた，最高裁判所における本口頭弁論の際彼が相手方当事者または刑事事件において被害者もしくは被告人が自身出頭することを欲するか否かについて述べなければならない．（法律1994:1034）

第10条　最高裁判所は答弁書を上訴人に送付しなければならない．訴追のために意義を欠く被害者または証人の年齢，職業および住所に関する情報は，公訴に関する事件における被告人に送付される書類から明らかにされてはならない．

　必要であるときは，最高裁判所は準備における一層の書面の交換を決定する

ことができる．最高裁判所はまた，書面交換に関する詳細な指示を与え，かつその際いかなる点に関し当事者が意見を述べるべきかについて定めることができる．当事者は特段の理由が存するときにのみ1通よりも多くの書面の提出を命じられる．（法律 1994:1034）

第11条*　最高裁判所は本口頭弁論なしに以下各号について判断することができる—
　1．先例問題，
　2．最高裁判所が第12条の規定の支持をもって，その判断を高等裁判所の判断でほぼ全面的に（i allt väsentligt）**理由付ける事件，
　3．高等裁判所によって直接に取り上げられた事件，または
　4．最高裁判所の全体部または9名の構成員によって判断されるべき事件または問題．
　その他，最高裁判所における本口頭弁論なしの事件の判断については，民事事件については第50章第13条，および刑事事件については第51章第13条が適用されなければならない．（法律 1996:157）

　　*　最高裁判所が高等裁判所の判決に対する上訴を審査するときは本口頭弁論が行われるというのが基本原則であって，本条はその例外について定める．Fitger, s. 55:18.
　　**　当初の法案の用語は「全部」（helt）であったが，立法顧問院においてそれではあまりにも厳し過ぎるとしてこの表現が提案されて法文になった．Fitger, s. 55:19.

第12条　最高裁判所が第54章第11条または第12条の規定を適用して先例問題を審査した場合，一層の審査が要求されるときは，事件のその余に関する自己の判断の全部または一部を高等裁判所の判断で理由付けるか，または下級の裁判所の判決を破棄し，かつ取扱いを続行させるために事件を下級の裁判所に差し戻すことができる．

　先例問題は第17章第5条第2項に係る場合以外においても判決によって判

断することができる．（法律 1994:1034）

第13条　当事者は最高裁判所の民事事件において，従前提出されていなかった事実または証拠を，彼が下級の裁判所においてその事実もしくは証拠を援用することができなかったか，またはそうでなくともそうしなかったための正当な理由（giltig ursäkt）を有することを相当な蓋然性をもって証したときにのみ，自己の上訴を支持するために援用することができる．
　最高裁判所において相殺の申立てが初めて提出され，かつそれが事件において支障なしに審査することができないときは，申立てを却下することができる．＊（法律 1994:1034）

　　＊ 理由書によれば，最高裁でなされた相殺の申立ては例外的にのみ審査に取り上げられるべきであろうとされる．Fitger, s. 55:27.

第14条＊　下級の裁判所における本口頭弁論の際，ある事実に関する裁判所の前の尋問または現場検証が行われ，かつ最高裁判所の判断もこの証拠の信頼性に依存するときは，高等裁判所がその本口頭弁論の際証拠を取り調べるかまたは尋問の音声・画像の録取を利用することなしに，地方裁判所の判決を変更した部分についてのみ高等裁判所の判決は変更することができる．ただしこのような変更は，以下各号の場合にはすることができる—
　1．被告人の利益であるとき，または
　2．証拠の価値が高等裁判所が認めたものと異なるための顕著な理由が存するとき．（法律 2005:683）

　　＊ 50章23条および51章23条（いわゆる信頼規定）参照．Fitger, s. 55:27.

第15条　最高裁判所における訴訟手続については，その他に以下各号の規定が適用されなければならない：—

1．民事事件においては第50章第10条第3項，第12条，第14条ないし第22条，第24条ならびに第25条第1項および第2項，ならびに

2．刑事事件においては第51章第8条第4項，第10条第3項，第12条，第14条ないし第22条，ならびに第23条a，第24条，第25条および第30条．

地方裁判所の判決の破棄および差戻しについて民事事件に関する第50章第26条ないし第29条，ならびに刑事事件に関する第51章第26条ないし第29条に述べるところは，下級の裁判所の判決について最高裁判所に妥当する．（法律2005:683）

第56章 決定に対する上訴について，および先例問題の回付について

（本章は法律1994:1034により変更された条文の文言および章名となった．）

第1条 高等裁判所の決定に対し上訴しようとする者は，書面でこれをしなければならない．この書面は高等裁判所に提出しなければならない．

この書面は決定が告知された日から4週間内に高等裁判所に到達しなければならない．ただし，訴訟手続中の決定が集会の際に告知されず，かつ決定が何時告知されるかが集会の際に通知されなかったときは，上訴期間は上訴人が決定を受領した日から算定されなければならない．ある者の勾留，勾留の継続，第24章第5条aによる制限の許可または旅行禁止の命令に関する決定に対する上訴には期間の制限がない．

第49章および第54章第4条の規定から，若干の場合において高等裁判所の決定に対し上訴しようとする者はまず上訴の通知をしなければならないことが導かれる．（法律1994:1034）

第2条　遅れて到達した上訴は，高等裁判所によって却下されなければならない．ただし，上訴が上訴期間内に最高裁判所に到達しているときは却下してはならない．（法律 1994:1034）

第3条　上訴状は以下各号の情報を包含しなければならない—
 1．上訴される決定，
 2．申し立てられる決定における変更，
 3．上訴の理由，
 4．審査許可が要求される時は，このような許可が与えられるべきことを支持するために援用する事実，ならびに
 5．援用する証拠および各証拠によって証明すべき事項．
　従前提出されていなかった文書証拠は，上訴状と同時に提出しなければならない．（法律 1994:1034）

第4条　上訴が第2条により却下されないときは，高等裁判所は最高裁判所に上訴状および上訴の審査上有意義な事件におけるその他の書類を送付しなければならない．（法律 1994:1034）

第5条　上訴を審査に取り上げることに上訴状が遅れて到達したこと以外の障害が存するときは，最高裁判所は直ちに上訴を却下することができる．（法律 1994:1034）

第6条　上訴状が第3条第1項第1号ないし第3号もしくは第5号もしくは第2項の規定を充足しないとき，またはその他の仕方で不十分であるときは，最高裁判所は上訴人に欠缺を補正するよう命じなければならない．
　上訴人がこの命令を遵守しない場合，上訴状が基本的な支障なしに最高裁判所における訴訟手続の基礎に置くことができないほど不十分なものであるときは，上訴は却下されなければならない．（法律 1994:1034）

第7条 最高裁判所が上訴に関して相手方当事者を聴くべきものと認めるときは，上訴状は一定の期間内に書面で答弁すべき旨の命令とともに彼に送達されなければならない．ただし検察官が相手方当事者である事件においては，送達なしに検察官に送付することができる．（法律1999:84）

第8条 相手方当事者は答弁書において，上訴人が主張した上訴の理由に関する意見を述べ，かつ彼〔自分〕自身が主張しようとする事実を述べなければならない．

答弁書はこの当事者が援用する証拠および各証拠によって証明すべき事項に関する情報を包含しなければならない．従前提出されていなかった文書証拠は，答弁書と同時に最高裁判所に提出しなければならない．（法律1994:1034）

第9条 必要であるときは，最高裁判所は一層の書面の交換を決定することができる．最高裁判所はまた書面交換に関する詳細な指示を与え，かつその際にいかなる点に関し当事者が意見を述べるべきかについて定めることができる．当事者は特段の理由が存するときにのみ1通よりも多くの書面の提出を命じられる．（法律1994:1034）

第10条 審査許可が必要とされ，かつ上訴に関して相手方当事者が聴かれたときは，最高裁判所は書面の交換が終了してから審査許可が与えられるべきか否かについて決定しなければならない．そのための理由が存するときは，書面の交換が行われることなしに問題を判断する（tas upp）ことができる．（法律1994:1034）

第11条 最高裁判所の訴訟手続については，その他に第52章第11条ないし第13条および第55章第12条第1項が適用されなければならない．

第52章第13条第1項の適用にあたっては，事件の一緒の取扱いは第50章または第51章による代わりに第55章により行われなければならない．（法律

1994:1034）

第12条 第8章第8条による上訴については，第1条ないし第11条が以下各号の乖離をもって適用される：――
 1．上訴人は弁護士会に自己の書面を提出しなければならない．書面は上訴人が決定を受領した日から4週間内に弁護士会に到達しなければならない．
 2．特段の理由が他に導かないときは，上訴人は，および上訴が法務監察長官によってなされる時は相手方当事者も最高裁判所において口頭で聴かれなければならない．
 3．弁護士会内の決定を行った機関は，説明書を提出する機会および当事者が口頭で聴かれることに関連して意見を述べる機会を与えられなければならない．
 4．弁護士会による上訴状の却下の決定に対しては最高裁判所に上訴することができる．その際には第1号の規定が適用されなければならない．（法律1994:1034）

第13条 本案について和解が許容される時は，地方裁判所は当事者らの同意をもって，事件におけるある問題を最高裁判所の審査に回付することができる．（法律1999:84）

第14条 第13条により回付された問題は，最高裁判所がそれの審査許可を与えることなしには最高裁判所の審査に属しない．このような許可は第54章第11条第1項に係るような先例問題に関する範囲でのみ与えられる．
 審査許可の問題は当事者らが意見を述べる機会を得ることなしに判断する（prövas）ことができる．（法律1994:1034）

第15条 第14条により審査許可が与えられるときは，最高裁判所は第7条，第9条および第11条の規定を適用して先例問題を審査しなければならない．

（法律 1994:1034）

第57章　直接に取り上げられる事件について

（本章は法律 1994:1034 により変更された条文の文言および章名となった．）

第1条　最高裁判所によって直接に取り上げられるべき事件については，第53章が適用されなければならない．（法律 1994:1034）

第7編
特別上訴について

第58章　再審および喪失した期間の回復について

第1条　民事事件における判決が確定力を取得した後，当事者のいずれかの利益のために以下各号の場合に再審が認可されうる：—
　1．裁判所の構成員または裁判所の職員が，事件に関して犯罪行為もしくは職務違反のために有責であるか，または事件に関する犯罪について代理人もしくは法定代理人が有責である場合で，かつ犯罪または職務違反が事件の結果に影響したと考えられうるとき；
　2．証拠として援用された文書が偽造であったか，または真実保証のもとで尋問された当事者，証人，鑑定人もしくは通訳が虚偽の供述をし，かつその文書または供述が結果に影響したと考えられうるとき；
　3．従前提出されていなかった事実または証拠が援用され，かつその提出が他の結果に導くであろう相当な蓋然性があるとき；または
　4．判決の基礎に存する法適用が明らかに法律に反するとき．
　第3号に係る関係に基づくときは，彼が判決を告知した裁判所のもとで，もしくは判決に対する上訴によって，事実もしくは証拠を援用することができなかったか，またはそうでなくとも彼がそうしなかったための正当な理由（giltig ursäkt）を有することについて相当な蓋然性をもって証しなければ再審は認可されない．（法律 1975:670）

第2条　刑事事件における判決が確定力を取得した後，再審は以下各号の場合

に被告人の利益のために認可されうる，――

　1．裁判所の構成員，裁判所の職員もしくは検察官が，事件に関して犯罪行為もしくは職務違反のために有責であるか，または事件に関する犯罪について代理人，法定代理人もしくは弁護人が有責である場合で，かつ犯罪または職務違反が事件の結果に影響したと考えられうるとき，

　2．法律専門家の裁判官または検察官が除斥・忌避原因を有し，かつそれが事件の結果にとって意義を欠くことが明らかでないとき，

　3．証拠として援用された文書が偽造であったか，または証人，鑑定人もしくは通訳が虚偽の供述をし，かつその文書または供述が結果に影響したと考えられうるとき，

　4．従前提出されていなかった事実または証拠が援用され，かつその提出が被告人を無罪もしくは適用されたものよりも軽い刑罰規定に属する犯罪に導くであろう相当な蓋然性があるとき，またはこのように援用されたものおよびその他の事情にかんがみ，被告人が有罪を宣告された犯罪を行ったか否かの問題を新たに審査すべき顕著な理由が存するとき，または

　5．判決の基礎に存する法適用が明らかに法律に反するとき．（法律1987:1345）

第3条*　刑事事件における判決が確定力を取得した後，再審は以下各号の場合に被告人の不利益のために認可されうる――

　1．第2条第1号または第3号に係るような関係が存在し，かつそれが被告人を無罪にし，または適用されるべきであったものよりも根本的に（väsentligt）軽い刑罰規定に属させるのに寄与したと考えられうるとき，または

　2．犯罪のための法定刑が拘禁1年を超えており，かつ従前提出されていなかった事実または証拠が援用され，その提出がこの犯罪のために被告人を有罪とすること，または犯罪を適用されたものよりも根本的に厳しい刑罰規定に属させることに導くであろう相当な蓋然性が存するとき．

第2号に係る関係に基づく再審は，当事者が判決を告知した裁判所のもとで，もしくは判決に対する上訴によって，事実もしくは証拠を援用することができなかったか，またはそうでなくともそうしなかったための正当な理由を有することについて相当な蓋然性を証しなければ再審は認可されない．（法律1987:1345）

> ＊ 本条はわが国の法律家には奇異に感じられようが，重大犯罪について実体的正義の実現を求める法感情を反映したものとされる．Welamson, s. 212. 他方で，2条から明らかなように刑事事件の再審事由が極めて広いことが注目に値する．なお，判決を受けた者の不利益のための再審に関する立法主義の対立およびわが国における変遷については，団藤重光『新刑事訴訟法綱要』（7訂版，1967，創文社）589頁，など参照．

第4条　再審の申請をしようとする者は，判決が地方裁判所によって告知されたときは高等裁判所に，およびその他の場合には最高裁判所に書面でこれをしなければならない．

　第1条第1項第1号，第2号または第3号に係るような関係に基づく民事事件における再審の申請，ならびに被告人の不利益のための刑事事件における再審の申請は，申請人が申請を基礎付ける関係を知ってから1年内にしなければならない．申請の基礎として他人の犯罪行為が援用されるときは，その行為に対する判決が確定力を取得した時から期間を算定することができる．第1条第1項第4号に係るような関係に基づく民事事件における再審は判決が確定力を取得した時から6月内に申請しなければならない．（法律1988:1451）

第5条　申請人は再審申請書に以下各号の事項を記載しなければならない：─
　1．申請に係る判決；
　2．申請を基礎付ける関係および申請の理由；＊ならびに
　3．申請人が援用しようとする証拠および彼が各証拠によって証明しようと

する事項.

申請が第1条第1項第3号または第3条第1項第2号に係る関係に基礎付けられるときは，申請人は事実または証拠が訴訟手続において援用されなかった理由を述べなければならない．

申請書は申請人または彼の代理人によって自署されなければならない．

申請書には申請人が援用する文書証拠の原本または認証謄本を添付しなければならない．

> * 1条ないし3条所定の再審の事由のいずれかを明らかにし，かつ申請人の見解によれば再審の認可に導くべき理由を詳細に展開することを意味する．Fitger, s. 58:46.

第6条　再審の申請が却下されないときは，申請書はそれに添付された書類とともに相手方当事者に送達されなければならない．ただし申請が，検察官が相手方当事者である事件における再審に関するときは，送達なしに検察官に送付することができる．相手方当事者は同時に説明書*を提出するよう命じられなければならない．ただし申請が理由がないときは，直ちに棄却することができる．

申請の審査が高等裁判所において行われるときは，第52章第8条ないし第12条が適用される．申請が最高裁判所によって直ちに取り上げられるときは，第56章第8条，第9条および第11条が適用される．

裁判所は異なる定めがなされるまで判決の執行のためのそれ以上の措置を実施してはならない旨命ずることができる．（法律1999:84）

> * この説明書とは答弁書を意味する．Fitger, s. 58:46.

第7条　再審が認可されるときは，裁判所は同時に事件について最後に判決をした裁判所のもとで事件が再び取り上げられるべき旨命じなければならない．ただし，再審が民事事件または被告人の利益のための刑事事件において認可さ

れ，かつ事案が明白であるときは，裁判所は直ちに判決を変更することができる．

事件が新たに弁論に取り上げられる場合，申請人が不出頭であるときは，再審は消滅したものとみられなければならない．相手方当事者が不出頭であるときは，事件はそれにもかかわらず判断することができる．呼出状はこれらの規定に関する情報を包含しなければならない．本項に述べるところは検察官については適用されない．（法律 1988:1451）

第8条　再審の申請が却下または棄却されるときは，申請人は相手方当事者に，または検察官が相手方当事者であるときは国に，再審案件（resningsärendet）*に関する費用の償還を命じられうる．再審が検察官によって申請されたときは，この費用は公費から支払われうる．**申請が認可されるときは，費用の問題は事件の再取上げの後に事件に関連して審査されなければならない．（法律 1988:1451）

　　*　特別上訴の問題の取扱いは，案件の形態（ärendeform）で行われる．Fitger, s. 7:e avd:7, 58:47.
　　**　この「支払われうる（får...utgå）」という文言は，改正前の31章4条により通常手続において検察官が訴訟費用責任を課せられることがありえた当時の残存物で，現在では本文は強行的規定とみるべきである．Fitger, s. 58:56.

第9条　刑事事件における判決が〔刑事〕責任以外にも関わるときは，事件のこの部分における再審に関しては，民事事件の再審について定めるところが適用される；ただし，責任問題について再審が認可されるときは，上記の定めの支障なしに同時に事件のその余の部分についても再審が認可されうる．

第10条　判決について第1条ないし第9条に定めるところは，裁判所の決定に関して準用される．

第 10 条 a　地方裁判所以外の公的機関の判断に対する上訴（talan）が，地方裁判所または高等裁判所に提起されるべきであったときは，その案件に関する再審の申請は高等裁判所に書面でなされる．刑罰命令に対する承諾または秩序罰金命令に対する承諾をもって判断された案件についても同様である．

　第 1 項によりなされた申請については，第 1 条ないし第 3 条，第 4 条第 2 項および第 5 条ないし第 8 条が適用される．（法律 1988:1451）

第 11 条　ある者が判決もしくは決定に対する事件の上訴または故障の申立てもしくは事件の再取上げの申請のために妥当する期間を懈怠し，かつ彼が懈怠の正当な理由を有したときは，彼は申請に基づき喪失した期間を回復することができる．＊（法律 1994:1034）

　　＊ 喪失した期間の回復の制度は，その背景を再審とともに統治組織 11 章 11 条という憲法規定に有する．Erik Holmberg och Nils Stjernquist, Grundlagarna, Stockholm: PA Norstedt & Söners förlag, 1980, s. 391–393.（本書は，2006 年に他の共著者らとの改訂版が Norstdts Juridik から刊行されている．）

第 12 条　喪失した高等裁判所に対する事件の上訴の期間または地方裁判所における故障の申立てもしくは事件の再取上げの申請のための期間の回復を申請する者は，高等裁判所に書面で障害（förfall）が止んだ時から 3 週間内かつ遅くとも期間の経過から 1 年内にこれをしなければならない．

　喪失した最高裁判所に対する上訴の期間または高等裁判所もしくは最高裁判所における故障の申立てもしくは事件の再取上げの申請のための期間の回復に関する申請は，最高裁判所に書面で第 1 項に述べる期間内になされる．

　この申請については第 5 条，第 6 条および第 8 条が適用される．（法律 1988:1451）

第 13 条　第 10 条 a に係るような判断に対する地方裁判所または高等裁判所へ

の上訴の期間の回復に関する申請は，高等裁判所に書面でなされる．このような申請については第 11 条ならびに第 12 条第 1 項および第 3 項が適用される．（法律 1988:1451）

第 14 条　再審または喪失した期間の回復に関する高等裁判所の決定に対する上訴の際は，地方裁判所に提起された事件（mål）または案件（ärende）における決定に対する上訴について第 54 章および第 56 章に述べるところが適用される．（法律 1988:1451）

第 59 章　重大な訴訟手続違反（domvilla）等に基づく不服申立て（klagan）について*

（本章は法律 1994:1034 により変更された条文の文言および章名となった．）

* domvilla とは，理由書によれば「重大な訴訟手続の瑕疵（grova rättegångsfel）」の同意語である．この言葉はスウェーデン法の術語として古来使われてきたが，特別上訴としての besvär över domvilla は比較的新しい制度で，1939 年までは存在しなかった．これに相当する古い制度は無効抗告（nullitetsbesvär）であった．1994 年の法改正では名称が抗告（besvär）から不服申立て（klagan）に変えられた．Fitger, s. 59:3, Welamson, s. 120, Per Olof Ekelöf, Rättsmedlen, 2 uppl. (1982), Uppsala: Iustus förlag, s. 125–126.

第 1 条　確定力を取得した判決は，判決が自己の権利に関わる者の不服申立てにより，以下各号の場合には重大な訴訟手続違反に基づき破棄されなければならない——

　1．上訴の際上級の裁判所が職権で顧慮すべき訴訟手続障害が存在したにもかかわらず，事件が取り上げられたとき，

2．判決が法的に訴えられておらず，かつ事件について訴えを追行していない者に対し与えられたか，または判決によって事件における当事者でない者が侵害を蒙ったとき，*

3．判決が，裁判所が本案についてどのように判決したかが分からないほど不明瞭または不十分であるとき，** または

4．その他，訴訟手続において事件の結果に影響したと考えられうるほどの重大な訴訟手続違反が存在したとき．

事件において従前援用されていなかった事実に基づく第1項第4号による重大な訴訟手続違反に基づく不服申立ては，不服申立人が訴訟手続においてこの事実を援用するのを妨げられたか，またはそうでなくとも彼がそうしなかったための正当な理由（giltig ursäkt）を有したことを相当な蓋然性をもって証しないときは却下されなければならない．

    * 理由書によれば，判決が第三者に証明効を有することはこれにあたらない．Fitger, s. 59:7.
    ** 不明瞭または不完全は判決主文に関する．判決理由は，それが判決の意味するところを客観的に確定するのに意義を有する場合には本号に包含される．Fitger, s. 59:10.

第2条　重大な訴訟手続違反に基づく不服申立てをしようとする者は，書面でこれをしなければならない．この書面は判決が地方裁判所によって告知されたときは高等裁判所に，およびその他の場合には最高裁判所に提出しなければならない．

不服申立てが第1条〔第1項〕*第1号または第4号に係る事実に基づくときは，書面は判決が確定力を取得してから6月内に提出しなければならない．不服申立てが第1条〔第1項〕*第2号に係る事実に基づくときは，不服申立人が判決について知ってから6月内に提出しなければならない．彼が判決についてそれが確定力を取得する前に知ったときは，この期間は判決が確定力を取

第 59 章　重大な訴訟手続違反（domvilla）等に基づく不服申立て（klagan）について

得した日から算定されなければならない．

　　＊ 原文には「第 1 項」が欠けている．当初の第 1 条には第 2 項が存在しなかった．それがそのままに残されている．しかし，フィットゲルの注釈書の説明では「第 1 項第 1 号」，「第 1 項第 2 号」，「第 1 項第 2 号」という表現をしている．Fitger, s. 59: 21. なお，公的英訳は号を item もしくは clause と訳すか，または原文同様に数字のまま（例えば 1 号は 1）にしており，本章では clause が用いられている．（ちなみに，伊藤重治郎編『増補和英法律語辞典』（再版，1972，大学書房）は号の英訳として item を最初に挙げ，clause は示していない（128 頁）．）

第 3 条　その他，重大な訴訟手続違反に基づく不服申立ておよびこのような案件における高等裁判所の決定に対する上訴については，第 52 章，第 54 章および第 56 章が適用されなければならない．ただし，最高裁判所によって直接に審査されるべき不服申立てについては，審査許可に関する規定は適用されない．

　裁判所は，当分の間判決は執行してはならない旨決定することができる．

　判決が，裁判所が無権限であったか，またはそうでなくとも事件を審査に取り上げるべきでなかったという理由以外に基づき破棄されるときは，裁判所は同時に新たな取扱いが判決を告知した裁判所において行われるべき旨決定しなければならない．

　費用の償還については訴訟費用に関する規定が適用される．

第 4 条　第 1 条ないし第 3 条において判決について述べるところは裁判所の決定についても適用されなければならない．

第 5 条　地方裁判所以外の公的機関の判断が地方裁判所または高等裁判所に上訴されるべきであったときは，この案件における重大な手続違反に基づく不服申立ては高等裁判所に書面ですることができる．

　第 1 項による不服申立てについては第 1 条，第 2 条第 2 項および第 3 条が適

用される．

第6条* 被疑者によって承諾された刑罰命令は以下各号の場合には不服申立てにより破棄されなければならない，—
　1．承諾が有効な意思表示とみることができないとき，
　2．案件の処理の際，命令が無効とみられるべきような瑕疵が存在したとき，** または
　3．その他の理由により命令が法律に合致しないとき．
　刑罰命令が破棄されたときは，その後に同一の行為のためにより厳しい刑罰の有罪判決をし，または刑罰命令を科することはできない．

> * 本条以下の刑罰命令等に対する不服申立ては，前条までの重大な訴訟手続違反に基づく不服申立てと異なり，手続の瑕疵だけでなく，実体法上の誤った法適用も理由として行うことができる．この意味で，刑罰命令等に対する不服申立ての範囲は，判決に関する重大な訴訟手続違反に基づく不服申立てと被告人の利益のための再審の両者をカバーするものといえる．他方，判例は刑罰命令等に対する再審も認めている（こちらは期間の制限がない）．なお，破棄の申立ては検察官からもできる．Fitger, s. 59:26, 31, Welamson, s. 254–255.
> ** この瑕疵は形式的なものに限られる，と解されている．そうでなければ3号が独立した意義を失ってしまうというのがその理由である．Fitger, s. 59:29, Welamson, s. 257.

第7条 刑罰命令に対し不服申立てをしようとする者は，書面でこれをしなければならない．この書面はその犯罪について訴追を取り上げる権限を有した地方裁判所に提出しなければならない．
　この書面は被疑者のもとで命令の執行のための措置がとられた後1年内に地方裁判所に到達しなければならない．*命令が条件付判決以外の刑事制裁に関しないときは，試験観察期間（prövtiden）の開始から期間を算定する．取扱いについては，第52章第2条，第3条および第5条ないし第12条が適用されな

第 59 章　重大な訴訟手続違反（domvilla）等に基づく不服申立て（klagan）について

ければならない．その際高等裁判所に関する規定はその代わりに地方裁判所に妥当する．（法律 1996:1462）

> ＊ 法務大臣によれば，執行のための措置がとられる前に被疑者が罰金の任意支払をしたときは，この時点から期間を算定する．Fitger, s. 59:33.

第 8 条　刑罰命令に対する不服申立てを理由とする地方裁判所の決定に対する上訴については，第 49 章および第 52 章が適用される．
　高等裁判所の決定に対しては上訴することができない．

第 9 条　第 7 条または第 8 条に係る事件において，裁判所は，当分の間刑罰命令は執行してはならない旨決定することができる．

第 10 条　第 6 条ないし第 9 条の規定は，承諾された秩序罰金命令の問題についても適用されなければならない．このような命令に対する不服申立てに関する事件においては一般検察官が被疑者の相手方当事者である．

――大　尾――

附　　録

その1㈠　「新訳・スウェーデン訴訟手続法（民事訴訟法・刑事訴訟法）――その1」（神奈川法学40巻2号）の「まえがき」

　私はかつてスウェーデン訴訟手続法（Rättegångsbalken）の全訳を行った．「スウェーデン刑事訴訟手続法――訴訟手続法における刑事手続に関する特則（上訴関係を除く）――」神奈川大学法学研究所研究年報15号（1996），「訳注スウェーデン訴訟手続法（1）――民事訴訟法・刑事訴訟法――」神奈川法学31巻2号（1997），「訳注スウェーデン訴訟手続法（2・完）――民事訴訟法・刑事訴訟法――」神奈川大学法学研究所研究年報16号（1997）がそれである．本稿はこれを基礎としつつ，その後における屢次の法改正をフォローし，かつ気付いたかぎりで旧訳の誤記・誤植や不適切な点の改善に努めたものである．

　上掲の旧訳との混同を避けるため新訳と称するものの，その後の法改正（原則として2007年1月1日現在を基準，未施行のものを含む）を織り込んだ訳文という意味であって，旧訳を全面的に改めたものとまでは誇称できない．旧訳はあまりに直訳調に過ぎる嫌いがあることは自覚しているけれど，他方日本語としてこなれたものにすることで，伝統的なスウェーデン語の法文のもつニュアンスなどが失われるという懸念もありうる（私自身にそのニュアンスなどがどれほど分かっているかは別として）．あれこれ悩んだ末，やはり基本的には旧訳の方針を維持することにした．法律用語，法文の翻訳の困難さについては，かつて読んだある碩学の，「逐語直訳では文章をなさず意味がわからず，さりとて小説などとは違って，延ばしたり縮めたりの意訳でお茶を濁すわけには行かない．」（伊藤重治郎編『増補和英法律語辞典』（再版，1972，大学書房）1頁――穂積重遠博士の序文）という言葉の含蓄を改めて想起する．*拙訳が逐語直訳と意訳との間をいたずらに右顧左眄・右往左往した，あまり出来

の良くない作品であることは否めない．もとよりわが国の法文としてみるときは，不十分極まるものである．旧訳よりも多少は正確度が高く新しい立法情報を伝達できればと望むだけである．翻訳の方針については凡例参照．

> ＊ もっとも，誤解のないよう断っておくが，文学作品の翻訳が法文の翻訳よりも容易だなどとは決して思わない．それには固有の大変な困難さがあることはよく承知しているつもりである．たまたま校正時に，Michael Hoffman, "Translating full of judgment calls, compromises", The Japan Times, Dec. 4, 2007, at 16 を読んで，このことを再認識させられた．

いずれはさらに訳文を練磨し，旧稿の序説や注記も書き改めた上，拙編著『スウェーデン法律用語辞典』(2007，中央大学出版部) と同様に，一本にまとめて刊行できることを願っているのだが，76歳という現在の自分の年齢にかんがみ，ひとまず条文のみでも活字化しておくほうが多少なりとも学界・実務界のお役に立つのではないかと愚考し，本誌に掲載させていただくことにした次第である．(内容を理解する上で，さしあたりは旧訳に付した注記が現在でもかなり参考になりうるかと思う．)

その1(い)　同「後記」

この新訳の仕事は，2007年2月26日，ピースボート・トパーズ号の第56回世界一周の船旅 (2月25日―6月5日) の2日目から開始し，中秋の今ようやく本号掲載部分を脱稿しえた．出国直前に大学定年後における最初のまとまった仕事というべき『スウェーデン法律用語辞典』を刊行することができたが (発行の日付けは3月10日)，この辞書作りの仕事の一部は第49回の船旅中に行ったものである．今度も狭い船室が"動く書斎"として集中した仕事の環境を与えてくれた．トパーズ号の船齢はすでに50歳を超えており．数年前

から解体処分が問題にされていると聞く．こういう老いた船の中で老残の身が仕事に打ち込めることに一種の感慨を覚える．あえて蛇足を記すことをお許し願いたいと思う．

2007 年 10 月 8 日

その 1 ㈲ 「後記（同――（2・完）」（同誌 40 巻 3 号）

　本訳稿を書き始めたのは昨 2007 年の 2 月 26 日，なんとか丸 1 年で一応訳了することができた．その間，他の仕事は短い論稿を一，二ものしただけで，大部分の時間をこの訳業に充てた．老いて作業能率は落ちたが，大学を退いた後はその代わりに時間がたっぷりとれるので，仕事の遅い私としては，結果的に知的出力は以前とそれほど変わらないようである．

　はしなくも，子どものころ学校などで，「良く学び，良く遊べ」ということが強調されていたことを思い出す．残念ながら，戦時下の農家に生まれ育った私にとって，それは夢にすぎなかった．今，好きな仕事に打ち込むかたわら，船旅に出たり劇場通いをしたりするなど，図らずも自分の生活が子どものころの夢を老年にいたって実現しえていることに気づかされる．有り難いことである．（最近はこんなモットーめいた言葉をあまり聞かない．子どもたちの多くは「学ぶ」だけか，「遊ぶ」だけかに偏向しているのだろうか？）

　ところで，先日送られてきた日本法社会学会の『学会報』No.78（2008.1.1）で Daniel H. Foote, Sociolegal Islands？ という興味深いエッセー（巻頭言）を読んだ．私はそこでのフット教授の意見におおむね（部分的には心から）賛成する．この中で氏は，日本には Professor of Criminal Law や Professor of Civil Procedure はいるが，Professor of Law はいないという．そして法科大学院制度の最大の問題点は司法試験ではなく，教員の側における compartmentalization の牢固とした伝統だと指摘する．実務家出身の研究者である私が，昨年刊行した

『スウェーデン法律用語辞典』さらに本訳稿でひそかに意図したのは，compartmentalization には是非・長短の両面があるにせよ，そのネガティヴな面を打破しようとするささやかな試行でもあったといえる．この意味でフット氏の言にはわが意を得たという思いを禁じえないものがある（ただし，法科大学院制度についてはやはり司法試験のほうがより大きな問題だと考えるが）．

　司法制度改革関連の諸問題については，当分の間発言を禁欲することに決めているのだが（スウェーデン法の勉強に没頭するようにしたのは，この禁欲の誓いを現実化するためである），とりわけ司法試験合格者数の削減を主張する最近の法務大臣発言に端を発してマスコミなどでもこの問題の議論が活発化しているので，場違いを承知しつつあえてここに一言しておきたい．

　司法試験合格者数の問題は，究極的に法曹市場の拡大の問題と不可避的に連動する．しかし，わが国では多種多様な既得権益の頑強な障壁に阻まれて法曹市場の飛躍的な拡大は絶望的に困難な状況にある．このことは各種の隣接法律専門職種の存在，中央・地方の行政や企業の法務面における法曹有資格者の実質的不在などを考えれば誰の目にも明らかなはずである．（今日の東京新聞朝刊「こちら特報部」は2面（26-27面）にわたる特集記事で，弁護士増の問題をめぐって日弁連会長選挙が白熱化していることを伝える．）しかるに管見の限りでは，この法曹市場という論点は意識的，無意識的に論者によって無視，看過されている．フット氏もその例外ではない．このままでは法科大学院の（現在および将来の）学生の受難は合否にかかわらず拡大・深刻化の一途を辿るのみであろう．問題の根本的解決は既得権益の打破以外にはないのである．この国の今は司法制度改革においても第二の明治維新というべき状況の中にあるのだという冷徹な現状認識をわれわれは共有しなければならない．

　訳了後の解放感から，つい冗語が大半を占める後記になってしまったようである．読者のご海容を乞う次第である．

2008年2月6日

その2　拙編著『スウェーデン法律用語辞典』（2007，中央大学出版部）における誤記・誤植の訂正について（同誌40巻2号）（注）

　拙編著『スウェーデン法律用語辞典』（2007，中央大学出版部）について，刊行後に多数の誤記・誤植が見つかった．いうまでもなく辞書の生命は正確さにあるから，薄氷を踏む思いで万全を期したつもりであるが，生来の注意力の不足に加えて老化による視力の低下などが災いし，このように無様な失態を招いてしまった．読者各位に対して心からお詫び申し上げる次第である．本書の重刷・再版はまず望めずその際の訂正は無理だし，他に誤記・誤植をお知らせする適切な方法も見当たらないので，本誌上に掲載させていただくことにした．これによって少なくとも大学関係の方々にはお伝えできるだろうからである．見出語の表記については三箇所にとどまったことがせめてもの慰めである．
　誤記・誤植の訂正の大部分は，元編集者で語学の達人の横井忠夫氏（名著『誤訳悪訳の病理〔新装第1版〕』（1991，東洋書店）などの著者）のご教示による．また，スウェーデン刑事法の権威の坂田仁博士からもご教示を得た．記して深謝の意を表する．
　（顧みて他をいう自己弁護の言ととられるかも知れないが，本書の凡例1に挙げたJuridikens termerに誤植が一つ存在することを発見した．119頁の見出語Missbruk av larmanordningの項の末行のalarm——正しくはlarm——である．4名の代表的法学者によって編纂され，ほとんど全ての法律家，法学生によって多年利用されてきたこの辞書さえも誤植から無菌ではないことを知ってひそかに自責の念をやや癒している——我ながら卑小な心情と憐れみつつ．）

頁	行	誤	正
iii	－4	*Föravaltningsprocsssrättens*	*Förvaltningsprocessrättens*
v	3	Stcokholm	Stockholm
vi	－10	2 uppl	2 uppl.
xii	6	götalagar（…）＊	götalagar（…）

		svealagar (…) *	svealagar (…)
xiii	15	1739 年	1734 年
	16	1976 年	1776 年
xv	4	*Svenska*	*Svensk*
xvi	－11	スウェーデン訳注スウェーデン	訳注スウェーデン
20	13	äktenskapsbalak	äktenskapsbalk
35	14	normerande	normerade
44	10	**uplösande**	**upplösande**
93	－8	jordabalk	jordabalken
127	－14	**lagtolking e…**	**lagtolkning e…**
	－13	**lagtolking ex…**	**lagtolkning ex…**
		analogisk lagtolkining	analogisk lagtolkning
139	－10	Tnvandraverket	Invandraverket
167	－10	grtipande	gripande
214	14	marshal	martial
247	10	…と思う。〕〕	…と思う。〕
251	15	aktenskapshinder	äktenskapshinder
257	2	**Petri Olavus**	**Petri, Olavus**
258	9	*lagar*	*Lagar*
	12	1897 年	1887 年
259	15	*skandinavishe*	*skandinavische*
260	14	大田知行	太田知行
267	－12	inclusion terms	inclusion of terms
267	－1	Swedish law;	Swedish law:
268	5	hundreds times	hundreds of times
270	4	fectors	factors
277	－10	*Förvaltningsprocessrätens*	*Förvaltningsprocessrättens*

（マイナス符号の頁，例えば－4 は，下から 4 行目を意味する．）

注

上記の正誤表に,以下のとおり補記する.

(1) 誤植について その後発見した誤植の訂正を二つ加える.

| 55 | −14 | **ansprak** | **anspråk*** |
| 122 | 2 | 1074 | 1974 |

* この語については,第1章第3条dの*を参照.

(2) 本書において説明を補充したもの

substitution(215頁) この語には復代理の意味もある(12章13条の*を参照).ただし,スウェーデンの法律辞書でこのことに言及するものはない.
återupptagande av mål(249頁) återupptagande を「再開」と訳したが,47章18条,50章22条などでは「再取上げ」のほうがより適訳かと考える(47章18条の*,50章22条の*を参照).ただし50章17条,51章17条ではやはり「再開」のほうが適訳である.

跋

　昨 2007 年 2 月 25 日，本書の執筆に着手してから 2 年近くが過ぎ，2 回目の晩秋の今，訳業を終えることができた．実は本年 4 月以降は頑強執拗な坐骨神経痛に悩まされ，歩行困難になってしまい，この状況は現在もあまり変化していない．そのため一月ほどは仕事を中断せざるを得なかった．胸突き八丁を越えてやっと山頂に到達したという感じである．

　一見，日本の司法改革とは無縁と思われるような仕事をしながらも，司法改革の動向に対する関心，懸念は一日も脳裏を離れたことがない．
　『神奈川法学』掲載の訳稿（2・完）の後記として，法曹人口問題に言及したのもこうした心情の発露であったが，その後に，阿部浩己「法科大学院の原風景・再訪」（同『抗う思想／平和を創る力』（2008，不磨書房）所収）という衝撃的な論考に接した（同書は著者から恵投されたもの）．かつて私の若き同僚だった著者は，法科大学院長の経験を踏まえて，法科大学院の現状についてこう断ずる．「まったく罪な制度だとつくづく思う．」「いったい，法科大学院に携わる教員や学生のなかで心底幸せを感じている人などいるのだろうか．」法科大学院という「この壮大な社会的構築物が既にして重度の変質過程にあることは紛れもない．」と．（234–235 頁）
　現代日本における最も誠実にして良心的な法学者の 1 人と私が信ずる阿部教授の言であるだけに，上記引用文には胸が潰れる思いを禁じえない．法科大学院発足と時を同じくして 73 歳で法学教育の現場から退いた私は，傍観者の身は法科大学院を含む司法制度改革関連の諸問題に関する無責任な発言を禁欲すべきだと考え，主にスウェーデン法の勉強に没頭する日々を送ってきたのだが，これはあるいは安易な現実逃避ではなかったのかという気もしてくる．当然のことながら，私ごとき一介の研究者の言動など現実的に全く無力，無影響であることは，過去の司法制度改革に関する論議の過程を通じて身に沁みて思

い知らされていることではあるが，それでもなお，司法制度論，裁判法の研究者としていささか無責任ではなかったかという自責の念が湧いてくるのを抑えがたい．

　上に述べた後記もこの跋も，本書にとっては全く場違い，無用の記述として読者の顰蹙を買うかも知れない．しかし，私は単なる趣味道楽としてスウェーデン法をやっているわけではない．裁判官の職を辞し，僅かな蓄えと退職金をはたいてスウェーデンに私費留学したのは，胸底に日本の司法・裁判をより良きものにしたいという思いがあったからであり，それは今も変わらない．（もっとも，趣味道楽の面があることも否定しない．そもそも学問にはそういう面があるのであって，謹直な阿部氏さえ上記著書の中で，「学問研究は楽しくなければやっていられない．」(282 頁）と書いている．)
　ともかく自分なりにスウェーデン法の仕事に一応の区切りをつけることが出来次第，改めて法科大学院問題を含むこの国の司法制度改革関連の諸問題と取り組むことに残された（おそらく僅かな）余生を捧げなければ，と切に思う．
　頃日，司法制度改革審議会の座長であった佐藤幸治博士からその大著『現代国家と人権』(2008 年，有斐閣）を恵与されたが，「はしがき」に「一人の力ではどうにもならぬものである．だが，一人の力を信じなくて何ができるというのだろう」という言葉（白洲正子氏）が引かれている．本当にそのとおりなのだ．蟷螂の斧に等しいにせよ，志すところに向かって蝸牛の歩みを続けるつもりである．
　ただ，本書の刊行をもって果たしてスウェーデン法の仕事に区切りをつけることができるのか？　実は最近になって，引き続き手続法分野の重要な諸法律（クラス・アクション，仲裁手続，行政訴訟などに関するもの）の翻訳を一本にまとめ，『スウェーデン法律用語辞典』および本書と合わせて，わが晩年におけるスウェーデン法三部作としたいという願望が生まれてきた．それゆえ，今後はおそらく両面作戦で行かなければならないのではないかと愚考している．

（脱稿後に，松澤伸教授からその訳著『デンマーク司法運営法——刑事訴訟関連規定——』（2008，成文堂）を頂戴した（奥付の発行日は同年 3 月 31 日であるが，実際の刊行は同年 10 月のようである）．デンマーク法に関する同教授のご造詣の深さはかねて私が敬服しているところであって，同書を拙訳にあたって参照することができたならば，と残念でならない．「翻訳について」と題する箇所を読むと，同教授の翻訳上のご苦心がひしひしと伝わってくる．また，同教授も直訳調を基本としていることを知り，同じ立場をとる私としてはすこぶる意を強くした次第である．）

最後になったが，本書の刊行については，中央大学出版部の平山勝基氏のお世話になった．記して謝意を表する．

日本国憲法公布の日，序文とともに記す．

著者紹介

萩原 金美（はぎわら かねよし）

1931年群馬県高崎市生まれ。1951年司法試験合格，1953年中央大学法学部卒業。九州大学法学博士，スウェーデン・ルンド大学名誉法学博士。裁判官生活15年の後，1969年からスウェーデン等に留学。1972年帰国して弁護士登録（第二東京弁護士会）。1976年神奈川大学法学部教授，民事訴訟法・裁判法担当。2001年定年，2004年まで特任教授。同年神奈川大学名誉教授。
著作：『スウェーデンの司法』(1986，弘文堂)，『民事司法・訴訟の現在課題』(2000，判例タイムズ社)，『訴訟における主張・証明の法理』(2002，信山社)，『裁判法の考え方』(1994，信山社)，『続・裁判法の考え方』(2000，判例タイムズ社)『法の支配と司法制度改革』(2002，商事法務)，（編著）『スウェーデン法律用語辞典』(2007，中央大学出版部)，（翻訳）ハンス・ラーグネマルム『スウェーデン行政手続・訴訟法概説』(1995，信山社) その他。

［翻訳］スウェーデン訴訟手続法

2009年3月10日　初版第1刷発行

著　者	萩　原　金　美	
発行者	玉　造　竹　彦	
発行所	中央大学出版部	

東京都八王子市東中野742番地1
郵便番号　192-0393
電　話　042(674)2351　FAX 042(674)2354

© 2009　Kaneyoshi HAGIWARA

印刷・電算印刷㈱

ISBN978-4-8057-0726-5